BASICS ZIVILRECHT

Band 4

Zivilprozessrecht

Hemmer/Wüst/d'Alquen

Hemmer/Wüst Verlagsgesellschaft

Hemmer/Wüst/d'Alquen, Basics Zivilrecht, Band 4,
Zivilprozessrecht

ISBN 978-3-86193-934-4

10. Auflage 2020

gedruckt auf chlorfrei gebleichtem Papier
von Schleunungdruck GmbH, Marktheidenfeld

Vorwort

Basics mit der hemmer-Methode

Wer in vier Jahren sein Studium abschließen will, kann sich einen Irrtum in Bezug auf Stoffauswahl und -aneignung nicht leisten. Hoffen Sie nicht auf leichte Rezepte und den einfachen Rechtsprechungsfall. Hüten Sie sich vor Übervereinfachung beim Lernen. Stellen Sie deswegen frühzeitig die Weichen richtig.

Die „Basics" schaffen Voraussetzungen für das Verstehen der Juristerei, ermöglichen Ihnen Verständnis für klausurtypische Probleme und sind Ihnen in der Klausur eine **Anwendungshilfe**, die Sie mit den üblichen juristischen Denkmustern von Klausurerstellern vertraut machen. Wissen wird konsequent unter Anwendungsgesichtspunkten erworben.

Die **hemmer-Methode** vermittelt Ihnen die **erste richtige Einordnung** und das **Problembewusstsein**, welches Sie brauchen, um an einer Klausur bzw. dem Ersteller nicht vorbeizuschreiben. Häufig ist dem Studierenden nicht klar, warum er schlechte Klausuren schreibt. Wir geben Ihnen **gezielte Tipps**! Vertrauen Sie auf unsere **Expertenkniffe**.

Durch die ständige Diskussion mit unseren Kursteilnehmerinnen und Kursteilnehmern ist uns als erfahrenen Repetitoren klar geworden, welche **Probleme** die Studierenden haben, ihr **Wissen anzuwenden**. Wir haben aber auch von unseren Kursteilnehmerinnen und Kursteilnehmern profitiert und von ihnen erfahren, welche **Argumentationsketten** in der Prüfung zum Erfolg geführt haben.

Die **hemmer-Methode** gibt **jahrelange Erfahrung** weiter, erspart Ihnen viele schmerzliche Irrtümer, setzt richtungsweisende Maßstäbe und begleitet Sie als **Gebrauchsanweisung** in Ihrer Ausbildung:

1. Grundwissen:

Die **Grundwissenskripten** sind für die Studierenden in den ersten Semestern gedacht. In den Theoriebänden Grundwissen werden leicht verständlich und kurz die wichtigsten Rechtsinstitute vorgestellt und das notwendige Grundwissen vermittelt. Die Skripten werden durch den jeweiligen Band unserer **Reihe „Die wichtigsten Fälle“** ergänzt.

2. Basics:

Das Grundwerk für Studium und Examen. Es schafft schnell **Einordnungswissen** und mittels der hemmer-Methode richtiges Problembewusstsein für Klausur und Hausarbeit. Wichtig ist, **wann und wie** Wissen in der Klausur angewendet wird.

3. Skriptenreihe:

Vertiefendes Prüfungswissen: Über 1.000 Klausuren wurden auf ihre „essentials" abgeklopft.

Anwendungsorientiert werden die für die Prüfung nötigen Zusammenhänge umfassend aufgezeigt und wiederkehrende Argumentationsketten eingeübt.

Gleichzeitig wird durch die **hemmer-Methode** auf **anspruchsvollem Niveau** vermittelt, nach welchen Kriterien Prüfungsfälle beurteilt werden. Mit dem Verstehen wächst die Zustimmung zu Ihrem Studium. Spaß und Motivation beim Lernen entstehen erst durch Verständnis.

Lernen Sie, durch Verstehen am juristischen Sprachspiel teilzunehmen. Wir schaffen den „background“, mit dem Sie die innere Struktur von Klausur und Hausarbeit erkennen: **„Problem erkannt, Gefahr gebannt“**. Profitieren Sie von unserem **strategischen Wissen**. Wir werden Sie mit unserem know-how auf das Anforderungsprofil einstimmen, das Sie in Klausur und Hausarbeit erwartet.

Die Theoriebände Grundwissen, die Basics, die Skriptenreihe und der Hauptkurs sind als **modernes, offenes und flexibles Lernsystem** aufeinander abgestimmt und ergänzen sich ideal. Die **studentenfreundliche Preisgestaltung** ermöglicht den **Erwerb als Gesamtwerk**.

4. Hauptkurs:

Schulung am examenstypischen Fall mit der Assoziationsmethode. Trainieren Sie unter professioneller Anleitung, was Sie im Examen erwartet und wie Sie bestmöglich mit dem Examensfall umgehen.

Nur wer die Dramaturgie eines Falles verstanden hat, ist in Klausur und Hausarbeit auf der sicheren Seite! Häufig hören wir von unseren Kursteilnehmenden: **„Erst jetzt hat Jura richtig Spaß gemacht“**.

Die Ergebnisse unserer Kursteilnehmerinnen und Kursteilnehmer geben uns Recht. Maßstab ist der Erfolg. Die Examensergebnisse zeigen, dass unsere Kursteilnehmenden überdurchschnittlich abschneiden.

Die Examensergebnisse unserer Kursteilnehmerinnen und Kursteilnehmer können auch Ansporn für Sie sein, intelligent zu lernen: Wer nur auf vier Punkte lernt, landet leicht bei drei.

Lassen Sie sich aber nicht von diesen Supernoten verschrecken, sehen Sie dieses Niveau als Ansporn für Ihre Ausbildung.

Wir hoffen, mit unserem Gesamtangebot bei der Konkretisierung des Rechts mitzuwirken und wünschen Ihnen **viel Spaß beim Durcharbeiten** unserer Skripten.

Wir würden uns freuen, mit Ihnen in unserem Hauptkurs und mit der **hemmer-Methode** gemeinsam Verständnis an der Juristerei zu trainieren. Nur wer erlernt, was ihn im Examen erwartet, lernt richtig!

So leicht ist es, uns kennenzulernen: Probehören ist jederzeit in den jeweiligen Kursorten möglich.

Karl-Edmund Hemmer & Achim Wüst

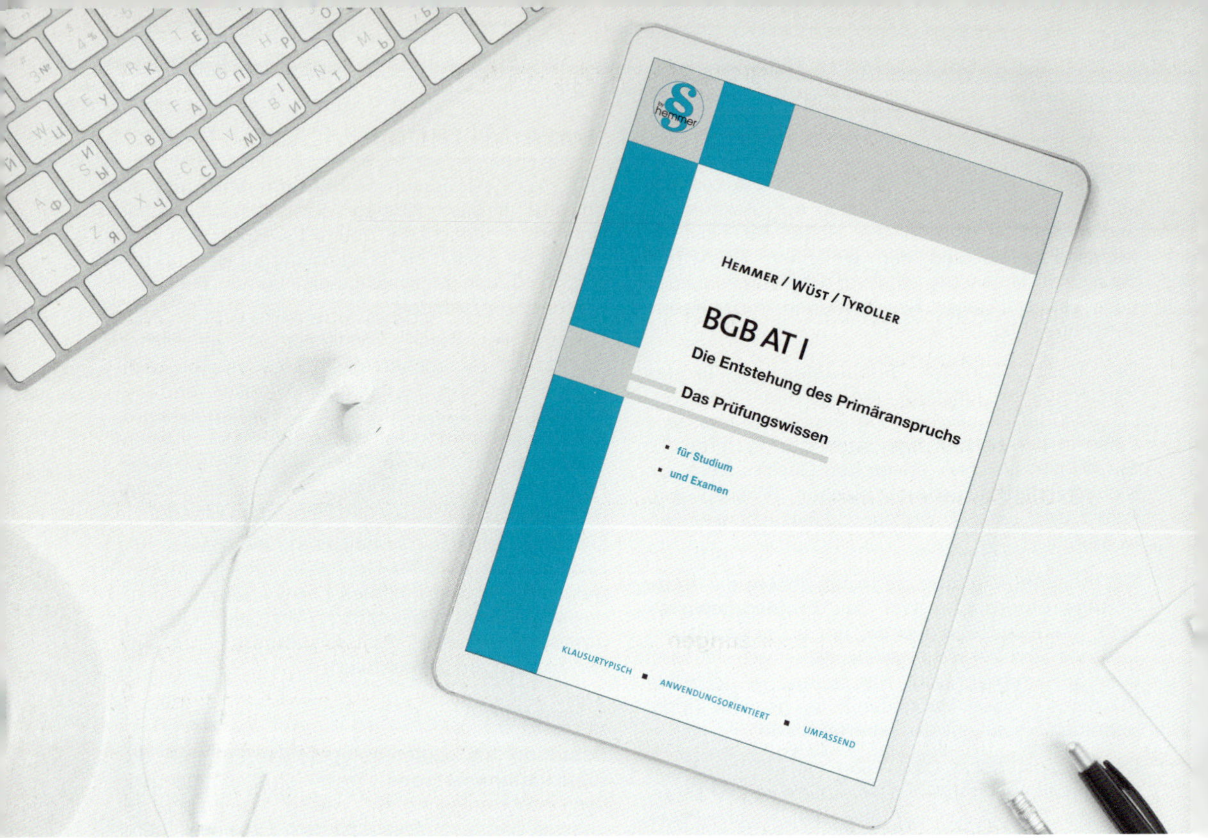
HEMMER / WÜST / TYROLLER
BGB AT I
Die Entstehung des Primäranspruchs
Das Prüfungswissen
für Studium
und Examen
KLAUSURTYPISCH
ANWENDUNGSORIENTIERT
UMFASSEND

1. KAPITEL: ERKENNTNISVERFAHREN

§ 1 VORÜBERLEGUNGEN

Das Zivilprozessrecht eignet sich hervorragend als Einstieg zu materiellrechtlichen Problemstellungen. Meist wird in der Klausur nach den Erfolgsaussichten einer Klage gefragt, die im Rahmen der Begründetheit dann davon abhängen, ob tatsächlich ein dem Klagebegehren entsprechender Anspruch besteht.

Häufig ist es aber auch so, dass aus der Sicht eines Rechtsanwalts ein Gutachten zu erstellen ist. Dann ist es besonders wichtig, unter mehreren in Betracht kommenden Vorgehensweisen die für den Kläger günstigste herauszuarbeiten. Hieran orientieren sich auch die folgenden Ausführungen, da auf diese Weise eine verständnisschaffende Darstellung am ehesten möglich ist.

Es wird nun ein kleiner Ausgangsfall vorangestellt, der zu allen wesentlichen Problemen des Erkenntnisverfahrens eine spezifi- *1*
sche Abwandlung erfährt. Zudem wird - wo immer erforderlich - der Bezug zum materiellen Recht hergestellt.

> ***Bsp.:*** *A aus Würzburg schließt mit B aus München einen Vertrag über den Kauf eines Mountain-Bikes. B liefert das Mountain-Bike. Als er später von A den Kaufpreis i.H.v. 3.000 € fordert, verweigert dieser die Zahlung. A behauptet, der Anspruch sei verjährt.*
>
> *Was wird der Anwalt des B raten, damit B an sein Geld kommt?*

Mit dieser Frage muss sich der Anwalt des B auseinandersetzen. Dabei ist für ihn in der Praxis entscheidend, wie er schnellstmöglich und kostengünstig an einen *vollstreckbaren Titel* für seinen Mandanten gelangt.

hemmer-Methode: Vollstreckungstitel heißt die öffentliche Urkunde, aus der sich der materiellrechtliche Anspruch *2*
ergibt, der dem Gläubiger gegen den Schuldner zusteht. Er ist Grundvoraussetzung für die Zwangsvollstreckung. Der in der Praxis wichtigste Titel ist das Endurteil, § 704 I ZPO. Die sonstigen Vollstreckungstitel (klausurrelevant vor allem der Vergleich, der Vollstreckungsbescheid und die notarielle Urkunde mit der Unterwerfung unter die sofortige Zwangsvollstreckung) nennt § 794 I ZPO.
Die Schnelligkeit der Titelerlangung ist entscheidend in der Praxis: Zahlt ein Schuldner auf eine fällige Forderung nicht, dann tut er dies i.d.R. nicht, um den Gläubiger zu ärgern, sondern weil ihm das Wasser finanziell gesehen bis zum Hals steht. Meist ist man auch nicht der einzige Gläubiger, so dass es ratsam ist, schnellstmöglich gegen den Schuldner vorzugehen und sich zu sichern, was noch vorhanden und pfändbar ist (vgl. § 811 ZPO).

Klage oder Mahnverfahren?

Folgende Möglichkeiten hat der Anwalt: Er kann den Kaufpreis für seinen Mandanten einklagen (Titel dann Endurteil) oder versuchen, im Wege des Mahnverfahrens (§§ 688-703d ZPO) an das Geld zu gelangen (Titel dann Vollstreckungsbescheid).

A. Die Klagearten

> ***Bsp.:*** *B klagt auf Feststellung, dass er gegen A einen Anspruch auf Kaufpreiszahlung hat.* 3

Man unterscheidet je nach Klagebegehren Leistungs-, Feststellungs- und Gestaltungsklagen.

I. Leistungsklage

Durchsetzung materiellrechtl. Ansprüche

Die Leistungsklage dient der Durchsetzung materiellrechtlicher Ansprüche, § 194 BGB. Hierzu zählt auch der Anspruch auf Abgabe einer Willenserklärung. 4

Leistungsurteil Titel für Zwangsvollstreckung

Kommt das Gericht zu dem Ergebnis, dass der Anspruch besteht und durchsetzbar ist, so wird es in einem Leistungsurteil den Beklagten zur Erfüllung dieses Anspruchs verurteilen (vgl. für die Verurteilung zur Abgabe einer Willenserklärung 894 ZPO). Dadurch erlangt der Kläger einen Vollstreckungstitel (§ 704 ZPO), der ihn zur zwangsweisen Durchsetzung des Anspruchs im Wege der Zwangsvollstreckung befähigt.

II. Feststellungsklage

pos. und neg. Feststellungsklage

Die Feststellungsklage dient der Feststellung des Bestehens oder Nichtbestehens eines Rechtsverhältnisses (nicht bloßer Tatsachen), § 256 I ZPO. 5

Gegenstand weiter als bei Leistungsklage

Der Begriff des Rechtsverhältnisses umfasst jede rechtlich geregelte Beziehung zwischen Personen oder zwischen einer Person und einem Gegenstand, also nicht nur materiellrechtliche Ansprüche.

konkret und gegenwärtig

Das Rechtsverhältnis muss sich aus einem konkreten Sachverhalt ergeben und muss gegenwärtig sein.

Rechtsschutzziel enger als bei Leistungsklage

Während der *Gegenstand* der Feststellungsklage also weiter ist als der der Leistungsklage, ist das Rechtsschutzziel enger, denn der Kläger einer Leistungsklage begehrt inzident natürlich auch die Feststellung, dass der geltend gemachte Anspruch besteht. 6

Feststellungsklage subsidiär

Sofern also eine Leistungsklage in Betracht kommt, ist die Feststellungsklage mangels Rechtsschutzbedürfnis unzulässig. 7

Das ist nur logisch, wenn man sich vor Augen hält, dass ein Feststellungsurteil - abgesehen von der Kostenentscheidung - keinen vollstreckungsfähigen Inhalt aufweist. Um seinen Anspruch in der Zwangsvollstreckung durchzusetzen, bedarf der Kläger jedoch eines vollstreckbaren Titels. Er müsste also nochmals auf Leistung klagen, s.o. Dadurch entstünden erneut Kosten und die sowieso schon überlasteten Gerichte müssten zweimal tätig werden.

In obigem Beispiel fehlt B demnach das Rechtsschutzbedürfnis für eine Feststellungsklage. Er müsste direkt auf Leistung klagen, was in einem Antrag wie folgt formuliert werden könnte: "Der Beklagte wird verurteilt, an den Kläger € ... (nebst Zinsen seit dem... in Höhe von....) zu zahlen." Vgl. zu den Anforderungen an eine ordnungsgemäße Klageschrift im Übrigen § 253 ZPO (dazu ausführlich später).

III. Gestaltungsklage

Urteil wirkt gestaltend

Die Gestaltungsklage dient der Veränderung eines bestehenden 8
Rechtsverhältnisses durch Urteil.

Bspe.: *Auflösung einer Personenhandelsgesellschaft, §§ 133, 161 II HGB; Entziehung der Vertretungsmacht, §§ 127, 161 II HGB*

hemmer-Methode: Während ein Feststellungsurteil nicht vollstreckungs*fähig* ist, ist das Gestaltungsurteil nicht vollstreckungs*bedürftig,* da durch das Urteil direkt auf die Rechtslage eingewirkt wird. Sofern Sie diese Unterscheidung verstanden haben, dürfte Ihnen die Abgrenzung der Klagearten keine Probleme mehr bereiten. Immer vollstreckungsfähig ist hingegen die Kostenentscheidung.

numerus clausus der Gestaltungsklagen

Der Anwendungsbereich der Gestaltungsklage ist begrenzt auf 9
die Fälle, in denen das Gesetz die Veränderung der Rechtslage von einem Gestaltungsurteil abhängig macht.

Durch das Erfordernis der Gestaltungsklage wird in gewisser Hinsicht die Privatautonomie eingeschränkt, denn üblicherweise können Gestaltungsrechte von den Parteien selbst wahrgenommen werden, wie z.B. die Anfechtung durch Anfechtungserklärung, § 143 BGB. Das liegt daran, dass in einigen Fällen im Interesse der Rechtssicherheit die bestehende Rechtslage nicht zur Disposition der Beteiligten steht, vgl. die obigen Beispiele.

hemmer-Methode: Ein wichtiger Fall der Gestaltungsklage bzw. des Gestaltungsurteils ist die Auflösungsklage im Gesellschaftsrecht, vgl. § 133 HGB.
Klausurrelevant sind vor allem die Gestaltungsklagen in der Zwangsvollstreckung: §§ 767, 771 ZPO, die insoweit gestaltend wirken, als die Zwangsvollstreckung mit Rechtskraft des Urteils unzulässig wird.

Die falsche Formulierung des Klageantrags ist in diesen Fällen eine beliebte Klausurfalle: Beantragt der Kläger beispielsweise die *Feststellung*, dass die Zwangsvollstreckung in eine bestimmte Sache nicht zulässig sei, weil sie ihm gehöre, so entspricht diesem Klagebegehren nicht die negative Feststellungsklage nach § 256 I ZPO, sondern nur die Drittwiderspruchsklage nach § 771 ZPO. Zu diesem Ergebnis müssen Sie im Wege der Auslegung des Klageantrags gelangen.

B. Das Mahnverfahren

Neben der Erhebung einer Klage könnte B - zumindest theoretisch - das Mahnverfahren heranziehen, §§ 688 ff. ZPO. *10*

schneller Titel

Es bietet dem Antragsteller die Möglichkeit, ohne den aufwändigen Weg des gerichtlichen Verfahrens einen Vollstreckungstitel zu erlangen, §§ 700, 794 I S. 1 Nr. 4 ZPO. Außerdem ist es kostengünstiger als das normale Klageverfahren.

aber Gefahr des Urteilsverfahrens bei Widerspruch, bzw. Einspruch

Legt der Anspruchsgegner aber gegen den Mahnbescheid Widerspruch, § 694 ZPO, oder gegen den Vollstreckungsbescheid Einspruch ein, §§ 700 I, 338 ZPO, beginnt ein normales gerichtliches Verfahren, so dass das Mahnverfahren - entgegen seiner Intention - letztlich auch zu einer Verzögerung führen kann und dieselben Kosten verursacht.

Daher bietet sich das Mahnverfahren als echte Alternative zur Klage von vornherein nur dann an, wenn der Antragsteller damit rechnet, dass der Schuldner auf den Mahnbescheid hin zahlen wird bzw. sich nicht wehren wird, weil der Grund für die Zahlungsverweigerung in der mangelnden Liquidität begründet liegt.

> Gerade davon kann im Ausgangsfall nicht ausgegangen werden, da sich der A auf Verjährung beruft und dies auch durch einen Widerspruch gegen den Mahnbescheid zur Geltung bringen wird. Allein darauf zu hoffen, dass A die Frist des § 692 I Nr. 3 ZPO versäumt, erscheint nicht besonders erfolgversprechend.

§ 2 DIE ZULÄSSIGKEIT DER KLAGE

Unterscheide echte und unechte Prozessvoraussetzungen

Bevor der Rechtsanwalt eine Klage bei Gericht einreicht, wird er sich Gedanken über deren Zulässigkeit machen müssen. Dabei ist zu unterscheiden zwischen den sog. echten und unechten Prozessvoraussetzungen.

A. „Echte" Prozessvoraussetzungen

bei Fehlen: überhaupt kein Prozess

Als echte Prozessvoraussetzungen bezeichnet man solche, bei deren Fehlen die Klageschrift dem Beklagten schon gar nicht zugestellt wird, es also nicht zur Rechtshängigkeit der Klage kommt, §§ 253 I, 261 I ZPO (dagegen meint Anhängigkeit den Eingang der Klageschrift bei Gericht). Dies sind insbesondere: Deutsche Gerichtsbarkeit (§§ 18-20 GVG), wirksame Klageerhebung (Rn. 50), offensichtliche Parteiunfähigkeit. 11

B. „Unechte" Prozessvoraussetzungen

bei Fehlen: Abweisung der Klage als unzulässig durch Prozessurteil

Fehlt eine unechte Prozessvoraussetzung, wird das Verfahren durch Zustellung der Klageschrift eingeleitet. Es kommt also zum Prozess, nur wird die Klage ggf. als unzulässig abgewiesen, ohne dass in der Sache überhaupt verhandelt wird. Man spricht von einem sog. Prozessurteil. Der Tenor des Urteils sagt dann auch nichts darüber aus, ob der geltend gemachte Anspruch besteht oder nicht. Da es demzufolge zu keinem Sachurteil, das eben nur erlassen wird, wenn über den geltend gemachten Anspruch entschieden wird, kommt, spricht man bei den unechten Prozessvoraussetzungen auch von Sachurteilsvoraussetzungen. 12

Im Folgenden werden die wichtigsten Prozessvoraussetzungen dargestellt. Eine besondere Prüfungsreihenfolge ist in der Klausur nicht einzuhalten. Gleichwohl ist es ratsam, sich ein kurzes Schema zurechtzulegen, an dem man sich in der Klausur dann orientieren kann.

C. Gerichtsbezogene Prozessvoraussetzungen

I. Zulässigkeit des Zivilrechtswegs, § 13 GVG

wahre Natur des Rechtsverhältnisses maßgebend

Der durch den Tatsachenvortrag des Klägers bestimmte Streitgegenstand muss eine unmittelbare Rechtsfolge des Zivilrechts sein. 13

Fehlt die Zulässigkeit des Zivilrechtswegs, so erfolgt von Amts wegen die Verweisung an das zuständige Gericht des zulässigen Rechtswegs, § 17a II S. 1, 3 GVG.

hemmer-Methode: Anders als bei der Eröffnung des Verwaltungsrechtswegs im öffentlichen Recht, liegt in diesem Bereich im Zivilrecht seltener ein Problem. Daher ist es ratsam, die Zulässigkeit des Zivilrechtswegs - wenn überhaupt - höchstens mit einem Satz festzustellen. Das kann im Arbeitsrecht anders sein: dort hängt die Gerichtsbarkeit von der Frage ab, ob Streitigkeiten zwischen Arbeitnehmern und Arbeitgebern vorliegen, vgl. § 2 Nr. 3 ArbGG. Ob jemand Arbeitnehmer ist, kann problematisch sein. Aber: die AN-Eigenschaft prüfen Sie an dieser Stelle nur dann, wenn es sich nicht um eine doppeltrelevante Tatsache handelt. Andernfalls reicht in der Zulässigkeit die Behauptung aus, erst in der Begründetheit wird dann (z.B. als Voraussetzung für die Anwendbarkeit des EntgeltFG) die AN-Eigenschaft geprüft. Bitte beachten Sie: Gem. § 48 I S. 1 ArbGG gelten die §§ 17 bis 17b GVG auch für die Zuständigkeit des Gerichts. Auch insoweit kommt also – anders als bei der ordentlichen Gerichtsbarkeit – eine Verweisung von Amts wegen in Betracht, wenn ein unzuständiges Arbeitsgericht angegangen wird. Gleiches gilt gem. § 83 VwGO im Verwaltungsrecht.

II. Zuständigkeit des Gerichts

sachlich/örtlich

Zu unterscheiden ist zwischen sachlicher und örtlicher Zuständigkeit. 14

1. Sachliche Zuständigkeit, §§ 23, 71 GVG

Bsp.: *Die Kaufpreisforderung des B beläuft sich auf 5.000 €. Welches Gericht ist sachlich zuständig?* 15

Grundsatz: Landgericht, § 71 I GVG

Die sachliche Zuständigkeit behandelt die Frage, welches Gericht innerhalb der Zivilgerichtsbarkeit in erster Instanz einen Rechtsstreit zu entscheiden hat. § 1 ZPO verweist diesbezüglich auf das GVG. § 71 I GVG bestimmt grundsätzlich die Zuständigkeit des Landgerichts, wenn nicht das Amtsgericht zuständig ist.

wenn nicht Amtsgericht: §§ 23, 23a GVG

Die Zuständigkeit des Amtsgerichts ist enumerativ in den §§ 23, 23a GVG aufgeführt.

Im Beispiel müsste der Anwalt des B die Klage beim Amtsgericht einreichen, da dieses *bis einschließlich* 5.000 € in erster Instanz sachlich zuständig ist, § 23 Nr. 1 GVG.

Streitwertberechnung: §§ 2 ff. ZPO

Klausurrelevant ist insbesondere letztgenannte Vorschrift des § 23 GVG. Für die Streitwertberechnung sind die §§ 2 ff. ZPO maßgebend. 16

Die Forderung des B beläuft sich auf 5.500 €, die er auch einklagt. Während des Prozesses ermäßigt B die Klage auf 4.500 €. Sachliche Zuständigkeit?

Die sachliche Zuständigkeit bestimmt sich nach der Höhe des Streitwerts. Daher ist hier zunächst das Landgericht zuständig, §§ 71 I, 23 Nr. 1 GVG. Fraglich ist jedoch, ob sich die Zuständigkeit dadurch ändert, dass B nunmehr lediglich 4.500 € einklagt.

Hier könnte sich die fortdauernde Zuständigkeit des Landgerichts aus § 4 ZPO ergeben, da hiernach der Zeitpunkt der Einreichung der Klage entscheidend ist. § 4 ZPO betrifft aber nur die Fälle, in denen sich der Wert ein und desselben Streitgegenstandes (dazu unten) während des Prozesses ändert (das streitgegenständliche Gemälde steigt plötzlich im Wert).

Vorliegend bestimmt vielmehr § 261 III Nr. 2 ZPO, dass das Landgericht seine Zuständigkeit behält (perpetuatio fori). Beachten Sie aber, dass der Klagegrund der gleiche bleiben muss, es sich also nicht um eine Forderungsauswechslung handeln darf. Denn bei Veränderung des Streitgegenstandes greift § 261 III Nr. 2 ZPO nicht ein. Das Gericht müsste dann nach § 281 ZPO vorgehen, vgl. unten.

hemmer-Methode: Lernen Sie mit uns, sich optimal in der Klausur zu verkaufen. Steuern Sie nicht sofort auf die einschlägige Norm, sondern verzögern Sie den Gedankenablauf (Prinzip der Retardation). Dann zeigen Sie dem Korrektor, dass Sie nicht nur die einschlägige Norm kennen, sondern auch, dass Sie das Gesetz verstanden haben. Das richtige Ergebnis verlangt stets auch eine richtige Begründung!

Greift § 261 III Nr. 2 ZPO auch dann ein, wenn B zunächst 4.500 € einklagt und dann im Prozess seine Klage auf 5.500 € erweitert? 17

Auf den ersten Blick scheint auch hier § 261 III Nr. 2 ZPO einschlägig zu sein. Dadurch könnte B aber höhere Gerichte einfach ausschalten.

Im Übrigen ist das Verfahren in erster Instanz (§§ 253 ff. ZPO) für die Landgerichte konzipiert. Für die Amtsgerichte gelten diese Vorschriften (nur) entsprechend, soweit sich aus den §§ 495a ff. ZPO keine Besonderheiten ergeben, § 495 ZPO. Für die Änderung der sachlichen Zuständigkeit normiert § 506 ZPO, dass das Amtsgericht auf Antrag den Rechtsstreit an das (jetzt) zuständige Landgericht zu verweisen hat.

hemmer-Methode: Beachten Sie, dass unabhängig vom Streitwert gem. § 71 II GVG das Landegericht in den dort genannten Fällen zuständig ist. Relevant ist hier ggfs. § 71 II Nr.5 GVG. Ergibt sich die sachliche Zuständigkeit des Landgerichts, ist stets an § 78 I ZPO zu denken, wonach in Prozessen vor dem Landgericht Anwaltszwang besteht, vgl. unten Rn. 40.

2. Örtliche Zuständigkeit

§§ 12 ff. ZPO

Hier geht es darum, welches sachlich zuständige Gericht sich 18
aufgrund seiner räumlichen Beziehung zum Rechtsstreit mit diesem zu befassen hat. Dafür sind die §§ 12 ff. ZPO maßgeblich.

Zu differenzieren ist zwischen allgemeinen, besonderen und ausschließlichen Gerichtsständen:

allgemeiner Gerichtsstand

(1) Die allgemeinen Gerichtsstände sind in den §§ 13-19a ZPO 19
geregelt. An einem allgemeinen Gerichtsstand können alle Ansprüche gegen eine Person geltend gemacht werden, sofern nicht ein ausschließlicher Gerichtsstand eingreift, vgl. § 12 ZPO.

besonderer Gerichtsstand

(2) Daneben hat der Gesetzgeber verschiedene besondere Ge- 20
richtsstände normiert, §§ 20-23, 25-29, 29c-32, 33 f. ZPO, § 48 la ArbGG.

Ist einer dieser Tatbestände einschlägig, prüft das Gericht allerdings unter allen Gesichtspunkten, d.h. auch unter solchen, für die der besondere Gerichtsstand gar nicht vorgesehen ist. So wird beim Gerichtsstand der unerlaubten Handlung gem. § 32 ZPO auch ein konkurrierender vertraglicher Anspruch durch das Gericht geprüft. Anders könnte die Rechtslage auch nicht umfassend geklärt werden. Insbesondere wäre die Auswirkung vertraglicher Wertungen auf deliktische Ansprüche andernfalls gar nicht prüfbar (so z.B. die Übertragung der kurzen Verjährung des § 548 BGB auf deliktische Ansprüche).

ausschließlicher Gerichtsstand

(3) Ein ausschließlicher Gerichtsstand geht allen anderen Ge- 21
richtsständen vor und ist nur dann begründet, wenn er ausdrücklich gesetzlich normiert ist, vgl. §§ 24, 29a, 32a, b, § 122 FamFG, 802 ZPO.

Wahlrecht zwischen allg. und bes. Gerichtsstand

Beachten Sie noch, dass der Kläger zwischen mehreren allgemeinen und/oder besonderen Gerichtsständen ein Wahlrecht hat, § 35 ZPO, sofern nicht ein ausschließlicher Gerichtsstand besteht.

An welchem Ort müsste/könnte B den A im Ausgangsfall verklagen (A wohnt in Würzburg, B wohnt in München)?

Allgemeiner Gerichtsstand des A ist Würzburg, vgl. §§ 12, 13 ZPO. Daneben kommt noch der besondere Gerichtsstand des Erfüllungsortes in Betracht, § 29 ZPO. Dieser ist für den Kläger immer dann günstig, wenn Erfüllungsort sein Wohnsitz ist. Dann ergibt sich nämlich für den Kläger das Wahlrecht aus § 35 ZPO und der Kläger kann die Klage beim zuständigen Gericht seines Wohnsitzes einreichen (sofern nicht zusätzlich ein ausschließlicher Gerichtsstand einschlägig ist).

Der Erfüllungsort ist für jede vertragliche Verpflichtung gesondert zu bestimmen. Vorliegend steht die Erfüllung der Kaufpreisschuld im Raum.

Der Erfüllungsort bestimmt sich nach den §§ 269, 270 BGB. Nach § 269 I BGB muss die Leistung grundsätzlich an dem Orte erbracht werden, an dem der Schuldner seinen Wohnsitz hat (Holschuld).

Dass nach § 270 I BGB der Schuldner im Zweifel Geld dem Gläubiger an dessen Wohnsitz zu übermitteln hat, ändert nichts an der Regelung des Leistungsortes, § 270 IV BGB. Demnach ist Leistungsort und somit auch der besondere Gerichtsstand gem. § 29 ZPO Würzburg. Damit steht B kein Wahlrecht i.S.d. § 35 ZPO zu. Er muss den A also in Würzburg verklagen.

3. Verweisung nach § 281 ZPO

Was passiert, wenn B den A dennoch in München verklagt? 22

Abweisung als unzulässig?

Wie oben bereits festgestellt, wird die Klage bei Fehlen einer unechten Prozessvoraussetzung durch Prozessurteil als unzulässig abgewiesen. Um dies zu vermeiden muss das Gericht *auf Antrag* des Klägers den Rechtsstreit an das zuständige Gericht verweisen, § 281 I S. 1 ZPO, wenn sich die Zuständigkeit nicht noch durch rügeloses Einlassen ergibt, vgl. Rn. 25.

(-), vgl. § 281 ZPO

Dies geschieht durch Beschluss. Die Entscheidung ist für das zuständige Gericht bindend, § 281 II S. 4 ZPO.

4. Gerichtsstandsvereinbarungen und rügeloses Verhandeln

a) Gerichtsstandsvereinbarung

Könnten A und B ein an sich unzuständiges Gericht als zuständig vereinbaren und damit dieses Gericht zum zuständigen Gericht machen? Könnten Sie auch vereinbaren, dass der BGH ihre Sache entscheiden soll? Schließlich sitzen dort ja bekanntlich die besten Juristen. 23

§§ 38 ff. ZPO

Es ist grundsätzlich zulässig, von den gesetzlichen Vorschriften der sachlichen und örtlichen Zuständigkeit durch Parteivereinbarung abzuweichen, sog. Prorogation. Da dabei jedoch die Gefahr besteht, dass eine Partei ihre Machtstellung missbraucht (z.B. durch Verwendung von AGB), unterliegen diese Vereinbarungen strengen Voraussetzungen.

alternativ:

Eine solche Vereinbarung ist nur in der ersten Instanz möglich, das Anrufen des BGH also nicht. Für eine wirksame Gerichtsstandsvereinbarung ist das alternative Vorliegen einer der folgenden Voraussetzungen erforderlich:

§ 38 I ZPO

(1) Die Parteien müssen Kaufleute sein, § 38 I ZPO. Dann ist eine Gerichtsstandsvereinbarung direkt bei Vertragsschluss (auch durch AGB) möglich.

§ 38 II ZPO

(2) Eine der Parteien hat im Inland keinen Wohnsitz, § 38 II S. 1 ZPO, oder es wurde bei Vorliegen eines allgemeinen Gerichtsstands einer der bereits begründeten allgemeinen oder besonderen Gerichtsstände ausgewählt, § 38 II S. 3 ZPO. Beachte § 38 II S. 2 ZPO!

§ 38 III ZPO

(3) Liegen diese Voraussetzungen nicht vor (insbesondere bei Privatpersonen), kann eine Vereinbarung nur nach Entstehen der Streitigkeit (also nicht lediglich nach Vertragsschluss) getroffen werden, § 38 III Nr. 1 ZPO.

hemmer-Methode: In diesen Zusammenhang ist § 29 II ZPO einzuordnen. Danach ist es Privatpersonen verwehrt, eine Vereinbarung über den Erfüllungsort zu treffen und so auf Umwegen doch eine Gerichtsstandsvereinbarung zu treffen, ohne die Voraussetzungen des § 38 III ZPO beachten zu müssen. Für Kaufleute hingegen ergibt sich nach § 29 II ZPO nichts, was nicht bereits durch § 38 I ZPO vereinbar wäre.

kumulativ:

Bei Vorliegen einer der Voraussetzungen müssen zudem *kumulativ* folgende Punkte beachtet werden: 24

§ 40 I ZPO

(1) Die Vereinbarung muss sich auf ein bestimmtes Rechtsverhältnis beziehen, § 40 I ZPO.

§ 40 II S. 1 1.Alt. ZPO

(2) Es muss sich um eine vermögensrechtliche Streitigkeit handeln, § 40 II S. 1 1.Alt. ZPO.

§ 40 II S. 1 2. Alt. ZPO

(3) Es darf für die Streitigkeit kein ausschließlicher Gerichtsstand begründet sein, § 40 II S. 1 2. Alt. ZPO.

hemmer-Methode: Für Klagen eines Verbrauchers, § 29c II ZPO, (nicht: *gegen* den Verbraucher!) bestimmt § 29c I ZPO in den dort genannten Fällen zwar keinen ausschließlichen Gerichtsstand. Dennoch ist wegen der ausdrücklichen Regelung in § 29c IV ZPO (abschließende Regelung; Umkehrschlussargumentation) eine Gerichtsstandsvereinbarung für Klagen eines Verbrauchers unwirksam (BGH, Life&Law 02/2015, 96 ff.).

b) Rügeloses Einlassen

Bsp.: B wohnt in München, A in Würzburg. B erhebt Klage auf Zahlung des Kaufpreises für das Mountain-Bike beim Amtsgericht Kitzingen, da er dort häufig geschäftlich tätig ist. A wundert sich zwar, beruft sich getreu seiner Rechtsansicht aber wiederholt auf Verjährung. Wie ist die Rechtslage? 25

§ 39 S. 1 ZPO

Ein an sich unzuständiges Gericht kann ausnahmsweise auch ohne wirksame Gerichtsstandsvereinbarung dadurch zuständig werden, dass der Beklagte, ohne die Unzuständigkeit zu rügen, zur Sache verhandelt, § 39 S. 1 ZPO.

Dies gilt aber wiederum nicht, wenn die Belehrung gem. § 39 S. 2 ZPO unterblieben ist oder eine nach § 40 II S. 1 ZPO unzulässige Gerichtsstandsvereinbarung vorliegt, § 40 II S. 2 ZPO.

hemmer-Methode: Verständnis schaffen: Die Belehrung gem. §§ 39 S. 2, 504 ZPO ist eine Besonderheit des amtsgerichtlichen Verfahrens. Hintergrund: Vor den Landgerichten besteht Anwaltszwang, § 78 I ZPO, so dass der Beklagte dort rechtlich ausreichend geschützt ist.

tats. oder rechtl. Äußerungen zum Streitgegenstand

Zur Sache verhandelt wird bereits dann, wenn tatsächliche oder rechtliche Äußerungen zum Streitgegenstand abgegeben werden. 26

In obigem Beispiel wird das Gericht der Klage stattgeben, wenn diese zulässig und begründet ist.

Problematisch könnte hier die Zuständigkeit des Amtsgerichts Kitzingen sein. Kitzingen ist weder allgemeiner Gerichtsstand des A, §§ 12,13 ZPO i.V.m. § 7 BGB, noch besonderer Gerichtsstand des Erfüllungsortes, § 29 ZPO. Auch eine Gerichtsstandsvereinbarung wurde nicht getroffen.

Möglicherweise ergibt sich die Zuständigkeit aber aus § 39 ZPO, wenn A, ohne die Unzuständigkeit zu rügen, zur Sache verhandelt hat. Indem A sich auf Verjährung berief, machte er rechtliche Ausführungen über den Streitgegenstand, so dass die Voraussetzungen des § 39 S. 1 ZPO vorliegen.

Zu beachten ist jedoch, dass es sich hier um ein amtsgerichtliches Verfahren handelt und A nicht gem. § 39 S. 2 ZPO belehrt wurde.

Daher wurde die Zuständigkeit des AG Kitzingen nicht durch rügeloses Einlassen begründet. Die Klage ist unzulässig und durch Prozessurteil abzuweisen, wenn der Kläger nicht den Verweisungsantrag nach § 281 I ZPO stellt.

D. Parteibezogene Prozessvoraussetzungen

hemmer-Methode: Wichtig sind in diesem Bereich insbesondere die Begriffe Parteifähigkeit, Prozessfähigkeit, Aktiv- und Passivlegitimation: 27
Partei- und Prozessfähigkeit sind *prozessrechtliche* Begriffe. Fehlt eine dieser Fähigkeiten, so ergeht ein klageabweisendes Prozessurteil (= Klage ist unzulässig).

Aktiv- und Passivlegitimation hingegen betreffen das *materielle* Recht. Daher wird eine Klage durch Sachurteil als unbegründet abgewiesen, wenn z.B. der Beklagte nicht auch zugleich der nach materiellem Recht Verpflichtete, also nicht passivlegitimiert ist.

I. Parteibegriff

formeller Parteibegriff

Im Zivilprozess gilt ein rein formeller Parteibegriff. Partei ist derjenige, der für sich Rechtsschutz begehrt (Kläger) und gegen den dieser Rechtsschutz begehrt wird (Beklagter). 28

Die Bestimmung der Parteien ist also objektiv durch Auslegung der Angaben in der Klageschrift vorzunehmen, §§ 133, 157 BGB analog.

II. Parteifähigkeit

Nachdem anhand des formellen Parteibegriffs geklärt wurde, wer Partei *ist*, muss geklärt werden, ob die Partei auch Partei im Prozess sein *kann*. 29

§ 50 ZPO

§ 50 I ZPO stellt die Parteifähigkeit der materiellen Rechtsfähigkeit gleich. Parteifähig sind demnach problemlos alle natürlichen und juristischen Personen. Auch OHG und KG sind parteifähig, §§ 124 I, 161 II HGB.

GbR

Lange umstritten war die Parteifähigkeit der GbR. Nach mittlerweile h.M. ist sie indes teilrechtsfähig, wenn die Gesellschaft selber und nicht ihre einzelnen Gesellschafter als Träger der in ihrem Namen begründeten Rechte und Pflichten anzusehen ist (BGH, NJW 2001, 1056 ff.). Gegen die einzelnen Gesellschafter muss daher nur noch geklagt werden, wenn auch in deren Privatvermögen vollstreckt werden soll.

nicht rechtsfähiger Verein

Infolge obiger Rechtsprechung hat der BGH im Jahr 2007 (NJW 2008, 69 ff.) auch den nichtrechtsfähigen Verein entgegen § 50 II ZPO a.F. (dort war nur die passive Parteifähigkeit geregelt) als aktiv parteifähig anerkannt. Denn die Gründe, die den BGH zur Anerkennung der Parteifähigkeit der GbR bewogen haben, treffen erst recht auf den körperschaftlich strukturierten nichtrechtsfähigen Verein zu.

Der Gesetzgeber hat diese Rechtsprechung in § 50 II ZPO umgesetzt, so dass die bisherige Streitfrage rund um die aktive Parteifähigkeit geklärt ist.

hemmer-Methode: Im Rahmen der Parteifähigkeit ergeben sich selten echte Probleme. Sollte es in einer Streitigkeit einmal um die Parteifähigkeit selbst gehen, so gilt die Partei für diesen Streit (den sog. Zulassungsstreit) als parteifähig!

III. Prozessfähigkeit

Definition

Unter Prozessfähigkeit versteht man die Fähigkeit, einen Prozess selbst oder durch einen selbst bestellten Vertreter zu führen. 30

Anlehnung an Geschäftsfähigkeit

Prozessfähig sind gem. §§ 51 I, 52 I ZPO i.V.m. §§ 104 ff. BGB die nach bürgerlichem Recht voll Geschäftsfähigen (eine beschränkte Prozessfähigkeit gibt es nicht - Ausnahmen: §§ 112, 113 BGB).

bei Prozessunfähigkeit: gesetzliche Vertretung

Im Falle der Prozessunfähigkeit tritt an ihre Stelle als Prozessvoraussetzung die gesetzliche Vertretung, § 51 I ZPO. Demnach werden Minderjährige durch die Eltern vertreten, § 1629 BGB, juristische Personen durch ihre vertretungsbefugten Organe, vgl. §§ 78 I AktG, 35 I GmbHG, Personenhandelsgesellschaften durch ihre Gesellschafter, 125 HGB, und die GbR durch ihre Gesellschafter, §§ 709, 710, 714 BGB.

Bsp.: *B klagt gegen A auf Zahlung des Kaufpreises und ist zu diesem Zeitpunkt 17 Jahre alt. Am Tag der ersten mündlichen Verhandlung wird er 18. Was wird das Gericht tun? Was ist B zu raten?*

B ist parteifähig, § 50 ZPO. Da er z.Zt. der Klageerhebung allerdings minderjährig war, fehlte ihm die Prozessfähigkeit. Das Gericht müsste die Klage als unzulässig abweisen, da die Prozessfähigkeit zu jeder Zeit des Verfahrens von Amts wegen zu prüfen ist, § 56 I ZPO.

B könnte dem vorgreifen, indem er seine bisherige Prozessführung, also die Klageerhebung, entsprechend § 108 III BGB genehmigt. Die Genehmigung würde rückwirkend zur Wirksamkeit der Klageerhebung führen.

hemmer-Methode: Anders, wenn B zunächst prozessfähig ist, später aber nicht mehr. Dann wird die Klage nicht als unzulässig abgewiesen. In Betracht kommt dann eine Unterbrechung bzw. eine Aussetzung des Verfahrens, § 241 ZPO. In der Folgezeit wird der Prozess dann von dem gesetzlichen Vertreter fortgeführt.

IV. Prozessführungsbefugnis

Definition

Prozessführungsbefugt ist, wer **plausibel behauptet**, Inhaber eines Anspruchs zu sein. 31

hemmer-Methode: Unterscheiden Sie davon die mangelnde Aktivlegitimation: Ob der Anspruch dem Kläger tatsächlich zusteht, ist eine Frage der Begründetheit. Insoweit kann man - natürlich nur in Gedanken - auf die Klagebefugnis im öffentlichen Recht zurückgreifen. Besteht möglicherweise ein Anspruch, ist die Klage zulässig. Ob der Anspruch tatsächlich besteht, entscheidet sich in der Begründetheit!

Die Prozessführungsbefugnis ist nicht ausdrücklich im Gesetz geregelt.

bei Geltendmachung fremder Rechte im eigenen Namen

Regelmäßig ist die Prozessführungsbefugnis unproblematisch 32
gegeben, denn i.d.R. macht der Kläger ein eigenes Recht im eigenen Namen geltend. Werden aber *fremde* Rechte im *eigenen* Namen geltend gemacht, ist auf die Prozessführungsbefugnis einzugehen. Sie ist in diesen Fällen nur dann zu bejahen, wenn ein Fall der (gesetzlichen oder gewillkürten) Prozessstandschaft gegeben ist.

1. Gesetzliche Prozessstandschaft

Teilweise wird durch Gesetz bestimmten Personen Prozessfüh- 33
rungsbefugnis eingeräumt, obwohl sie nicht oder nicht allein Rechtsinhaber sind, vgl. §§ 432 I S. 1, 1011, 1281, 1368, 1369 III BGB.

Ein wichtiger Fall der gesetzlichen Prozessstandschaft ist § 265 ZPO (vgl. dazu ausführlich, d'Alquen, Die Veräußerung der streitbefangenen Sache, Life&Law 09/2011, 671 ff.).

***Bsp.:** B verklagt A auf Kaufpreiszahlung. Während des Prozesses tritt B die Forderung an den C ab. Ändert sich etwas an der Zulässigkeit der Klage?*

Prozessführungsbefugnis?

Die Klage könnte mangels Prozessführungsbefugnis des B unzulässig sein. Es ist grds. zulässig, den geltend gemachten Anspruch während des Prozesses abzutreten, § 265 I ZPO.

hemmer-Methode: § 265 I ZPO spricht von Rechtshängigkeit der Klage. Diese tritt immer mit Zustellung der Klageschrift an den Beklagten ein, vgl. §§ 261, 253 ZPO. Die Rechtshängigkeit müsste Ihnen aus manchen Vorschriften des BGB bekannt sein, vgl. z.B. §§ 818 IV, 989 BGB. Von der Rechtshängigkeit ist die Anhängigkeit der Klage zu unterscheiden: Sie tritt mit Einreichung der Klageschrift bei Gericht ein.

§ 265 II S. 1 ZPO; beachte aber Relevanztheorie

B macht jetzt aber aufgrund der Abtretung einen *fremden* An- 34
spruch im *eigenen* Namen geltend. Er wäre infolgedessen nur dann prozessführungsbefugt, wenn ein Fall der Prozessstandschaft vorläge.

Eine Prozessstandschaft ergibt sich aus § 265 II S. 1 ZPO, wonach die Abtretung auf den Prozess keinen Einfluss hat. Allerdings verlangt die h.M., dass B seinen Klageantrag auf Leistung an C umändert, um so die prozessuale Lage an die materiellrechtliche anzupassen (sog. Relevanztheorie).

hemmer-Methode: Sinn und Zweck des § 265 ZPO: B verliert durch die Abtretung seine Aktivlegitimation. Diese richtet sich nach materiellem Recht und bedeutet, dass er nicht mehr Inhaber des Anspruchs ist. Wie oben bereits erwähnt, müsste die Klage dann als *unbegründet* abgewiesen werden. Dann wäre C aber nicht gehindert, erneut Klage gegen A zu erheben. Das wäre aber nicht prozessökonomisch. Daher hat der Gesetzgeber mit § 265 ZPO eine Regel getroffen, die dieses Ergebnis verhindert, sofern C bei Fortführung des Prozesses durch B tatsächlich gehindert wäre, erneut Klage zu erheben, siehe § 265 III ZPO.

Fall des § 265 III ZPO?

Möglicherweise ist die so erlangte Prozessführungsbefugnis jedoch wegen § 265 III ZPO ausgeschlossen. 35

Danach entfällt die Prozessführungsbefugnis des Klägers, wenn die Rechtskraft eines zu seinen Lasten ergehenden Urteils (also Klageabweisung) nicht auch gegen den Rechtsnachfolger gelten würde.

hemmer-Methode: Keine Angst, der Begriff der Rechtskraft eines Urteils wird Ihnen noch erklärt. Hier nur so viel: Grundsätzlich wirken Urteile nur zwischen den Parteien eines Rechtsstreits - vergleichbar der nur relativen Wirkung von schuldrechtlichen Verträgen im materiellen Recht, § 325 I ZPO. Ausnahmsweise erstreckt sich die Rechtskraft aber auch auf Dritte, d.h. diese sind unmittelbar an den Tenor des Urteils gebunden. 36

Hintergrund: Wenn sich die Rechtskraft nicht auf den Rechtsnachfolger erstreckt, verliert jede der Parteien das Interesse an der Fortführung des Prozesses, da der Rechtsnachfolger erneut Klage erheben könnte. § 265 ZPO dient also in erster Linie dem Schutz des Beklagten, der durch die Abtretung nicht insofern benachteiligt werden soll, dass er nun von dem Erwerber des Gegenstandes einen neuen Prozess fürchten muss.

(-), da Urteil gegenüber C wirksam

Fraglich ist also, ob ein **klageabweisendes** Urteil - also ein solches, das die Forderung als nicht bestehend erachtet - auch gegenüber C Wirkung haben würde. Dies ist gemäß § 325 I ZPO der Fall, da C Rechtsnachfolger des B geworden ist. An diesem Ergebnis ändert sich auch nichts, wenn C von dem Prozess nichts gewusst hat. Zwar schützt § 325 II ZPO den gutgläubigen Rechtsnachfolger vor den Folgen des § 325 I ZPO. Jedoch müsste es dann im bürgerlichen Recht Gutglaubensvorschriften bzgl. eines Forderungserwerbs geben. Das ist aber nicht der Fall. Demnach liegt kein Fall des § 265 III ZPO vor. Demnach hat ein Urteil auch Wirkung gegen den C. Die Klage des B ist weiterhin zulässig, weil A bei Klageabweisung keinen neuen Prozess fürchten müsste.

hemmer-Methode: Sicherlich ist dieser Fall nicht ganz einfach. Er zeigt aber deutlich, welche Bedeutung der Prozessführungsbefugnis zukommt und wie sie mit dem materiellen Recht verknüpft ist. Merken Sie sich an dieser Stelle nur so viel: *Für* den Rechtsnachfolger wirkt ein Urteil unter den Voraussetzungen des § 325 I ZPO immer! Die Frage ist bei § 325 II ZPO nur, ob der Rechtsnachfolger auch eine Niederlage hinnehmen muss.
Zur Wiederholung: Prozessführungsbefugnis ist immer gegeben, wenn der Kläger ein *eigenes* Recht im *eigenen* Namen geltend macht. Macht er ein *fremdes* Recht in *eigenem* Namen geltend, ist er nur dann prozessführungsbefugt, wenn ein Fall der gesetzlichen oder gewillkürten Prozessstandschaft vorliegt.

2. Gewillkürte Prozessstandschaft

Rechtsgeschäftl. Ermächtigung zur Geltendm. fremder Rechte im eigenen Namen

37 Hier ermächtigt der Rechtsinhaber einen Dritten durch Rechtsgeschäft, einen Anspruch im eigenen Namen als Partei einzuklagen. Materiellrechtliches Pendant wäre die Einziehungsermächtigung nach § 185 I BGB analog.

Voraussetzungen:

38 Sie unterliegt folgenden Voraussetzungen (vgl. Sie vertiefend bei Interesse BGH, Life&Law 01/2012, 12):

⇨ Zustimmung analog § 185 I BGB

(1) Zustimmung oder Ermächtigung des Rechtsinhabers, § 185 I BGB analog.

⇨ eigenes rechtsschutzw. Interesse des Klagenden

(2) Eigenes rechtsschutzwürdiges Interesse des Prozessstandschafters. Dies ist insbesondere zu bejahen, wenn die begehrte Entscheidung die eigene Rechtslage beeinflusst (Beispiele dazu finden Sie bei BGH, Life&Law 01/2017, 21 ff.).

Der Beklagte hat ein schutzwürdiges Interesse, nicht von jedem und jedermann verklagt zu werden. Daher soll es im Grundsatz bei der Durchsetzung der Rechte durch den jeweiligen Rechtsinhaber bleiben.

hemmer-Methode: Stellen Sie sich vor, Multimillionär X ermächtigt den Bettler Y, einen ihm (dem X) zustehenden Anspruch gegen Z gerichtlich geltend zu machen, und die Klage des Y wird abgewiesen. Hier wäre der Kostenerstattungsanspruch des Z (§ 91 ZPO) wegen der Mittellosigkeit des Y gefährdet. Dem X soll also verwehrt werden, sein Prozessrisiko durch eine "willkürliche gewillkürte Prozessstandschaft" zu minimieren.

Fallgruppen

39 Es haben sich daher einzelne Fallgruppen herausgebildet, in denen ein schutzwürdiges Interesse des Prozessstandschafters bejaht wird:

- Forderungsabtretung aufgrund Forderungsverkaufs, da der Zedent nach § 311a II BGB bei Nichtbestehen der Forderung haften würde. Hier kann der Zedent klagen.

- Sicherungsabtretung, aufgrund der besonderen vertraglichen Beziehungen des Sicherungsgebers zum Sicherungsnehmer. Hier kann der Sicherungsgeber klagen.

- Drittschadensliquidation: Verkäufer kann den Käufer ermächtigen, den rechtlich immer noch ihm selbst zustehenden Schadensersatzanspruch einzuklagen, da der Schaden ja beim Käufer liegt.

⇨ Abtretbarkeit des Rechts bzw. Möglichkeit seiner Ausübung

(3) Eher unproblematisch: Abtretbarkeit des Rechts oder Möglichkeit seiner Ausübung. Die Prozessstandschaft ist immer dann ausgeschlossen, wenn ein Abtretungsverbot dahin auszulegen ist, dass das Recht nicht durch einen Dritten gerichtlich geltend gemacht werden darf.

V. Postulationsfähigkeit

insbesondere § 78 ZPO

Diese bezeichnet die Fähigkeit, vor Gericht aufzutreten und wirksam Prozesshandlungen vorzunehmen. Wichtig ist in diesem Zusammenhang insbesondere § 78 I ZPO, der die Postulationsfähigkeit ab dem landgerichtlichen Verfahren von einer anwaltlichen Vertretung abhängig macht. 40

Vor den Amtsgerichten ist jede prozessfähige Partei auch postulationsfähig (sofern es sich nicht um eine Familiensache handelt, vgl. § 114 FamFG).

Zu beachten ist, dass die Postulationsfähigkeit keine Prozessvoraussetzung, sondern nur eine Prozesshandlungsvoraussetzung ist, d.h. ihr Fehlen führt nicht zur Abweisung der Klage als unzulässig.

***Bsp.:** B bevollmächtigt den Rechtsanwalt R, die ihm gegen A zustehende Kaufpreisforderung i.H.v. 15.000 € gerichtlich geltend zu machen. R erhebt ordnungsgemäß Klage. Nach Klageerhebung, aber noch vor dem ersten Termin, teilt B dem Gericht und A mit, dass er die Prozessvollmacht des R widerrufen habe.* 41

In der mündlichen Verhandlung erscheint B persönlich, mit dem Hinweis, er wolle die Sache jetzt selbst in die Hand nehmen. A beantragt die Abweisung der Klage als unzulässig. Wie wird das Gericht entscheiden?

Gemäß §§ 23 Nr. 1, 71 GVG ist das Landgericht sachlich zuständig. Vor dem Landgericht herrscht Anwaltszwang, § 78 I ZPO. B konnte daher nicht selbst Klage erheben. Dies hat jedoch der R getan.

Da die Prozessvollmacht gem. § 87 I ZPO erst dann erlischt, wenn ein anderer Anwalt bestellt wird, hätte R den B sogar nach Widerruf noch im Prozess vertreten können. Tatsächlich ist jedoch B aufgetreten, der aber mangels Postulationsfähigkeit keine Prozesshandlungen vornehmen kann. Das führt jedoch nicht dazu, dass die wirksam erhobene Klage unzulässig wird. Daher wird das Gericht dem Antrag des A nicht folgen.

Vielmehr hätte A den Erlass eines Versäumnisurteils (dazu später) gegen den Kläger B beantragen sollen, §§ 330, 333 ZPO. Denn wer nicht verhandeln *kann*, hat auch nicht verhandelt, auch wenn er sich zur Sache äußert.

hemmer-Methode: Hätte B vorliegend sogar ohne Anwalt die Klage eingereicht, dann wäre diese Erwirkungshandlung als solche unzulässig. Das Gericht hätte die Klageschrift nicht zugestellt, der Streit wäre gar nicht rechtshängig geworden.
In dem Fall, in dem die fehlende Postulationsfähigkeit also bereits zur Unwirksamkeit der Klageerhebung führt, stellt sich die Postulationsfähigkeit quasi als echte Prozessvoraussetzung dar.

E. Streitgegenstandsbezogene Prozessvoraussetzungen

I. Fehlende anderweitige Rechtshängigkeit

§ 261 III Nr. 1 ZPO

Der erhobene Anspruch darf gem. § 261 III Nr. 1 ZPO nicht schon anderweitig rechtshängig sein, §§ 253 I, 261 I ZPO. 42

keine widersprüchl. Entscheidungen

Dies ist abgesehen von dem unnötigen Aufwand an Zeit und Kosten schon deshalb angesagt, um konträre Entscheidungen verschiedener Gerichte zu vermeiden.

Wird dennoch eine zweite Klage rechtshängig, dann hat das betreffende Gericht diese als unzulässig abzuweisen.

II. Fehlende rechtskräftige Entscheidung

Zudem darf über denselben Streitgegenstand nicht schon anderweitig rechtskräftig entschieden worden sein (Einzelheiten zur Rechtskraft später). 43

Wurde eine Klage nur als unzulässig abgewiesen, steht dies einer erneuten Klage nicht entgegen, da es keine Entscheidung in der Sache gibt, welche in Rechtskraft hätte erwachsen können.

Problematisch ist der Fall, in dem eine Klage als unbegründet abgewiesen wurde (was bei Rechtskraft einer erneuten Klage eigentlich entgegenstehen würde), das Gericht aber eigentlich hätte als unzulässig abweisen müssen, weil bereits eine Zulässigkeitsvoraussetzung fehlte. Hätte das Gericht als unzulässig abgewiesen, wäre eine neue Klage unproblematisch möglich (s.o.).

Hier hat der BGH völlig überzeugend entschieden, dass eine neue Klage nicht in Betracht kommt. Auch wenn das Gericht fälschlicherweise jedenfalls als unbegründet abgewiesen hat, hat sich bereits ein Gericht mit der Sache selbst auseinandergesetzt. Damit ist dem Recht auf rechtliches Gehör Genüge getan (BGH, Life&Law 2008, 445 ff.).

III. Allgemeines Rechtsschutzbedürfnis

grds. gegeben

Es muss ein berechtigtes Interesse daran bestehen, die Zivilgerichte für die Erreichung des begehrten Rechtsschutzes in Anspruch zu nehmen. Das ist bei der Leistungsklage grundsätzlich unproblematisch dann der Fall, wenn dem Kläger kein wesentlich einfacherer Weg zur Verfügung steht und er deshalb ein Urteil benötigt. 44

Fällt beispielsweise der Anlass zur Klageerhebung vor Rechtshängigkeit weg (Schuldner zahlt), kann der Kläger die Klage zurücknehmen und einen Kostentragungsantrag gem. § 269 III S.3, IV ZPO stellen. Es wird dann nur noch über die Kosten entschieden nach bisherigem Sach- und Streitstand. Der Kläger muss diesen Antrag aber nicht stellen. Er kann sich die Kosten der Klagerücknahme auch auferlegen lassen und sodann aus materiellem Recht (Verzug) auf Kostentragung klagen. Nach Ansicht des BGH fehlt dem Kläger dafür nicht das Rechtsschutzinteresse. § 269 III S.3 ZPO scheint zwar ein einfacherer Weg zu sein, um das Ziel, die Kosten nicht tragen zu müssen, erreichen zu können. Allerdings erfolgt hier keine intensive Auseinandersetzung mit der Rechtslage („bisheriger Sach- und Streitstand"), so dass ein Rechtsschutzbedürfnis dafür besteht, die Verantwortlichkeit mit voller Beweisführungsmöglichkeit gerichtlich klären zu lassen (vgl. Rn. 165 m.w.N.).

IV. Besonderheit bei der Feststellungsklage

allg. Feststellungsinteresse

Im Falle der Feststellungsklage normiert § 256 I ZPO eine besondere Ausprägung des allgemeinen Rechtsschutzbedürfnisses. Das rechtliche Interesse an der Feststellung des Bestehens oder Nichtbestehens eines Rechtsverhältnisses fehlt insbesondere dann, wenn der Kläger ebenso gut eine Leistungsklage hätte erheben können (vgl. bereits oben die Ausführungen zu den Klagearten). 45

hemmer-Methode: Damit sind wir am Ende der Zulässigkeit angelangt. Es sei nochmals ausdrücklich darauf hingewiesen, dass die einzelnen Punkte jeweils nur dann angesprochen werden müssen bzw. dürfen, wenn der Sachverhalt dazu Anlass gibt. In jedem Fall sollten Sie aber zumindest kurz die Gerichtszuständigkeit feststellen. Daneben ist aber ratsam, zumindest folgenden Satz kurz zu formulieren: „Im Übrigen ist die Klage zulässig".

Im Ausgangsfall wäre eine Klage des B zulässig. Zuständiges Gericht wäre gem. §§ 1 ZPO, 23 Nr. 1 GVG, 12, 13, 29 ZPO das Amtsgericht Würzburg.

§ 3 DAS VERFAHREN BIS ZUM PROZESS

Nachdem der Rechtsanwalt festgestellt hat, dass eine einzureichende Klage zulässig wäre, muss er insbesondere überlegen, welche Anforderungen an eine ordnungsgemäße Klageerhebung gestellt werden. Reicht er die Klage ein, dann liegt der "schwarze Peter" beim Gericht: Nun muss der Richter sich Gedanken machen, was weiterhin zu tun ist. Nachdem er die Klageschrift dem Beklagten zugestellt hat, rücken zudem noch Sichtweise und Reaktionsmöglichkeiten des Beklagtenvertreters ins Blickfeld. Dieser Ablauf von der Klageerhebung bis zur tatsächlichen Verhandlung vor Gericht soll im Folgenden in der gebotenen Kürze dargestellt werden. Das dient einerseits dem Verständnis, gibt andererseits aber auch Gelegenheit, wichtige prozessuale Grundbegriffe im Vorfeld des Prozesses zu klären. 46

A. Ordnungsgemäße Einreichung der Klage

§ 253 ZPO

In der Klageschrift muss der Kläger darlegen, worüber das Gericht entscheiden soll. Entsprechend dem vom Kläger mit seiner Klage verfolgten Rechtsschutzziel muss er die richtige Klageart wählen, vgl. oben. Das schließt eine Auslegung des Klageantrags oder eine Umdeutung im Einzelfall nicht aus. 47

Schriftform

Die Klageschrift ist schriftlich (§ 253 V S.1 ZPO) oder in elektronischer Form (vgl. §§ 253 IV, 130a ZPO) beim zuständigen Gericht einzureichen, (Ausnahme: § 496 ZPO). 48

Bezüglich des Inhalts der Klageschrift ist zwischen Muss- und Sollinhalt zu unterscheiden:

I. Mussinhalt

1. § 253 II Nr. 1 ZPO

Parteien/Gericht

Gem. § 253 II Nr. 1 ZPO sind die Parteien und das sachlich und örtlich zuständige Gericht in der Klageschrift zu benennen. 49

2. Bestimmter Antrag

bestimmter Antrag

Der Kläger muss nicht nur den Grund seiner Klage nennen, sondern auch einen bestimmten Antrag an das Gericht stellen. 50

Hat der Kläger mit dem Beklagten einen Kaufvertrag geschlossen und zahlt der Beklagte den Kaufpreis nicht, dann ist dies der Grund für die Klageerhebung. Das bedeutet aber noch nicht, dass das Gericht nun automatisch den Beklagten zur Zahlung des gesamten Kaufpreises verurteilt, wenn es den Anspruch für gegeben hält. Denn theoretisch könnte der Kläger ja zunächst nur einen Teilbetrag einklagen wollen.

Dies ist z.B. dann ratsam, wenn der Kläger nicht sicher ist, ob er mit der Klage Erfolg haben wird, um so die Kosten des Rechtsstreits niedrig zu halten.

Das Gericht ist an den Antrag des Klägers gebunden, § 308 I S. 1 ZPO. Es darf der Klage zwar nur teilweise stattgeben, dagegen nicht über den Antrag hinausgehen oder dem Kläger etwas anderes zusprechen, auch wenn diesbezüglich ein Anspruch gegeben ist. (Für die Altsprachler: ne ultra petita)

Im Übrigen gibt es Anspruchsgrundlagen, bei denen die Beschreibung dessen, was verlangt werden kann, nicht einfach ist. Ein entsprechendes Beispiel finden Sie in der Life&Law 09/2009.

Festlegung des Streitgegenstandes

Zusammen mit der Angabe des Grundes des erhobenen Anspruchs wird durch den Antrag der *Streitgegenstand* des Verfahrens festgelegt. 51

EXKURS: Der Streitgegenstand

An dieser Stelle erscheint es angebracht, den Begriff des Streitgegenstandes näher zu erläutern. Verschiedentlich wird er auch als prozessualer Anspruch bezeichnet (z.B. §§ 253 II, 260 ZPO), was mit dem Anspruchsbegriff des § 194 BGB aber nichts zu tun hat! 52

3. Die Bedeutung des Streitgegenstandes

in der Zulässigkeit

Der Begriff des Streitgegenstandes spielt bereits in der Zulässigkeit der Klage eine Rolle und zwar im Rahmen des Rechtswegs, der Zuständigkeit des Gerichts und bei der anderweitigen Rechtshängigkeit. 53

bzgl. der materiellen Rechtskraft

Auch i.R.d. materiellen Rechtskraft (dazu später) ist es von entscheidender Bedeutung, über welchen prozessualen Anspruch das Gericht tatsächlich entschieden hat.

4. Bestimmung des Streitgegenstandes

Antrag allein oder zusätzlich Lebenssachverhalt?

Wie der Streitgegenstand zu bestimmen ist, wird sehr unterschiedlich beurteilt. Letztlich geht es jedoch nur um die Frage, ob lediglich der Antrag des Klägers ausreicht, um den Streitgegenstand zu bestimmen (sog. eingliedriger Streitgegenstandsbegriff), oder ob zusätzlich noch der zugrundeliegende Lebenssachverhalt mit heranzuziehen ist (sog. zweigliedriger Streitgegenstandsbegriff). 54

Zur Verdeutlichung der Problematik einige Beispiele:

> **Bsp. (1):** *Fußgänger F wird von Autofahrer A angefahren und erleidet Schäden i.H.v. 1.000 €. Da A nicht zahlt, erhebt F Klage aus Delikt. Als F erfährt, dass auch eine verschuldensunabhängige Haftung aus § 7 I StVG in Betracht kommt, verklagt er A nochmals. Ist die zweite Klage zulässig?* 55

Der Zulässigkeit der Klage könnte die anderweitige Rechtshängigkeit des prozessualen Anspruchs entgegenstehen, § 261 III Nr. 1 ZPO. Dann müsste es sich jeweils um denselben Streitgegenstand handeln.

hemmer-Methode: Sollte der erste Prozess bereits entschieden worden sein, müsste die Frage dahingehen, ob die Zulässigkeit an der entgegenstehenden Rechtskraft scheitern könnte.
Jedenfalls soll über einen Streitgegenstand nicht mehrmals verhandelt bzw. entschieden werden.

Das ist hier nach allen Ansichten der Fall: Es handelt sich sowohl um denselben Antrag (Zahlung von 1.000 €) als auch um denselben Lebenssachverhalt (Autounfall). Auch wenn hier mehrere Anspruchsgrundlagen in Betracht kommen, ist dies unerheblich, denn das Gericht prüft den geltend gemachten Anspruch sowieso unter allen in Betracht kommenden Gesichtspunkten. Die zweite Klage ist unzulässig.

Hier und in den allermeisten Fällen sind die Ergebnisse identisch. Und auch dann, wenn sich nach dem strengen Inhalt der Theorien einmal etwas anderes ergibt, ziehen die Vertreter des eingliedrigen Streitgegenstandsbegriffs den zugrundeliegenden Lebenssachverhalt als Auslegungshilfe heran:

Bsp. (2): *Der Kläger beantragt die Verurteilung des Beklagten zur Zahlung von 1.000 €, was er einmal auf § 433 II BGB stützt, einmal auf die Hingabe eines Darlehens, § 488 I S. 2 BGB. Handelt es sich um einen Streitgegenstand, oder liegt ein Fall der objektiven Klagenhäufung vor, vgl. § 260 ZPO?* 56

Nach dem herrschenden zweigliedrigen Streitgegenstandsbegriff liegen zwei verschiedene Streitgegenstände vor. Zwar sind auch hier wiederum zwei Anspruchsgrundlagen für lediglich ein und denselben Antrag gegeben, allerdings beruhen diese hier jeweils auf verschiedenen Lebenssachverhalten (Abschluss des Kaufvertrages/Hingabe des Darlehens; in Bsp. (1) hingegen nur ein Unfall).

Nach dem eingliedrigen Streitgegenstandsbegriff läge hier eigentlich nur ein Streitgegenstand vor, da es sich um ein und denselben Antrag handelt. Allerdings kann sich auch diese Ansicht nicht vor dem Lebenssachverhalt verschließen, denn der Antrag des Klägers, der Beklagte solle zur Zahlung von 1.000 € an ihn verurteilt werden, ist für sich genommen nicht geeignet, den Streitgegenstand des Prozesses genau zu bestimmen. Daher greift auch diese Ansicht ergänzend auf den Lebenssachverhalt zurück und gelangt so ebenfalls zu einer objektiven Klagenhäufung.

hemmer-Methode: Wie Sie sehen, handelt es sich letztlich nur um einen dogmatischen Streit. Die Vertreter des eingliedrigen Streitgegenstandsbegriffs wollen dem Lebenssachverhalt nicht die Funktion eines gleichwertigen Bestandteils des Streitgegenstands zukommen lassen, ziehen ihn jedoch gleichwohl heran, um unbillige Ergebnisse zu vermeiden.
Dennoch fördert dieser Streit das Verständnis für die Sache. Es soll vermieden werden, dass zwei Gerichte mit derselben Sache beschäftigt bzw. keine gegenläufigen Entscheidungen getroffen werden.
Auf die Problematik ist selbstverständlich dann keinesfalls einzugehen, wenn bereits zwei verschiedene Anträge vorliegen. Dann handelt es sich unstreitig um zwei verschiedene Streitgegenstände.

EXKURS ENDE

Ausfluss des Dispositionsgrundsatzes

Der Kläger legt also mit der Klageschrift praktisch den Gegenstand des Verfahrens für das Gericht bindend fest. Dies ist Ausfluss des sog. Dispositionsgrundsatzes, der besagt, dass es grundsätzlich Sache der Parteien ist, das Verfahren zu beginnen, zu gestalten und zu beenden. Insofern ist die Dispositionsmaxime letztlich die prozessuale Seite der Privatautonomie (mehr dazu später). 57

Ausnahme vom bestimmten Antrag:

Es gibt aber auch Situationen, in denen der Kläger keinen bestimmten Antrag stellen muss. Das ist immer dann der Fall, wenn der Kläger nicht über die notwendigen Informationen verfügt, um einen bestimmten Antrag zu formulieren. 58

Auskunftsansprüche

Ausdrücklich geregelt ist dies für den Fall, dass dem Kläger gegen den Beklagten ein materiellrechtlicher Auskunftsanspruch zusteht. Verweigert der Beklagte die Auskunft, hat der Kläger die Möglichkeit, diesen Anspruch im Rahmen einer Stufenklage geltend zu machen (§ 254 ZPO). Darin kann der Kläger dann zunächst einen unbestimmten Leistungsantrag stellen, der erst nach tatsächlicher Auskunftserteilung zu konkretisieren ist. Das hat den Vorteil, dass die Zahlungsklage bereits mit Erhebung der Stufenklage rechtshängig wird. Ab diesem Zeitpunkt greift dann bereits die Verjährungshemmung, § 204 I BGB!

§ 287 ZPO

Daneben ist § 287 ZPO von Bedeutung: Hier ist es ausnahmsweise dem Gericht gestattet, über die Höhe eines Anspruchs nach freier Überzeugung zu entscheiden. 59

Dies gilt beispielsweise für eine „billige Entschädigung in Geld“ nach § 253 II BGB. § 287 ZPO konkretisiert also in prozessualer Hinsicht die Vorschrift des § 253 II BGB.

In allen Fällen, in denen die Höhe eines Anspruchs in das Ermessen des Gerichts gestellt ist, wäre es widersinnig, dem Kläger einen bestimmten Antrag aufzubürden.

Der Kläger ist allerdings verpflichtet, die ungefähre Größenordnung des Anspruchs bzw. einen Mindestbetrag anzugeben. Im letzteren Fall besteht für den Richter (als Ausnahme zu § 308 I ZPO) keine Grenze nach oben.

5. Bestimmte Angabe des Anspruchsgrundes

§ 253 II Nr. 2 ZPO

Der Kläger muss dem Gericht die Tatsachen vortragen, aus denen sich der geltend gemachte Anspruch ergibt. Wie ausführlich dieser Tatsachenvortrag sein muss, ist zwar umstritten, in der Praxis allerdings irrelevant, da der Kläger schon deshalb alle anspruchsbegründenden Tatsachen vortragen wird, um der Gefahr einer Präklusion zu entgehen, vgl. §§ 282 I, II, 296 II ZPO (dazu später). Rechtsausführungen sind vom Gesetz in der Klageschrift dagegen nicht vorgesehen, in der Praxis aber üblich. *60*

6. Unterschrift

Unterscheide:

Auch wenn § 130 Nr.6 ZPO (i.V.m. § 253 IV ZPO) nur eine Sollvorschrift ist, **muss** die Klageschrift in Anwaltsprozessen vom Anwalt, sonst vom Kläger eigenhändig unterschrieben werden. Das ergibt sich aus folgendem: *61*

vorbereitende Schriftsätze

§ 130 Nr.6 ZPO betrifft nur die sog. vorbereitenden Schriftsätze, durch die die mündliche Verhandlung vorbereitet und ihre Durchführung erleichtert werden soll. Bei diesen ist auch die „Wiedergabe der Unterschrift in der Kopie" möglich, wenn die Übermittlung durch einen Telefaxdienst erfolgt.

bestimmende Schriftsätze

Im Gegensatz dazu sind bestimmende Schriftsätze wie die Klageschrift solche, die den Prozess *unmittelbar* gestalten, indem sie ein Verfahren einleiten, verändern oder beenden. Hier ist die Unterschrift jedoch ein **zwingendes** Gebot der Rechtssicherheit.

II. Sollinhalt

§ 253 III ZPO

Hier ist lediglich § 253 III ZPO relevant. Handelt es sich bei dem Streitgegenstand nicht um einen Geldbetrag, dann soll - soweit davon die sachliche Zuständigkeit abhängt - der Wert des Streitgegenstandes angegeben werden. *62*

B. Das Tätigwerden des Gerichts

I. Zustellung an den Beklagten

Rechtshängigkeit

Nachdem die Klageschrift bei Gericht eingegangen ist, wird sie dem Beklagten von Amts wegen unverzüglich zugestellt, §§ 271 I, 270 I, 166 ff. ZPO. Zudem soll die Klage nicht zugestellt werden, bevor der Kläger den erforderten (!) Gerichtskostenvorschuss eingezahlt hat, vgl. § 12 I GKG. *63*

Die Klage ist dann erhoben und damit rechtshängig, §§ 253 I, 261 I ZPO. An dieser Stelle sei noch kurz auf einige Probleme im Zusammenhang mit der Klageerhebung hingewiesen.

1. Verjährungshemmung

§ 204 I Nr. 1 BGB

Gem. § 204 I Nr. 1 BGB wird mit Erhebung einer *wirksamen* Klage die Verjährung des jeweils streitigen Anspruchs gehemmt. Die Hemmung endet, sobald der Prozess rechtskräftig entschieden ist, und sechs Monate vergangen sind, § 204 II BGB. 64

hemmer-Methode: Halten Sie Neubeginn und Hemmung von ihrer Wirkung her auseinander: Während im Falle der Hemmung lediglich die Zeit, in der der Anspruch gehemmt ist, auf die Verjährung nicht angerechnet wird, § 209 BGB, beginnt die Verjährung in den Fällen des § 212 BGB neu zu laufen.

2. Vorauswirkung des § 167 ZPO

Bsp.: *Kaufmann B schließt mit Privatmann A am 10.10.2016 einen Kaufvertrag. A zahlt den Kaufpreis i.H.v. 1.000 € nicht. Nachdem die Sache bei B in Vergessenheit gerät, vergehen drei Jahre.* 65

Erst im Dezember 2019 erinnert sich B an die noch ausstehende Forderung. Vertreten durch seinen Rechtsanwalt R reicht er am 27.12. 2019 Klage beim Landgericht auf Zahlung ein. Die Klageschrift wird A am 10.01.2020 zugestellt. In der mündlichen Verhandlung rügt A die Zuständigkeit des Gerichts. Da R keinen Verweisungsantrag stellt, weist das Gericht die Klage am 28.02. 2020 als unzulässig ab. Erbost über die Schlampigkeit des R sucht sich B einen neuen Rechtsanwalt. Vier Monate später wird B fündig. Er beauftragt den Rechtsanwalt Fleissig, den Kaufpreis für ihn einzuklagen. F reicht die Klageschrift am 15.05.2020 beim Amtsgericht ein. In der mündlichen Verhandlung beruft sich A auf Verjährung. Wie wird das Amtsgericht entscheiden?

Das Amtsgericht wird der Klage stattgeben, wenn sie zulässig und begründet ist.

I. Zulässigkeit

1. Die sachliche Zuständigkeit des Amtsgerichts ergibt sich vorliegend aus §§ 1 ZPO, 23 Nr. 1 GVG. Über die örtliche Zuständigkeit kann nach dem Sachverhalt nichts gesagt werden.

2. Möglicherweise steht der Klage die anderweitige Rechtshängigkeit des Streitgegenstandes entgegen, § 261 III Nr. 1 ZPO. Da die Klage vor dem Landgericht aber durch *Prozessurteil* abgewiesen wurde, ist die Rechtshängigkeit wieder entfallen.

3. Aus diesem Grund steht der Klage auch keine anderweitige Rechtskraft entgegen, denn in der Sache selbst hat das Gericht nicht entschieden. Die Klage des B ist zulässig.

hemmer-Methode: Beim Prozessurteil beschränkt sich die Rechtskraft ohnehin immer auf die entschiedene Prozessfrage. Wird die Klage beispielsweise mangels Prozessführungsbefugnis abgewiesen, ist der Kläger selbstverständlich in einem neuen Prozess nicht gehindert vorzutragen, der Rechtsinhaber habe ihn nun zur Prozessführung ermächtigt. Sofern es sich also um behebbare Prozessvoraussetzungen handelt, ist die Rechtskraft des Prozessurteils nie ein Problem.

II. Begründetheit

Die Klage ist begründet, wenn B gegen A einen durchsetzbaren Anspruch auf Zahlung der 1.000 € hat.

1. B und A haben einen wirksamen Kaufvertrag geschlossen.

2. Möglicherweise ist der Anspruch des B jedoch verjährt, § 214 BGB. Die Einrede wurde von B auch erhoben. Das Gericht müsste die Klage dann als unbegründet abweisen.

a) Gemäß § 195 BGB verjährt der Anspruch des B in 3 Jahren. Verjährungsbeginn ist regelmäßig das Ende des Jahres, in dem Anspruch entstanden ist, § 199 I BGB. Das wäre hier also der 31.12.2016 (24.00 Uhr).

Demnach endet die Verjährungsfrist am 31.12.2019. Bei Klageerhebung im Mai 2020 wäre der Anspruch des B demnach verjährt.

b) Möglicherweise ist die Verjährung jedoch durch die Klageerhebung vor dem Landgericht gehemmt worden, § 204 I Nr. 1 BGB. Die Klage ist erhoben, wenn die Klageschrift dem Beklagten zugestellt wird, § 253 I ZPO. Ausreichend für die hemmende Wirkung ist eine *wirksame* Klageerhebung. Ob die Klage auch zulässig ist, ist ohne Bedeutung. Zwar hat R die Klage bereits am 27.12.2019 eingereicht, die Zustellung geschah vorliegend aber erst am 10.01.2020, also zu einem Zeitpunkt, zu dem die Verjährungsfrist bereits abgelaufen war.

c) Möglicherweise ergibt sich jedoch ein anderes Ergebnis aus § 167 ZPO. Danach tritt die Wirkung der Hemmung bereits mit Einreichung der Klageschrift ein, wenn die Zustellung "demnächst" erfolgt.

hemmer-Methode: Vgl. Sie bei Interesse zur Vertiefung BGH, Life&Law 03/2020, 172 ff. zu dieser Problematik.

Fraglich ist, was unter „demnächst“ zu verstehen ist. Erfolgt die Zustellung in einem gewöhnlichen Zeitraum von ca. 1 bis 2 Wochen nach Einreichung, ist das Kriterium „demnächst“ immer gewahrt. Problematisch wird die Handhabung erst dann, wenn die Zustellung länger dauert als gewöhnlich.

Stammt in einem solchen Fall der Grund für die verzögerte Zustellung aus der Sphäre des Klägers, akzeptiert die Rechtsprechung einer Verzögerung (!) von 2 Wochen. Dabei ist auf die Zeitspanne abzustellen, um die sich der ohnehin erforderliche Zeitraum für die Zustellung der Klage als Folge der Nachlässigkeit verlängert (vgl. BGH, Life&Law 03/2020, 172 ff.).

Ist die Ursache für die verzögerte Zustellung gerichtsintern bedingt (Urlaub, Krankheit des Richters oder Verlegen der Akte), gibt es in der Rechtsprechung keine starre Frist für die Bemessung des Zeitraums „demnächst“, weil der Kläger keine Nachteile aus Umständen erleiden darf, auf die er keinen Einfluss hat.

Vorliegend liegt schon keine Verzögerung im Zustellungsbereich vor, eine Zeitspanne von 10 bis 14 Tagen ist vollkommen normal. Daher ist die Zustellung am 10.01.2020 jedenfalls demnächst i.S.d. § 167 ZPO erfolgt. Demnach ist die Verjährung also am 27.12.2019 gehemmt worden.

Der Hemmungstatbestand endete grundsätzlich mit Abweisung am 28.02.2020, so dass die knapp zwei Monate gem. § 209 BGB aus der Verjährungsfrist herauszurechnen wären.

Allerdings bestimmt § 204 II S. 1 BGB (der nach h.M. auch für das Prozessurteil gilt, Palandt, § 204, Rn. 34) das Ende der Hemmung jedoch erst mit Ablauf weiterer 6 Monate nach der rechtskräftigen Entscheidung oder anderweitigen Beendigung des eingeleiteten Verfahrens. Demnach konnte die Verjährung erst mit Ablauf des 28.08.2020 eintreten.

Ergebnis: Im Zeitpunkt der Klageerhebung vor dem zuständigen Amtsgericht im Mai 2020 war die hemmende Wirkung noch nicht wieder entfallen, § 204 II S. 1 BGB. Die Klage ist daher begründet und hat Aussicht auf Erfolg.

hemmer-Methode: An diesem Fall können Sie erkennen, wie materielles und prozessuales Recht ineinandergreifen: Der Anspruch des B ist nur deshalb gegeben, weil die Einreichung der Klageschrift die Verjährung gehemmt hat und die Wirkung über die Abweisung als unzulässig hinaus fortbestand.

II. Vorbereitung des Haupttermins

früher erster Termin, § 275 ZPO o. schriftliches Vorverfahren, § 276 ZPO

Der weitere Verfahrensablauf nach Zustellung der Klage hängt 66
nun davon ab, für welche der beiden in § 272 II ZPO genannten Alternativen zur umfassenden Vorbereitung des Haupttermins zur mündlichen Verhandlung sich der Richter entscheidet, § 272 I ZPO.

Die Entscheidung trifft der Richter nach freiem Ermessen. Stehen bloße Rechtsfragen in Streit, dann wird sich der Richter eher für einen frühen ersten Termin entscheiden. Denn dass die Parteien gegenteiliger Rechtsansicht sind, dokumentiert sich bereits in der Klageerhebung und wird sich auch nicht durch ein schriftliches Vorverfahren ändern. Je nach Komplexität kann der Richter den frühen ersten Termin auch bereits als Haupttermin anberaumen.

Ist dagegen für die mündliche Verhandlung die weitere Aufklärung des Sachverhalts erforderlich, muss der Richter entscheiden, welche Art der Vorbereitung er für sinnvoller hält. I.d.R. bringt auch hier ein früher erster Termin mehr Licht in die Sache als sich widersprechende Schriftsätze der Anwälte, besonders natürlich, wenn es sich um äußerst komplexe Sachverhalte handelt.

Güteverhandlung

Zur gütlichen Streitbeilegung hat der Gesetzgeber im Rahmen der ZPO-Reform 2002 entsprechend dem arbeitsgerichtlichen Verfahren auch vor den ordentlichen Gerichten eine Güteverhandlung vorgesehen. Diese soll der streitigen mündlichen Verhandlung vorausgehen, § 278 II ZPO. Sofern diese erfolglos verläuft schließt sich gem. § 279 I ZPO unmittelbar die mündliche Verhandlung an. Es wird also zum Zwecke der Güteverhandlung nicht gesondert terminiert.

hemmer-Methode: Lesen Sie zu den Einzelheiten nur den Gesetzestext der §§ 272 ff. ZPO. Im Übrigen werden im Ersten Staatsexamen in diesem Bereich kaum Probleme auftauchen, da die Sachverhalte meist eindeutig vorgegeben sind.

C. Die Reaktionen des Beklagten

Klageerwiderung

Den Beklagten trifft eine Prozessförderungspflicht in dem Sinne, 67
dass er in einer Klageerwiderung, § 277 ZPO, darzulegen *hat*, wie er zu der Sache steht.

Dadurch soll erreicht werden, dass der Prozess in nur einem einzigen Haupttermin erledigt werden kann. Gericht und Kläger sollen erkennen können, worauf die Verteidigung des Beklagten hinausläuft. Sanktion ist an dieser Stelle § 296 I, II ZPO.

Verteidigungsmittel

Verteidigungsmittel ist jedes sachliche und prozessuale Vorbringen, das der Abwehr des geltend gemachten prozessualen Anspruchs dient, z.B. bloßes Bestreiten, Einwendungen, Aufrechnung, Beweisanträge etc. 68

hemmer-Methode: Auch hier wird der Sachverhalt alle Verteidigungsmittel des Beklagten eindeutig herausstellen. In der Klausur geht es dann darum, diese systematisch in den Aufbau der Arbeit einzubringen.

eventuell VU gem. § 331 III ZPO

Zeigt der Beklagte seine Verteidigungsbereitschaft entgegen § 276 I, II ZPO nicht rechtzeitig an, wird auf Antrag des Klägers nach § 331 III ZPO ein Versäumnisurteil im schriftlichen Verfahren, also ohne jegliche mündliche Verhandlung, erlassen (zum Versäumnisurteil später). Auch dies ist ein effizientes Mittel, den Streit in jeder Phase des Prozesses zu beschleunigen.

§ 4 IM PROZESS

Bevor auf die Einzelheiten der einzelnen Prozesshandlungsmöglichkeiten der Parteien eingegangen wird, sollen kurz die wichtigsten Verfahrensgrundsätze der ZPO beleuchtet werden. Diese sind für das Verständnis der ZPO unerlässlich. Hier kommen in allgemeiner Form die Wertungen zur Geltung, die in den einzelnen Verfahrensvorschriften verankert sind. *69*

hemmer-Methode: Die Verfahrensgrundsätze sind das Grundgerüst, soweit es um die Lösung prozessualer Probleme geht. Versuchen Sie zunächst, sich den Sinn und Zweck dieser Grundsätze klarzumachen. So lernen Sie, auch unbekannte Probleme anhand allgemeiner Wertungen in den Griff zu bekommen.

Zudem soll noch kurz auf einzelne Probleme des Beweisverfahrens und der Beweislast eingegangen werden.

A. Die Verfahrensgrundsätze

I. Der Dispositionsgrundsatz

1. Grundsätzliches

freie Bestimmung des Streitgegenstandes

Im Zivilprozess gilt die Dispositionsmaxime, d.h. die Parteien können über den Streitgegenstand frei bestimmen. Wie bereits erwähnt, ist der Richter an die gestellten Parteianträge gebunden, § 308 ZPO. *70*

So hat z.B. der Kläger die Möglichkeit, die Klage zurückzunehmen, § 269 ZPO, oder auf den eingeklagten Anspruch zu verzichten, § 306 ZPO. Der Beklagte kann den Anspruch anerkennen, § 307 ZPO, dazu später.

hemmer-Methode: Den Gegensatz zum Dispositionsgrundsatz bildet der Offizialgrundsatz. Hier hat der Staat die Herrschaft über den Verfahrensgegenstand, vgl. § 152 StPO. Einschränkungen des Dispositionsgrundsatzes finden sich im Zivilprozessrecht zudem überall dort, wo der Wille der Parteien dem öffentlichen Interesse unterzuordnen ist, so z.B. bei den Statusverhältnissen im Ehe- und Kindschaftsrecht.

2. Abgrenzung zur richterlichen Hinweispflicht

Da das Gericht andererseits die Pflicht trifft, auf die Stellung sachdienlicher Anträge hinzuwirken, § 139 I ZPO, ergibt sich ein Konflikt mit der Dispositionsmaxime. *71*

entscheidend: richterliche Neutralität

Die richterliche Hinweispflicht darf die Dispositionsmaxime jedenfalls nicht einschränken. Maßstab zur Abgrenzung ist daher die richterliche Neutralität:

So muss das Gericht einen Hinweis geben, wenn es erkennt, dass eine Partei den falschen Weg wählt, um das von ihr offensichtlich erstrebte Ziel zu erreichen. Das Gericht darf hingegen keinen Hinweis geben, durch den einer Partei erst ein für sie günstiges Ziel aufgezeigt wird.

So ist dem Gericht beispielsweise verwehrt, den Kläger darauf hinzuweisen, seinen Klageantrag zu erweitern, wenn es der Auffassung ist, der Kläger könne mehr bekommen als beantragt.

Dass die Dispositionsmaxime eindeutig vorgeht, lässt sich auch dadurch belegen, dass es den Parteien schließlich freigestellt ist, ob sie dem Hinweis nachkommen oder nicht.

II. Der Verhandlungsgrundsatz

Grenze: Wahrheitspflicht

Es obliegt grundsätzlich den Parteien, die Tatsachen beizubringen und zu beweisen, die das Gericht seiner Entscheidung zugrunde legen soll. § 138 I ZPO verpflichtet die Parteien jedoch zur vollständigen und wahrheitsgemäßen Abgabe ihrer Erklärungen, so dass der Verhandlungsgrundsatz durch die Wahrheitspflicht begrenzt ist. 72

Nichtbestreiten von Tatsachen, § 138 III ZPO

Die vornehmliche Bedeutung des Verhandlungsgrundsatzes liegt darin, dass das Gericht die Richtigkeit des vorgetragenen Sachverhalts grundsätzlich erst dann überprüft, wenn der Gegner den Vortrag der anderen Partei bestreitet, sog. Prinzip der formellen Wahrheitsermittlung. Schweigt der Gegner also zu einem Parteivortrag, so gilt dieser gem. § 138 III ZPO als zugestanden.

Geständnis, § 288 ZPO

Davon zu unterscheiden ist das ausdrückliche Zugeständnis von Tatsachen, § 288 ZPO, das sog. Tatsachengeständnis. 73

hemmer-Methode: Hiervon zu unterscheiden ist wiederum das Anerkenntnis des Beklagten nach § 307 ZPO: Hier räumt der Beklagte nicht etwa einen Sachverhalt als wahr ein, sondern erkennt den gegen ihn geltend gemachten Anspruch als gegeben an. Das Gericht prüft dann nur noch die Zulässigkeit der Klage, nicht aber das Vorliegen des Anspruchs selbst.

Beseitigung der Geständniswirkung

Der wichtigste Unterschied zwischen § 138 III ZPO und § 288 ZPO liegt in den unterschiedlichen Anforderungen daran, die Geständniswirkung wieder zu beseitigen. Während im Fall des § 138 III ZPO jederzeit in den Grenzen der §§ 282, 296 II ZPO (Präklusion) bestritten werden kann, muss ein ausdrückliches Geständnis i.S.d. § 288 ZPO unter den strengen Voraussetzungen des § 290 ZPO widerrufen werden.

hemmer-Methode: Behalten Sie an dieser Stelle Folgendes im Auge: Die Vorschriften über Willenserklärungen im BGB sind auf Prozesshandlungen nicht anwendbar. Ein irrtumsbedingtes Geständnis kann also nicht etwa gem. § 119 BGB angefochten, sondern allenfalls gem. § 290 ZPO widerrufen werden.

III. Anspruch auf rechtliches Gehör

Art. 103 I GG

Gemäß Art. 103 I GG hat jedermann vor Gericht Anspruch auf rechtliches Gehör. Übertragen auf den Zivilprozess bedeutet dies, dass den Parteien vor der Entscheidung Gelegenheit gegeben werden muss, ihren Standpunkt in tatsächlicher und rechtlicher Hinsicht darzulegen. 74

Dabei wird grundsätzlich nur auf die Gelegenheit zur Äußerung abgestellt, nicht auf den tatsächlichen Gebrauch von dieser Möglichkeit. Daher sind auch Vorschriften wie die über das Versäumnisverfahren, §§ 330 ff. ZPO, und die Präklusion, § 296 ZPO, mit Art. 103 I GG vereinbar.

Ausnahme: Arrest und einstweilige Verfügung

Eine echte Ausnahme vom vorgenannten Grundsatz sind die Vorschriften über das Verfahren des Arrests und der einstweiligen Verfügung, §§ 916 ff. ZPO. Das liegt am Sinn und Zweck dieser Verfahren, der darin besteht, dass der Gegner von der gerichtlichen Maßnahme gerade überrascht werden soll. Als Ausgleich hat der Betroffene in diesen Fällen aber die Möglichkeit, die getroffene Maßnahme nachträglich überprüfen zu lassen. 75

IV. Grundsatz der Mündlichkeit

§ 128 I ZPO

Grundlage einer Entscheidung kann gem. § 128 I ZPO nur das sein, was mündlich in den Prozess eingeführt wurde. 76

Bezugnahme auf Schriftsätze möglich

Dennoch kann man bei der Verfolgung eines Prozesses den Eindruck gewinnen, dass dieser Grundsatz in der Praxis nicht befolgt wird. Das liegt daran, dass sich die Parteien in der Verhandlung meist auf ihre Darlegungen in den vorbereitenden Schriftsätzen (§ 129 ZPO) beziehen. Das bedeutet aber im Umkehrschluss, dass all das, was in vorbereitenden Schriftsätzen geäußert wird, wertlos ist, wenn es nicht durch eine entsprechende Bezugnahme von den Parteien in den Prozess eingebracht wird.

Ausnahme

Unter bestimmten Voraussetzungen kann das Gericht eine Entscheidung ohne mündliche Verhandlung auf der Grundlage des schriftlichen Vortrags erlassen, vgl. §§ 128 II, III, 495a, 331 III, 307 S.2 ZPO - lesen!

V. Grundsatz der Unmittelbarkeit

§§ 128 I, 355 I S. 1 ZPO

Mündliche Verhandlung und Beweisaufnahme müssen vor dem erkennenden Gericht erfolgen, §§ 128 I, 355 I S. 1 ZPO. 77

Auch die Auswechslung eines Richters ändert daran nichts, denn ein Urteil darf nur von Richtern erlassen werden, die in der dem Urteil zugrundeliegenden Verhandlung (das ist die letzte mündliche) anwesend waren, § 309 ZPO. Erfolgt vor der letzten mündlichen Verhandlung ein Wechsel in der Besetzung des Gerichts, muss der neu eintretende Richter irgendwie Kenntnis von dem bisherigen Prozessstoff erlangen. Das geschieht entweder durch Wiederholung des bisherigen Tatsachenstoffs oder durch Bezugnahme auf diesen.

VI. Grundsatz der Öffentlichkeit

§ 169 GVG

Grundsätzlich sind mündliche Verhandlungen öffentlich, § 169 GVG. Und auch dann, wenn ausnahmsweise aus besonderen Gründen die Öffentlichkeit ausgeschlossen ist, §§ 170, 172 GVG, hat die Urteilsverkündung in jedem Fall öffentlich zu erfolgen, § 173 GVG. 78

☑

hemmer-Methode: Der Grundsatz der Öffentlichkeit ist die Grundlage für das Vertrauen des einzelnen in die Unabhängigkeit der Gerichte. Zudem: Auch die Zivilurteile ergehen "Im Namen des Volkes".
Tipp: Soweit in Ihrem Bundesland Themenklausuren gestellt werden, ist es durchaus möglich, die Verfahrensgrundsätze zum Inhalt einer solchen Klausur zu machen, da sich damit sehr gut das Verständnis für das Zivilprozessrecht abprüfen lässt.

EXKURS: Rechtsfolgen bei Verletzung von Verfahrensgrundsätzen

Urteil grundsätzlich wirksam, aber Rechtsmittel möglich

Grundsätzlich stellt die Verletzung einer der Verfahrensgrundsätze einen Verfahrensfehler dar, der mit dem jeweils in Betracht kommenden Rechtsmittel angreifbar ist. Nur ausnahmsweise, bei schwersten Verletzungen des Dispositionsgrundsatzes, ist ein ergangenes Urteil unwirksam (z.B. Urteil trotz wirksamer Klagerücknahme). 79

Kausalität erforderlich

Ob das Rechtsmittel Erfolg haben wird, hängt i.d.R. davon ab, ob das ergangene Urteil gerade auf dem Verfahrensfehler beruht, dieser also kausal für das so ergangene Urteil ist.

Ausnahme: absolute Revisionsgründe, § 547 ZPO

In einzelnen Fällen normiert das Gesetz jedoch, dass es auf die Kausalität nicht ankommt. Hier wiegt der Verfahrensfehler so schwer, dass allein sein Bestehen mit rechtsstaatlichen Grundsätzen unvereinbar ist, vgl. § 547 Nr. 1 und Nr.6 ZPO, sog. absolute Revisionsgründe. 80

hemmer-Methode: Interessant ist in diesem Zusammenhang noch die Möglichkeit der Verfassungsbeschwerde (VB) gem. Art. 93 I Nr. 4a GG, da der Anspruch auf rechtliches Gehör ein grundrechtsgleiches Recht darstellt. 81
Bei Erfolg der VB wird die Sache an das zuständige Gericht zurückverwiesen, § 95 II BVerfGG, so dass die VB die gleiche Wirkung hat wie die Anfechtung der Entscheidung im Rechtsmittelverfahren. Damit das BVerfG auf diese Weise aber nicht zu einer Superrevisionsinstanz und gleichzeitig entlastet wird, hat der Gesetzgeber § 321a ZPO geschaffen. Wird diese Rüge gem. § 321a IV verworfen oder für unzulässig erklärt, kommt nach überzeugender Ansicht trotz § 321a IV S. 4 ZPO eine Verfassungsbeschwerde in Betracht (vgl. Thomas/Putzo, § 321a, Rn. 13 a.E.).

EXKURS ENDE

B. Beweisrecht

Auch wenn dem Beweisrecht im Rahmen des Ersten Staatsexamens nahezu keine Bedeutung zukommt, soll an dieser Stelle ein kurzer Überblick gegeben werden. Dies ist insbesondere für das Verständnis der Zusammenhänge zwischen prozessualem und materiellem Recht sehr hilfreich. Versuchen Sie beim Durcharbeiten der folgenden Seiten auch, die oben geschilderten Verfahrensgrundsätze zu erkennen und zu verinnerlichen! 82

I. Darlegungslast

Wie bereits erwähnt gilt im Zivilprozess der Verhandlungsgrundsatz, d.h. die Parteien müssen die entscheidungserheblichen Tatsachen vortragen. Welche Partei dabei welche Tatsachen beizubringen hat, ist eine Frage der Darlegungslast. 83

Grundsatz: Jeder muss die für ihn günstigen Tatsachen vortragen

Grundsätzlich gilt: Jede Partei hat die ihr zum Vorteil gereichenden Tatsachen darzulegen. Das bedeutet z.B. für eine Leistungsklage: Der Kläger muss die anspruchsbegründenden Tatsachen darlegen, der Beklagte etwaige rechtshindernde bzw. rechtsvernichtende Einwendungen oder rechtshemmende Einreden.

> ***Bsp.:** B klagt gegen A auf Kaufpreiszahlung. A behauptet, B habe ihn durch eine arglistige Täuschung zum Kaufvertragsschluss veranlasst, und ficht den Vertrag daher an.* 84

Hier muss B Tatsachen vortragen, aus denen sich der Abschluss eines Kaufvertrages ergibt, A hingegen muss Tatsachen vortragen, die für eine arglistige Täuschung sprechen, da die Anfechtung gem. § 123 BGB eine rechtsvernichtende Einwendung ist.

II. Beweisbedürftigkeit

Beweisbedürftigkeit?

Sodann muss das Gericht entscheiden, ob die Tatsachen, so wie sie dargelegt wurden, der Entscheidung ohne weiteres zugrunde gelegt werden können oder ob sie bewiesen werden müssen. 85

(-) bei §§ 138 III, 288 ZPO

Grundsätzlich sind natürlich nur solche Tatsachen beweisbedürftig, die für die Entscheidung relevant sind. Aber auch relevante Tatsachen bedürfen keines Beweises, soweit sie von der gegnerischen Partei zugestanden werden, § 288 ZPO, oder soweit sich die gegnerische Partei dazu gar nicht äußert, § 138 III ZPO - Geständnisfiktion.

hemmer-Methode: Denken Sie aber wiederum daran, dass die Wirkungen von Geständnis und Geständnisfiktion nachträglich beseitigt werden können: Im Falle des § 288 ZPO durch Widerruf nach § 290 ZPO, im Falle des § 138 III ZPO durch bloßes Bestreiten bis zum Schluss der letzten mündlichen Verhandlung.

III. Beweislast

Stellt sich eine Tatsache nach dem oben Gesagten als beweisbedürftig dar, schließt sich die Frage an, wer diese Tatsache nun zu beweisen hat. 86

grds. wie Darlegungslast

Entsprechend der Darlegungslast gilt auch hier grundsätzlich, dass jede Partei die ihr günstigen Tatsachen zu beweisen hat.

Ausnahme: Beweislastumkehr

In einzelnen Fällen ordnet das Gesetz aber ausdrücklich eine Beweislastumkehr an, vgl. insbesondere § 280 I S. 2 BGB. Hier muss nicht etwa der Kläger das Vertretenmüssen des Beklagten beweisen, sondern der Beklagte sein Nichtverschulden.

hemmer-Methode: Achten Sie aber auch auf richterrechtlich entwickelte Abweichungen von der grundsätzlichen Beweislastverteilung, wie z.B. im Rahmen der Produzentenhaftung nach den §§ 823 ff. BGB oder der Arzthaftung. Diese Ausnahmen beruhen darauf, dass der Anspruchsteller kaum die Möglichkeit hat, einen Einblick in den Gefahrenbereich des Gegners zu erlangen, so dass ein Nachweis des Verschuldens hier in den meisten Fällen scheitern würde.

gesetzliche Vermutungen

Von den Fällen der Beweislastumkehr sind die Fälle zu unterscheiden, in denen das Gesetz Vermutungen rechtlicher oder tatsächlicher Art an bestimmte Tatsachen knüpft. So wird i.R.d. § 1006 BGB vermutet, dass der Besitzer einer Sache bei Erwerb des Besitzes auch Eigentümer der Sache geworden ist. Dann muss der Kläger nur noch den Besitz nachweisen (was i.d.R. nicht allzu schwer fallen dürfte), um in der zu entscheidenden Sache als Eigentümer zu gelten. *87*

Weitere Fälle finden sich in §§ 938, 1117 III, 1253 II, 1377 I, III BGB.

IV. Die Beweiserhebung

durch Parteien

Das Beweisverfahren wird von der beweispflichtigen Partei durch Beweisantrag eingeleitet. *88*

und von Amts wegen

In Abweichung von der Dispositionsmaxime kann jedoch - abgesehen vom Zeugenbeweis - auch das Gericht von Amts wegen eine Beweiserhebung anordnen, vgl. §§ 144 I, 142, 143, 448 ZPO.

Als Ausfluss des Unmittelbarkeitsgrundsatzes findet die Beweisaufnahme vor dem Prozessgericht statt, § 355 I S. 1 ZPO. Ausnahme: §§ 355 I S. 2, 361, 362 ZPO.

1. Beweisarten

Strengbeweis

Die Parteien sind stets an das förmliche Beweisverfahren und an die vom Gesetz vorgesehenen Beweismittel gebunden, sog. *Strengbeweis*. *89*

Freibeweis

Soweit jedoch zulässig, kann das Gericht alle Erkenntnisquellen, die ihm zur Verfügung stehen, zur Klärung heranziehen, sog. *Freibeweis*, insbesondere bei der Prüfung der Prozessvoraussetzungen.

Glaubhaftmachung

In manchen Fällen lässt das Gesetz die bloße Glaubhaftmachung ausreichen. Dann kommt als zusätzliches Beweismittel die eidesstattliche Versicherung in Betracht, § 294 ZPO, relevant insbesondere in den Fällen der §§ 920 II, 936 ZPO.

2. Beweismittel

In der ZPO vorgesehene Beweismittel sind: *90*

- Augenscheinseinnahme, §§ 371-372a ZPO
- Zeugenbeweis, §§ 373-401 ZPO
- Sachverständigenbeweis, §§ 402-414 ZPO

➲ Urkundenbeweis, §§ 415-444 ZPO

➲ Parteivernehmung, §§ 445-455 ZPO

hemmer-Methode: Hier wird von Ihnen nicht viel erwartet. Im Examen sollten Sie aber zumindest die verschiedenen Beweismittel auf die Reihe bekommen. Überfliegen Sie daher zumindest kurz die obigen Vorschriften. Lange Ausführungen in diesem Skript erübrigen sich so.

3. Beweiswürdigung

Nachdem die Beweisaufnahme durchgeführt wurde, obliegt es dem Gericht zu entscheiden, ob die beweisbedürftige Tatsache als bewiesen anzusehen ist oder nicht. 91

welches Beweismaß?

Das hängt nun davon ab, welche Anforderungen an die Beweisstärke zu stellen sind: Muss der Geschehensablauf, so wie geschildert, lediglich möglich oder wahrscheinlich sein, oder bedarf es der vollen Überzeugung des Gerichts von der Wahrheit?

grds. Vollbeweis

Grundsätzlich ist der sog. Vollbeweis erforderlich. Danach darf das Gericht eine Tatsache seiner Entscheidung nur zugrunde legen, wenn es von deren Wahrheit vollends überzeugt ist. Das ist dann der Fall, wenn Zweifel an der Wahrheit vernünftigerweise nicht mehr geboten sind.

Lediglich in den Fällen der Glaubhaftmachung reicht ein geringerer Grad an Wahrscheinlichkeit aus.

§ 286 I ZPO

Ob das Beweismaß gegeben ist, entscheidet das Gericht nach seiner freien Überzeugung, § 286 I ZPO.

Anderes gilt nur dann, wenn es gesetzlich ausdrücklich geregelt ist, § 286 II ZPO, §§ 415-418, 444 ZPO.

4. Non-liquet und Feststellungslast

Ist das Gericht nach o.g. Grundsätzen von der Wahrheit der Tatsache überzeugt, dann legt es sie seiner Entscheidung zugrunde. 93

Wurde das erforderliche Maß an Überzeugung hingegen nicht erreicht, ergibt sich eine sog. non-liquet-Situation. Das bedeutet, dass weder Wahrheit noch Unwahrheit zur Überzeugung des Gerichts feststehen.

Hier gilt nun wiederum der Grundsatz, dass die Feststellungslast diejenige Partei trifft, der die Tatsache bei ihrer Erweislichkeit zum Vorteil gereichen würde.

V. Abschließender Fall

A hat bei B ein Mountain-Bike gekauft. Als B sich wegen des Kaufpreises an A wendet, entgegnet dieser, er habe das Fahrrad als Stellvertreter des C gekauft, was er bei den Verhandlungen auch stets zum Ausdruck gebracht habe. B bestreitet dies entschieden. A habe von C nichts erwähnt. B verklagt den A. Wer ist beweispflichtig? 94

Die Darlegungslast für den Abschluss des Kaufvertrages trifft hier den B.

Die dazu vorgetragenen Tatsachen werden von A nicht bestritten, so dass diesbezüglich kein Beweis erhoben werden muss.

Allerdings bestreitet A qualifiziert, dass der Kaufvertrag mit ihm selbst zustande gekommen sei, indem er behauptet, er habe für C als Vertreter gehandelt. Da dieser Vortrag somit streitig ist, stellt sich die Frage der Beweislast für diese Tatsache.

Grundsätzlich muss derjenige eine Tatsache beweisen, zu dessen Vorteil sie gereicht. Aus § 164 I BGB ergibt sich, dass die Folgen einer Willenserklärung nur dann den "Vertretenen" treffen, wenn der Stellvertreter zum Ausdruck gebracht hat, dass er im Namen des "Hintermannes" gehandelt hat. Das Handeln in eigenem Namen ist die Regel, Stellvertretung die Ausnahme. Das Handeln in fremdem Namen ist also vorteilhaft für den Vertreter, so dass ihn insoweit die Beweislast trifft. Gelingt das dem A vorliegend nicht, dann muss er - ob zu recht oder nicht - den Kaufpreis zahlen. Selbst eine Anfechtung wegen Irrtums kommt dann nicht in Betracht, § 164 II BGB (Sound: „Im Zweifel Eigengeschäft").

C. Das Versäumnisverfahren

§§ 330-347 ZPO

Die Probleme im Zusammenhang mit dem sog. Versäumnisurteil, §§ 330-347 ZPO, sind in Praxis und Klausur gleichermaßen relevant. Das liegt einerseits daran, dass Menschen nun einmal vergesslich sind und sogar Rechtsanwälte Termine ihrer Mandanten versäumen. Andererseits darf es der Beklagte nicht in der Hand haben, durch bloßes Nichterscheinen dem Kläger die gerichtliche Durchsetzung seiner Ansprüche zu erschweren oder unmöglich zu machen. Das Versäumnisurteil (im folgenden VU) hat daher auch Sanktionscharakter. In der Klausur bietet das VU zudem eine gute Gelegenheit zur Verknüpfung prozessualer und materiellrechtlicher Probleme. 95

Gemäß den §§ 330, 331 ZPO ist zwischen der Säumnis des Klägers und des Beklagten zu unterscheiden.

I. VU gegen den Beklagten

VU (+), wenn Säumnis, Antrag, Zulässigkeit und Schlüssigkeit der Klage

Ist danach gefragt, wie das Gericht einen bestimmten Fall ent- 96
scheiden wird, lautet der Obersatz grundsätzlich: "Das Gericht wird der Klage stattgeben, wenn sie zulässig und begründet ist." Im Rahmen eines VU gegen den Beklagten muss der Obersatz in Abweichung davon jedoch folgendermaßen lauten: "Das Gericht wird ein Versäumnisurteil gegen den Beklagten erlassen, wenn der Beklagte säumig ist, der Kläger den Erlass eines Versäumnisurteils beantragt hat und die Klage zulässig und *schlüssig* ist."

hemmer-Methode: Dementsprechend sollten Sie auch in der Klausur zunächst prüfen, ob der Beklagte überhaupt säumig ist. Ist er dies nämlich nicht, dann können Sie die Lösung des Falls in dem gewohnten Muster von Zulässigkeit und Begründetheit der Klage fortsetzen.

„unechtes VU"

Merken Sie sich bereits an dieser Stelle Folgendes: Ist die Klage 97
unzulässig oder unschlüssig, wird sie abgewiesen: Bei Unzulässigkeit durch Prozessurteil, bei Unschlüssigkeit durch Sachurteil.

Hierbei handelt es sich dann aber nicht um ein Versäumnisurteil i.S.d §§ 330, 331 ZPO, denn die Entscheidung hätte auch bei Anwesenheit des Beklagten in gleicher Weise ergehen müssen. Die Säumnis hat sich gar nicht ausgewirkt.

Für diese beiden Fälle hat sich aber der Begriff des "unechten VU" eingebürgert. Gleichwohl kann dieses nicht mit dem Einspruch nach § 338 ZPO, sondern als normales Endurteil mit der Berufung angegriffen werden.

VU nur wg. Säumnis gg. Säumigen

Ein echtes VU liegt nur dann vor, wenn die Entscheidung wegen 98
der Säumnis gegen den Säumigen ergeht.

hemmer-Methode: Überprüfen Sie diesen Merksatz an den oben genannten Fällen: Wird die Klage als unzulässig abgewiesen, ergeht die Entscheidung *gegen* den anwesenden Kläger, also nicht gegen den Säumigen. Da sie auch bei Anwesenheit des Beklagten nicht anders ausgefallen wäre, ergeht sie zudem nicht *wegen* der Säumnis.

1. Säumnis des Beklagten

Säumig ist der Beklagte dann, wenn er in Verfahren ohne An- 99
waltszwang nach Aufruf der Sache bis zum Schluss der mündlichen Verhandlung nicht erscheint bzw. nicht verhandelt, § 333 ZPO. Zu beachten ist im Falle notwendiger Streitgenossenschaft die allerdings die Vertretungsfiktion des § 62 ZPO, vgl. Rn. 253 ff. Termin in diesem Sinne ist nicht nur der erste Termin zur mündlichen Verhandlung, sondern auch alle folgenden Termine, § 332 ZPO.

beachte § 78 ZPO

Im Anwaltsprozess kommt es auf das Erscheinen bzw. das Verhandeln des Anwalts an. Ist der Beklagte hier anwesend und verhandelt streitig zur Sache, reicht dies für ein Verhandeln nicht aus, denn dem Beklagten fehlt im Anwaltsprozess die Postulationsfähigkeit, vgl. § 78 I ZPO.

hemmer-Methode: Das Fernbleiben des Beklagten und die dadurch entstehenden Folgen sind Ausfluss der Dispositionsmaxime: Der Beklagte muss nicht erscheinen, hat dann aber die Nachteile zu tragen.

2. Antrag

Gemäß § 331 I S. 1 ZPO muss der Kläger den Erlass eines VU beantragen. 100

Stellt der Kläger einen solchen Antrag, liegen die Voraussetzungen einer Säumnis aber nicht vor, dann ist der Erlass eines VU unzulässig und der Antrag ist per Beschluss zurückzuweisen, § 335 I Nr. 1 ZPO.

hemmer-Methode: Ebenso unzulässig ist der Erlass eines VU in den anderen Fällen des § 335 I ZPO.

3. Zulässigkeit der Klage

Säumnis bzgl. Zulässigkeit irrelevant

Da dem Kläger im Falle der Verurteilung des Beklagten der von ihm geltend gemachte Anspruch zuerkannt wird, handelt es sich bei einem Versäumnisurteil um ein ganz normales Sachurteil. Ein solches kann aber nur ergehen, wenn die Klage zulässig ist. Die Säumnis des Beklagten hilft dem Kläger also nicht über etwaige Zulässigkeitsmängel hinweg, denn das Vorliegen der Prozessvoraussetzungen ist in jeder Lage des Verfahrens von Amts wegen zu prüfen. 101

EXKURS

Beachte: § 331 I S. 2 ZPO

Eine Besonderheit ergibt sich jedoch für das Versäumnisverfahren: Gem. § 331 I S. 2 ZPO gilt die Behauptung der Zuständigkeit eines Gerichts durch Gerichtsstandsvereinbarung nicht als zugestanden. Das hat folgenden Hintergrund: 102

Grundsätzlich kann ein Gericht im Rahmen der §§ 38 ff. ZPO als zuständig vereinbart werden, vgl. oben. Dann prüft das Gericht *von Amts wegen,* ob die tatsächlichen Voraussetzungen für die Statthaftigkeit einer solchen Vereinbarung vorliegen.

bei Säumnis kein rügeloses Einlassen des Beklagten denkbar

Handelt es sich hingegen um vermögensrechtliche Ansprüche, für die kein ausschließlicher Gerichtsstand bestimmt ist, kann die Zuständigkeit des Gerichts auch durch rügeloses Verhandeln des Beklagten zur Hauptsache begründet werden, §§ 39 S. 1, 40 II S. 2 ZPO. Das Gericht wartet in diesen Fällen nur ab, ob der Beklagte die Zuständigkeit rügt oder nicht. Diese Möglichkeit hat der Beklagte jedoch nicht, wenn er säumig ist.

daher Ermittlung von Amts wegen

Daher bestimmt § 331 I S. 2 ZPO, dass für Fragen der Zuständigkeit aufgrund Prorogation die Besonderheiten des Versäumnisverfahrens nicht gelten. Trägt der Kläger also Tatsachen für eine gewillkürte Gerichtsstandsvereinbarung vor, dann gelten diese nicht als zugestanden, § 288 I ZPO.

Inwieweit das Gericht dafür Beweise verlangt und welcher Art, unterliegt seiner freien Würdigung. Jedenfalls muss das Gericht von der Wahrheit des Vorgetragenen überzeugt sein, § 286 I ZPO.

EXKURS ENDE

Differenziere:

Stellt das Gericht fest, dass eine Zulässigkeitsvoraussetzung 103
fehlt, so kommt es darauf an, ob diese Voraussetzung nachholbar ist:

Zul. - Mangel behebbar

Ist sie es, dann ist der Antrag des Klägers auf Erlass eines Versäumnisurteils zurückzuweisen, § 335 I Nr. 1 ZPO. Der Kläger hat dann Gelegenheit, den Mangel zu beheben.

Zul. - Mangel nicht behebbar

Fehlt die Prozessvoraussetzung hingegen endgültig, dann kommt der Erlass eines Sachurteils - gleich welcher Art - nicht in Betracht. Die Klage ist sodann durch Prozessurteil abzuweisen. Dieses Urteil ist dann auch kein Versäumnisurteil und daher nicht mittels Einspruch, § 338 ZPO (dazu später), sondern allenfalls durch Berufung angreifbar.

4. Unzulässigkeitsgründe

Zu beachten ist ferner, dass der Erlass eines VU in den Fällen 104
des § 335 I ZPO ausgeschlossen ist:

§ 335 I Nr. 1 ZPO: betrifft behebbare Zulässigkeitsmängel.

§ 335 I Nr. 2 ZPO: Die Ladung muss form- und fristgerecht erfolgen, §§ 214 ff. ZPO. Bei Einleitung des Verfahrens tritt an die Stelle der Ladungsfrist des § 217 ZPO die 2-wöchige Einlassungsfrist des § 274 III ZPO. Wichtig ist hier, dass diese Frist nur dem Schutz des Beklagten dient.

Liegen zwischen Klageerhebung und erstem Termin nur 9 Tage, dann kann gegen den Beklagten kein VU ergehen, wenn er in der Verhandlung nicht erscheint.

Jedoch kann die Klage als unschlüssig abgewiesen werden. Umgekehrt kann der Beklagte gegen den Kläger jedoch ein VU erwirken, wenn dieser säumig ist, denn § 274 III ZPO ist keine Schutzvorschrift für den Kläger.

§ 335 I Nr. 3 ZPO: Hier ist zu unterscheiden:

(1) Ist der Kläger säumig, greift diese Vorschrift nicht ein, denn gegen den Kläger bedarf es im Säumnisfall weder eines Sachantrags noch eines Tatsachenvortrags. Hier greift die Unbegründetheitsfiktion des § 330 ZPO ein.

Der Beklagte hat sich in der Frist des § 274 III ZPO gar nicht geäußert. Erst in der ersten mündlichen Verhandlung überreicht er dem Gericht den Klageerwiderungsschriftsatz, der auch den Antrag enthält, die Klage abzuweisen. Hier ergeht bei Säumnis des Klägers gegen diesen ein VU, § 330 ZPO.

(2) Ratio der Vorschrift ist der Schutz des Beklagten vor der Geständnisfiktion des § 331 I S. 1 ZPO. Der Beklagte muss zumindest wissen, was durch sein Nichterscheinen in der mündlichen Verhandlung als zugestanden gilt, sofern er in der mündlichen Verhandlung säumig ist.

5. Schlüssigkeit der Klage

hemmer-Methode: Hier sei nochmals ausdrücklich darauf hingewiesen, dass im Rahmen des VU gegen den Beklagten niemals geprüft wird, ob die Klage begründet ist. Achten Sie in der Klausur auf die richtige Terminologie, der Korrektor erkennt so, dass Sie die Materie verstanden haben. 105

Bsp.: *B klagt gegen A auf Übereignung eines Grundstücks. In der mündlichen Verhandlung erscheint A nicht. B trägt vor, er habe mit A einen schriftlichen Kaufvertrag geschlossen und beantragt den Erlass eines Versäumnisurteils. Wie wird das Gericht entscheiden?* 106

§ 331 I S. 1 ZPO

Trägt der Kläger Tatsachen vor, dann hat das Gericht diese zunächst als durch den Beklagten zugestanden zu betrachten, § 331 I S. 1 ZPO. Diese Tatsachen bedürfen also keines Beweises.

§ 331 II ZPO

Sodann hat das Gericht zu prüfen, ob dieser Tatsachenvortrag den Klageantrag rechtfertigt. Davon ist auszugehen, wenn die Tatbestandsvoraussetzungen derjenigen Vorschriften des materiellen Rechts erfüllt sind, die den geltend gemachten Anspruch begründen. Der Kläger hat also "nur" alle anspruchsbegründenden Tatsachen vorzubringen. Ob tatsächlich irgendwelche anspruchshindernden oder -vernichtenden Einwendungen bestehen, prüft das Gericht nicht (das käme einer Begründetheitsprüfung gleich).

Das Gericht wird im obigen Beispiel ein VU erlassen, wenn dessen Voraussetzungen vorliegen. A ist säumig. B hat zudem einen Antrag auf Erlass eines VU gestellt. Die (unterstellt) zulässige Klage ist aber nicht schlüssig, da sich aus dem Tatsachenvortrag des B der geltend gemachte Anspruch auf Übereignung des Grundstücks nicht ergibt. Denn der Kaufvertrag über ein Grundstück bedarf der notariellen Beurkundung, §§ 311b I S. 1, 128 BGB, die vorliegend jedoch nicht gegeben ist. Rechtsfolge ist die Nichtigkeit des Vertrages nach § 125 BGB. Daher wird das Gericht den Antrag des B zurückweisen und die Klage als unschlüssig abweisen (sog. unechtes VU).

hemmer-Methode: Noch einmal: Lassen Sie sich durch den Begriff "unechtes VU" nicht irritieren. In der Sache handelt es sich nämlich nicht um ein VU, sondern um ein ganz gewöhnliches klageabweisendes Sachurteil. Das ergibt sich bereits aus der Überlegung, dass auch bei Anwesenheit des Beklagten hier keine Entscheidung zu dessen Lasten ergehen kann.
Der Begriff des unechten VU sollte Ihnen dennoch geläufig sein, da er sich in den Köpfen aller Juristen festgesetzt hat. Gegen ein unechtes VU ist auch nicht etwa der Einspruch statthaft, sondern wie bei allen klageabweisenden Urteilen die Berufung.

Achtung bei sog. inkorporiertem Vorbringen

Zwar muss der Kläger nur die anspruchsbegründenden Tatsachen vortragen. Trägt er aber z.B. Tatsachen vor, die die Annahme einer rechtsvernichtenden Einwendung rechtfertigen (etwa durch Bezugnahme auf einen gegnerischen Schriftsatz - Grundsatz der Mündlichkeit!), dann hat das Gericht auch diese Tatsachen zu berücksichtigen, sog. inkorporiertes Vorbringen. 107

***Bsp.:** Kaufmann B klagt gegen Privatmann A seinen Kaufpreisanspruch ein. In der Klageschrift heißt es: "Zwar wurde der Kaufvertrag bereits vor sechs Jahren geschlossen, der Anspruch ist aber dennoch nicht verjährt, da ich den A in der Zwischenzeit mehrmals schriftlich gemahnt habe". A beruft sich in der Klageerwiderung auf Verjährung. In der mündlichen Verhandlung erscheint nur B, der sich auf seine Klageschrift beruft und sofort den Erlass eines Versäumnisurteils beantragt. Mit Erfolg?* 108

Da A säumig ist und B einen Antrag auf Erlass eines VU gestellt hat, wird das Gericht der (unterstellt) zulässigen Klage stattgeben, wenn sie *schlüssig* ist.

Vorliegend könnte die Schlüssigkeit daran scheitern, dass der Anspruch nach sechs Jahren tatsächlich verjährt ist, §§ 195, 199 BGB (Beachte: eine außergerichtliche Mahnung unterbricht die Verjährung nicht, § 204 BGB!). Dennoch wird das Gericht ein Versäumnisurteil erlassen, da B alle anspruchsbegründenden Tatsachen vorgebracht hat. Die Verjährung ist eine rechtshemmende Einrede, die vom Beklagten geltend gemacht werden muss, § 214 I BGB. Zwar beruft sich A in seiner Klageerwiderung auf Verjährung. Dieses Vorbringen hat er aber nicht in den Prozess eingeführt (Grundsatz der Mündlichkeit).

Abwandlung: *Die Klageschrift des B hat folgenden Wortlaut: "Als Anlage wird der mit dem Beklagten geführte Schriftwechsel beigefügt, um die fehlerhafte Rechtsauffassung des Beklagten zu dokumentieren. Darin beruft sich der Beklagte auf Verjährung, obwohl seitens des Klägers mehrfach schriftlich gemahnt wurde". Im Übrigen wie oben. Rechtslage?* *109*

Hier wird das Gericht kein Versäumnisurteil erlassen, denn hier wurde die Einrede der Verjährung in den Prozess eingebracht.

Zwar reicht bezüglich rechtshemmender Einreden das bloße Vorbringen grundsätzlich nicht aus. Darauf muss sich der Beklagte ausdrücklich berufen. Hat er dies in einem Schriftsatz getan und bezieht sich der Kläger in der mündlichen Verhandlung darauf, dann kommt dies jedoch einem ausdrücklichen Berufen gleich. Auch der Grundsatz der Mündlichkeit führt hier zu keinem anderen Ergebnis, denn dieser verlangt nicht, dass das der jeweiligen Partei zum Vorteil reichende Vorbringen auch von ihr selbst vorgetragen wird. Man spricht auch vom sog. inkorporierten Vorbringen seitens des Klägers. Hier gilt in gewissen Grenzen: "Reden ist Silber, Schweigen ist Gold".

Hält das Gericht die Klage für schlüssig, dann erlässt es ein VU. Daran anschließend stellt sich die Frage, wie der Beklagte darauf reagieren kann.

II. Reaktionsmöglichkeiten des Beklagten

Reagiert der Beklagte nicht, erwächst das Urteil in Rechtskraft. *110*

hemmer-Methode: Die Probleme der Rechtskraft werden noch in einem gesonderten Kapitel behandelt. Hier nur so viel: Die Rechtskraft des Urteils gewährleistet, dass der betroffene Rechtsstreit irgendwann ein Ende findet. Könnte der Beklagte unbegrenzt gegen ein Urteil vorgehen, hätte dieses für den Kläger keinen Nutzen. Merken Sie sich an dieser Stelle: Die Rechtskraft tritt ein, wenn das Urteil nicht mehr mit Rechtsmitteln angegriffen werden kann.

nach Rechtskraft Vollstreckung möglich

Nach Eintritt der Rechtskraft hat der Kläger einen sog. Vollstreckungstitel, der ihn bei Vorliegen weiterer Voraussetzungen zur Zwangsvollstreckung berechtigt (vgl. dazu das Kapitel Zwangsvollstreckung). Dazu wird es der Beklagte aber zumindest dann nicht kommen lassen wollen, wenn er an der Richtigkeit des Urteils zweifelt. Er wird demnach eine erneute Verhandlung vor Gericht anstreben.

grds. Berufung/Revision; ⇨ dann Devolutiveffekt

Grundsätzlich wird gegen Endurteile das Rechtsmittel der Berufung oder das der Revision eingelegt. Dadurch wird der Rechtsstreit in eine höhere Instanz "gehoben", sog. Devolutiveffekt.

Das ist deshalb sinnvoll, weil das Prozessgericht selbst in einer weiteren Verhandlung wohl kaum anders entscheiden würde, denn es hat die Begründetheit der Klage ja bereits geprüft. Eine Begründetheitsprüfung findet beim Versäumnisurteil aber gerade nicht statt. Daher ist das Verfahren hier ein anderes.

bei VU Einspruch; ⇨ dann kein Devolutiveffekt

Der Beklagte hat die Möglichkeit, gegen das VU innerhalb von 111
zwei Wochen Einspruch einzulegen, §§ 338, 339 ZPO. Dadurch wird der Prozess in die Lage zurückversetzt, die er vor Eintritt der Säumnis hatte, § 342 ZPO. Der Beklagte hat dann die Möglichkeit, seine Einwände vorzubringen. Der Prozess wird nun so geführt, als habe die Säumnis nie stattgefunden.

hemmer-Methode: Achten Sie auf die richtige Terminologie: Rechts*mittel* (Berufung und Revision) zeichnen sich durch Suspensiv- und Devolutiveffekt aus. Mangels Devolutiveffekt handelt es sich beim Einspruch gem. § 338 ZPO daher nur um einen Rechts*behelf*.

1. Zulässigkeit des Einspruchs

Prüfung von Amts wegen

Die Zulässigkeit des Einspruchs wird vom Prozessgericht von 112
Amts wegen geprüft, § 341 I S. 1 ZPO.

a) Statthaftigkeit

nur gegen "echtes VU"

Der Einspruch ist statthaft gegen ein (echtes) VU, d.h. das VU muss wegen der Säumnis gegen den Säumigen ergangen sein.

Nicht statthaft ist der Einspruch, wenn der Beklagte erneut säumig ist und daraufhin ein zweites VU gegen ihn ergeht, vgl. § 345 ZPO.

b) Form und Frist

§ 340 ZPO

Die Einlegung des Einspruchs erfolgt durch Einreichung einer Einspruchsschrift beim Prozessgericht, § 340 I ZPO (zum Inhalt der Einspruchsschrift vgl. § 340 II, III ZPO).

§ 339 I ZPO

Die Frist beträgt zwei Wochen ab Zustellung des VU, § 339 I ZPO. Bei verspäteter unverschuldeter Einlegung des Einspruchs ist immer an die Möglichkeit der Wiedereinsetzung gem. § 233 ZPO zu denken.

Kommt auch dies nicht in Betracht, erwächst das Urteil in Rechtskraft und kann vollstreckt werden.

2. Entscheidung des Gerichts

bei Unzulässigkeit Verwerfung

Stellt das Gericht fest, dass der Einspruch unzulässig ist, dann wird es ihn durch Beschluss verwerfen, § 341 I S. 2 ZPO. 113

Gegen diesen Beschluss ist u.U. die sofortige Beschwerde statthaft, wenn die Entscheidung ohne mündliche Verhandlung ergeht, §§ 341 II, 567 I Nr. 2 ZPO.

bei Zulässigkeit normale Prüfung

Der zulässige Einspruch hingegen verhindert die Rechtskraft des Urteils, § 705 ZPO. Der Prozess wird in die Lage vor der Säumnis zurückversetzt, § 342 ZPO. Nun wird in einem neuen Termin, dem sog. Einspruchstermin, ganz normal über Zulässigkeit und Begründetheit der Klage entschieden. Die Geständnisfunktion des § 331 I S. 1 ZPO entfällt also wieder, weshalb auch die zuvor vorgenommene Schlüssigkeitsprüfung keine Bedeutung mehr hat.

hemmer-Methode: Achtung Falle! Prüfen Sie im Rahmen des Einspruchs nie, ob dieser auch begründet ist. Das Gericht prüft nicht nach, ob die Voraussetzungen für den Erlass des VU tatsächlich vorgelegen haben. Dies ist völlig unerheblich, denn selbst bei einem unrechtmäßigen Erlass, z.B. weil einer der Tatbestände des § 335 ZPO vorliegt, würde die Prüfung der Zulässigkeit und Begründetheit der Klage nicht entfallen können. Ist nach den Erfolgsaussichten des Einspruchs gefragt, hat ihre Prüfung regelmäßig drei Schritte: 1. Zulässigkeit des Einspruchs, 2. Zulässigkeit der Klage, 3. Begründetheit der Klage. Diese Reihenfolge ergibt sich zwingend aus § 342 ZPO!

Entscheidung nach § 343 ZPO

Je nach Ergebnis wird das Gericht das VU aufrechterhalten oder durch neues Urteil aufheben, § 343 ZPO, und die Klage abweisen. Dieses Urteil ist dann ein gewöhnliches Endurteil, dass mit Berufung oder Revision angegriffen werden kann, dazu später.

hemmer-Methode: Wird das Urteil aufgehoben, trägt der Kläger die Kosten des Rechtsstreits, § 91 ZPO. Soweit es um die Kosten geht, die durch die Säumnis verursacht wurden, hat diese aber der Beklagte zu tragen, wenn das VU in gesetzlicher Weise ergangen ist, § 344 ZPO. Insoweit ist die Rechtmäßigkeit des VU also doch von Bedeutung. Hält das Gericht das VU hingegen aufrecht, kommt es auf § 344 ZPO nicht mehr an. Hier trägt der Beklagte die Kosten unabhängig von der Gesetzmäßigkeit des VU bereits nach § 91 ZPO.

Bsp.: *K klagt gegen B auf Rückzahlung eines Darlehens. In der mündlichen Verhandlung am 24.04.2020 erscheint B nicht. K beantragt ein VU gegen B. Er trägt vor, er habe B am 02.04.2019 ein Darlehen über 10.000 € gewährt. Dieses Darlehen habe er am 24.02.2020 gekündigt. Eine Rückzahlung sei bisher noch nicht erfolgt.* 114

Daraufhin erlässt das Gericht ein VU gegen B. Wie wird das Gericht über einen zulässigen Einspruch des B entscheiden, wenn der Einspruchstermin am 26.05.2020 stattfindet?

Durch den zulässigen Einspruch des B wird der Prozess in die Lage vor Eintritt der Säumnis zurückversetzt, § 342 ZPO. Das Gericht wird das VU aufheben, wenn die Klage entweder unzulässig oder unbegründet ist.

1. Mangels entgegenstehender Anhaltspunkte ist von der Zulässigkeit der Klage auszugehen.

2. Die Klage ist begründet, wenn A der geltend gemachte Zahlungsanspruch zusteht und durchsetzbar ist.

Gem. §§ 488 III; 187 I, 188 II BGB war das Darlehen mit Ablauf des 24.05.2020 zur Rückzahlung fällig.

Das Gericht wird daher durch Endurteil aussprechen, dass die im VU getroffene Entscheidung aufrechterhalten wird, § 343 ZPO.

Hinsichtlich der Kosten des Rechtsstreits wird B gem. § 91 ZPO verurteilt. Auf § 344 ZPO kommt es hier nicht an. Auch die Tatsache, dass das VU unrechtmäßig ergangen ist, da die Klage in der Verhandlung am 24.04.2020 infolge fehlender Fälligkeit eigentlichals unschlüssig hätte zurückgewiesen werden müssen, ändert daran nichts. § 344 ZPO greift nur ein, wenn das VU im Einspruchstermin (oder später) abgeändert oder aufgehoben wird.

Ergebnis: Das Gericht wird durch Urteil aussprechen, dass das VU aufrechterhalten wird und dem B gemäß § 91 ZPO auch die (weiteren) Kosten des Rechtsstreits auferlegt werden.

3. Zweites Versäumnisurteil

§ 345 ZPO: kein weiterer Einspruch

Wie bereits erwähnt, führt ein zulässiger Einspruch gem. § 342 ZPO dazu, dass der Prozess in die Lage zurückversetzt wird, in der er sich vor Eintritt der Säumnis befand. Ist der Beklagte in dem Einspruchstermin, § 341a ZPO, oder in dem Termin, auf den nach § 335 II ZPO bzw. § 377 ZPO vertagt worden ist, dann aber erneut säumig, ergeht erneut ein VU, gegen das ihm ein weiterer Einspruch nicht zusteht, § 345 ZPO. 115

hemmer-Methode: Denken Sie an die Konsequenz, wenn dies anders wäre: Der Beklagte könnte den Prozess beliebig verschleppen. Der Einspruch gibt dem Beklagten also nur einmal die Möglichkeit, seinen "Fehler" aus der Welt zu schaffen. Anders aber, wenn der Beklagte im Einspruchstermin zunächst erscheint und verhandelt, dann aber in einem der folgenden Termine erneut säumig ist: hier ergeht quasi wieder ein erstes VU, gegen das der Einspruch wiederum statthaft ist. Deshalb wird das VU nach § 345 ZPO auch als technisch zweites VU bezeichnet.

aber Berufung, § 514 II ZPO

Durch die Regelung des § 345 ZPO wird der Beklagte zwar nicht völlig schutzlos gestellt, denn er kann gegen das zweite VU mit dem Rechtsmittel der Berufung vorgehen. Er kann damit aber lediglich geltend machen, dass ein Fall der Säumnis nicht vorgelegen habe, § 514 II ZPO (vgl. vertiefend BGH, Life&Law 01/2012, 19 ff.).

hemmer-Methode: Die Berufung gegen das zweite VU gehört zu den umstrittensten und kompliziertesten Fragen der ZPO. Eine nachvollziehbare Darstellung würde der Intention dieses Skriptes nicht gerecht, nämlich ein Grundverständnis für die Probleme der ZPO zu schaffen. Wer hier vertieft einsteigen möchte, kann dies in Hemmer/Wüst, ZPO I, Rn. 417 ff., tun.

III. VU gegen den Kläger

Ist der Kläger säumig, kann selbstverständlich auch gegen ihn ein VU ergehen, § 330 ZPO. Die Voraussetzungen dafür stimmen weitgehend mit denen überein, die für ein VU gegen den Beklagten gelten. 116

keine Schlüssigkeitsprüfung

Ein wichtiger Unterschied besteht jedoch: Das Vorbringen der Parteien zur Sache bleibt unberücksichtigt, d.h. es findet keine Schlüssigkeitsprüfung statt.

Es ist daher unerheblich, ob das Vorbringen des Klägers in der Klageschrift den Anspruch begründet und ob der Beklagte dieses Vorbringen schlüssig bestreitet oder nicht. Man spricht an dieser Stelle daher nicht wie bei § 331 ZPO von der Geständnisfiktion, sondern von der Unbegründetheitsfiktion.

Ist der Kläger also säumig und ist die Klage zulässig, dann ergeht auf Antrag des Beklagten ein VU gegen den Kläger, das die Klage durch Sachurteil abweist.

hemmer-Methode: Versuchen Sie, diesen Unterschied zum VU gegen den Beklagten wertungsmäßig zu verstehen. Der Kläger hat durch seine Klage den Prozess begonnen. Von ihm kann daher mehr als vom Beklagten erwartet werden, dass er an dem angestrengten Prozess durch sein Erscheinen in der Verhandlung teilnimmt.

kein VU bei Unzulässigkeit der Klage

Ist die Klage hingegen bereits unzulässig, dann wird sie durch Prozessurteil abgewiesen, wenn der Mangel der Zulässigkeit nicht behoben werden kann. Dieses Urteil ist wiederum ein sog. unechtes VU und daher auch nicht mit dem Einspruch angreifbar. Ist der Mangel behebbar, wird der Antrag auf Erlass eines VU zurückgewiesen und die Verhandlung vertagt.

§ 335 I Nr. 3 ZPO gilt nicht

§ 335 I Nr. 3 ZPO findet keine Anwendung, weil der Beklagte keine Sachanträge stellt, die dem Kläger mitgeteilt werden könnten.

D. Prozesshandlungen

Prozessgestaltung

Der Dispositionsmaxime entsprechend sind den Parteien vielfältige Möglichkeiten an die Hand gegeben, wie sie den Prozess gestalten können. Diese Möglichkeiten bezeichnet man als Prozesshandlungen. 117

hemmer-Methode: Das Wort "Prozess" leitet sich vom lateinischen Wort procedere = vorwärtsschreiten ab. Das zeigt bereits, dass ein aktives Verhalten der Parteien erforderlich ist. Da der Zivilprozess "nur" der Durchsetzung privater Rechte dient, ist den Parteien auch ein weitestgehend freier Gestaltungsspielraum hinsichtlich der Durchsetzung dieser Rechte gegeben.

I. Allgemeines

auf prozessualen Erfolg gerichtet

Die Prozesshandlungen sind streng von den materiellrechtlichen Gestaltungsmöglichkeiten zu trennen. Von einer Prozesshandlung spricht man daher nur dann, wenn das Verhalten einer Partei Erfolg auf prozessualem Gebiet zeitigen soll. 118

Allerdings kann ein und dasselbe Verhalten Folgen auf materiellrechtlicher und auch auf prozessualer Ebene haben. Zu nennen sind hier der Prozessvergleich und die Prozessaufrechnung.

1. Abgrenzung Erwirkungs- und Bewirkungshandlungen

Erwirkungshandlung

Prozesshandlungen können auch vom Gericht vorgenommen werden. Wichtigstes Beispiel ist das Urteil. Gleichwohl ist für das Tätigwerden des Gerichts eine *Erwirkungs*handlung der Parteien erforderlich (meist Anträge). Auch diese Handlungen sind ihrerseits Prozesshandlungen, da sie einen prozessualen Erfolg *bezwecken.* 119

Bewirkungshandlung

Von den Erwirkungshandlungen sind die *Bewirkungs*handlungen zu trennen, die *direkt* einen prozessualen Erfolg zeitigen, z.B. das Anerkenntnis, § 307 ZPO. 120

hemmer-Methode: Beachten Sie: Bei den sog. Erwirkungshandlungen fragt man nach ihrer Zulässigkeit, bei den sog. Bewirkungshandlungen nach ihrer Wirksamkeit!

2. Anwendbare Vorschriften

Die wirksame Vornahme einer Prozesshandlung setzt das Vorliegen der persönlichen Prozesshandlungsvoraussetzungen voraus. Dieses sind Parteifähigkeit, Prozessfähigkeit und Postulationsfähigkeit. 121

Prozesshandlungen sind grundsätzlich formfrei und an das Gericht zu richten. Die §§ 133, 157, 140 BGB sind analog anwendbar.

Hingegen scheidet eine analoge Anwendung der §§ 116 ff. BGB aus.

Gleichwohl stellt sich die Frage, ob eine Prozesshandlung nachträglich beseitigt werden kann. Dabei ist zwischen Be- und Erwirkungshandlungen zu unterscheiden.

Bewirkungshandlungen

Bewirkungshandlungen können grundsätzlich nicht beseitigt werden, da der Erfolg bei Vornahme der Handlung unmittelbar eintritt. Möglich ist aber eine einverständliche Beseitigung der Wirkung durch die Parteien.

Erwirkungshandlungen

Erwirkungshandlungen zielen hingegen auf ein Tätigwerden des Gerichts ab und können daher widerrufen werden, solange noch kein Zustand eingetreten ist, auf dessen Bestehen der Gegner vertrauen durfte. Ein Widerruf scheidet demnach jedenfalls dann aus, wenn das Gericht die begehrte Handlung bereits vorgenommen hat.

hemmer-Methode: Beachten Sie ferner, dass Prozesshandlungen grundsätzlich bedingungsfeindlich sind. Der Prozess soll Klarheit über die Rechtslage schaffen und nicht durch ungewisse Ereignisse die Sache weiter verkomplizieren. Handelt es sich hingegen lediglich um eine innerprozessuale Bedingung, ist diese ausnahmsweise zulässig, da eben kein prozessualer Schwebezustand entsteht, der zu einer Rechtsunsicherheit führen könnte.

> **Bsp.:** *Der Beklagte bestreitet das Bestehen der klägerischen Forderung. Hilfsweise, also für den Fall, dass die Forderung doch besteht, rechnet er mit einer ihm gegen den Kläger zustehenden Forderung auf. Hier entsteht keine prozessuale Unklarheit, denn zu der Aufrechnung kommt man eben nur dann, wenn die Bedingung – Bestehen der Klageforderung – eintritt.*

Im Folgenden wird unterschieden zwischen beidseitigen Prozesshandlungen, solchen des Klägers und solchen des Beklagten.

II. Beidseitige Prozesshandlungen

1. Der Prozessvergleich

Prozessbeendigung

Durch Abschluss eines Prozessvergleichs können die Parteien den Rechtsstreit einvernehmlich beenden. Die Rechtshängigkeit entfällt. Diese Möglichkeit ist insbesondere im Hinblick auf die Vermeidung unnötiger Kosten (z.B. für eine Beweisaufnahme) sehr praxisrelevant. 122

Zudem ist das Gericht gem. § 279 I ZPO gehalten, in jeder Lage des Verfahrens auf eine gütliche Beilegung des Streits hinzuwirken.

doppelfunktionale Prozesshandlung

Der Prozessvergleich ist eine der oben genannten "doppelfunktionalen" Prozesshandlungen, d.h. er zeitigt Wirkungen auf prozessualer und materiellrechtlicher Ebene. Daraus können sich verschiedene klausurrelevante Probleme ergeben, wenn es um die Frage geht, welche Auswirkungen die materiellrechtliche Unwirksamkeit auf die prozessuale Wirksamkeit hat oder umgekehrt.

a) Rechtsnatur

Prozessvertrag mit Doppelwirkung

Aufgrund obiger Doppelfunktionalität wird der Prozessvergleich 123
nach h.M. als "Prozessvertrag mit Doppelnatur" bezeichnet, dessen materiellrechtliche und prozessuale Wirkungen sich gegenseitig bedingen.

b) Wirksamkeitsvoraussetzungen

Der Rechtsnatur entsprechend sind sowohl materiellrechtliche als 124
auch prozessuale Voraussetzungen zu beachten.

aa) Materiellrechtliche Voraussetzungen

§§ 104 ff. BGB

Hier gelten zunächst die allgemeinen Vorschriften über das Zu- 125
standekommen von Verträgen, §§ 104 ff. BGB.

Dispositionsbefugnis

Des Weiteren müssen die Parteien bezüglich des Vergleichsgegenstandes auch dispositionsbefugt sein, was insbesondere bei Ehe- und Familiensachen aufgrund des überwiegenden öffentlichen Interesses an der Sache nicht der Fall ist, vgl. z.B. § 1614 I BGB.

§ 779 BGB

Ferner müssen die Voraussetzungen des § 779 BGB (lesen!) gegeben sein.

bb) Prozessuale Voraussetzungen

Stets zu beachten sind natürlich die Prozesshandlungsvorausset- 126
zungen.

hemmer-Methode: Da der Prozessvergleich im Gesetz nicht ausdrücklich geregelt ist, gleichwohl in manchen Vorschriften erwähnt ist, z.B. § 794 I Nr. 1 ZPO, wird er als Rechtsinstitut vorausgesetzt. Die Voraussetzungen in prozessualer Hinsicht ergeben sich daher überwiegend aus den entsprechenden Vorschriften und aus der Rechtsnatur.

Vorauss.: dt. Gericht

Gemäß § 794 I Nr. 1 ZPO muss der Vergleich vor einem deutschen Gericht geschlossen werden und ein anhängiges Streitverfahren betreffen.

Ordnungsgem. Protokollierung

Ferner muss der Vergleich ordnungsgemäß protokolliert sein, § 160 III Nr. 1 ZPO, was nach § 162 I S. 3 ZPO auch den Vermerk „vorgelesen und genehmigt" voraussetzt.

c) Wirkungen

Prozessbeendigende Wirkung

Liegen die obigen Voraussetzungen vor, hat der Vergleich prozessbeendigende Wirkung, d.h. die Rechtshängigkeit des Verfahrens endet. 127

hemmer-Methode: Verständnis schaffen: Sollte sich eine der Parteien nicht an den Inhalt des Vergleichs halten, fragt sich, wie dieser Inhalt durchgesetzt werden kann. Der Vergleich erwächst zwar nicht in Rechtskraft, gleichwohl ist er Vollstreckungstitel, § 794 I Nr. 1 ZPO.
Das bedeutet im Umkehrschluss, dass einer Leistungsklage bezüglich des Vergleichsinhalts das Rechtsschutzbedürfnis fehlt. Denn Ziel der Klage könnte es nur sein, einen Titel zu erwirken. Dieser liegt wegen § 794 I Nr. 1 ZPO aber bereits vor.

Mat. Rechtslage umgestaltet

Materiellrechtlich wird die Rechtslage neu gestaltet. Durch den Vergleich wird unabhängig von der wirklichen Rechtslage bestimmt, was zwischen den Parteien rechtens sein soll.

d) Folgen bei Unwirksamkeit

Unwirksamkeit des Vergleichs

Wie bereits erwähnt, treten Probleme in der Regel dann auf, wenn der Vergleich unwirksam ist. Dabei ist zu unterscheiden, ob die Wirksamkeit aus materiellrechtlichen oder aus prozessualen Gründen scheitert. Diese Problematik soll anhand einiger Beispiele verdeutlicht werden (vgl. vertiefend BGH, Life&Law 09/2011, 636 ff.). 128

***Bsp.:** C klagt gegen D auf Rückzahlung eines Darlehens inkl. Zinsen i.H.v. 15.000 €. Da D den von C angeführten Zinssatz bestreitet, schließen C und D einen Prozessvergleich, wonach D nur 13.000 € an C zahlen soll.* 129

1) C ficht den Vergleich wirksam nach § 123 BGB an, weil D ihn durch widerrechtliche Drohung zum Abschluss bewegt hat. C begehrt nun wiederum Zahlung von 15.000 €. Zu Recht? 130

C könnte einen Anspruch aus § 488 BGB auf Zahlung der 15.000 € haben. Grundsätzlich liegen ein wirksamer Darlehensvertrag und damit der von C behauptete Zinsanspruch vor. Möglicherweise führt der Abschluss des Prozessvergleichs aber zu einem anderen Ergebnis.

Ist dieser Vergleich wirksam, dann regelt er die materielle Rechtslage zwischen den Parteien neu, so dass C hier nur einen Anspruch auf Zahlung von 13.000 € hätte.

Da C diesen Vergleich aber wirksam angefochten hat, entfällt dessen Wirksamkeit ex tunc.

Doppelnatur

Aus der Doppelnatur des Prozessvergleichs ergibt sich aber zudem, dass die materiellrechtliche Unwirksamkeit auch die prozessuale Wirkung, also die Prozessbeendigung, nicht eintreten lässt. Das alte Verfahren ist daher rechtshängig geblieben und muss nun von C fortgeführt werden. Einer erneuten Klage stünde die Rechtshängigkeit des alten Verfahrens entgegen, § 261 III Nr. 1 ZPO.

hemmer-Methode: Aber: die Abweisung einer neuen Klage wegen § 261 III Nr. 1 ZPO setzt nach der Rechtsprechung des BGH voraus, dass sich im neuen Verfahren auch eine Partei auf die Unwirksamkeit des Vergleichs beruft. Es handelt sich insoweit um eine prozessuale Einrede, BGH, Life&Law 03/2014, 183 ff.

C kann daher im selben Prozess € 15.000 geltend machen, indem er die Anberaumung eines neuen Termins beantragt.

2) C setzt D eine Frist zur Zahlung der Vergleichssumme, ver- **131**
bunden mit einer Ablehnungsandrohung. Nachdem D nicht reagiert, tritt C wirksam von dem Vergleich zurück. Er verlangt wiederum die volle Summe. Kann C das alte Verfahren fortsetzen?

An der materiellen Rechtslage ändert sich nichts. Der Vergleich entfaltet wegen des Rücktritts keine Wirkung. Für die Frage der Geltendmachung der 15.000 € ergibt sich allerdings das Problem, dass der Rücktritt nur zur Nichtigkeit ex nunc führt, also keine Rückwirkung hat. Die Prozessbeendigung als punktuelles Ereignis wird - anders als bei der Anfechtung (ex tunc Wirkung) - vom Rücktritt nicht berührt.

Daher läge es aus dogmatischen Gründen nahe, von C die Erhebung einer neuen Klage zu verlangen (so der BGH). Gleichwohl gehen das BAG und die wohl h.L. davon aus, dass das alte Verfahren aus Gründen der Prozessökonomie fortzuführen ist. Das alte Gericht sei mit der Sache bereits vertraut und könne über die Fortsetzung am besten entscheiden.

hemmer-Methode: Für welche Ansicht Sie sich entscheiden, ist unerheblich. Wichtig ist wie immer, das Problem zu erkennen, zu diskutieren und einer Lösung zuzuführen.
Praktisch gesehen müsste C bei Fortsetzung des alten Verfahrens dann einen Antrag auf Anberaumung eines neuen Termins stellen, in dem zunächst die Unwirksamkeit des Vergleichs (eventuell auch durch Zwischenurteil, § 303 ZPO, wenn dies zwischen den Parteien streitig ist) festgestellt werden müsste.

3) C erschien vor Gericht ohne Anwalt, so dass ihm die Postulationsfähigkeit fehlte (zur Erinnerung: bei einem Streitwert über 5.000 € findet der Prozess vor dem Landgericht statt, dann gilt § 78 I ZPO). 132

Hier ist der Prozessvergleich aus prozessualen Gründen unwirksam. Die Prozessbeendigung tritt daher jedenfalls nicht ein. Fraglich ist aber, ob dies auch die Unwirksamkeit des Vergleichs auf materieller Ebene nach sich zieht. In Betracht käme eine Umdeutung (§ 140 BGB) bzw. eine Auslegung (§§ 133, 157 BGB) dahingehend, dass der Vergleich nach § 779 BGB wirksam sein soll, obwohl er prozessual unwirksam ist. Dies ist eine Frage des hypothetischen Parteiwillens. Ist davon auszugehen, dass die Parteien jedenfalls die materielle Rechtslage auf eine neue Grundlage stellen wollten, ist das Gericht bei Fortsetzung des alten Rechtsstreits daran gebunden.

hemmer-Methode: Auch wenn der Prozessvergleich für Sie neues Terrain sein sollte, können Sie seine klausurrelevanten Probleme anhand obiger Beispiele in den Begriff bekommen. Machen Sie sich die verschiedenen Wirkungen auf materieller und prozessualer Ebene klar und lernen Sie, die Rechtsfolgen der Unwirksamkeit richtig einzuordnen: Ist der Vergleich aus materiellen Gründen unwirksam, stellt sich die Frage nach den Auswirkungen auf die prozessuale Wirkung. Bei Nichtigkeit ex tunc wird der alte Prozess fortgeführt, bei Nichtigkeit ex nunc ist dies streitig. Bei Nichtigkeit aus prozessualen Gründen stellt sich die Frage nach der materiellen Aufrechterhaltung der Vergleichswirkung.

e) Außergerichtlicher Vergleich

keine unmittelbare prozessuale Wirkung

Natürlich kann es auch vorkommen, dass die Parteien während des Rechtsstreits einen außergerichtlichen Vergleich schließen. Unmittelbare Auswirkungen auf den Prozess hat dieser allerdings nicht. Gleichwohl ist ein solcher Vergleich auf die Prozessbeendigung gerichtet. Die Parteien bekunden also, den Prozess beendigen zu wollen. 133

aber prozessuale Einrede

Will eine Partei aus einem solchen Vergleich Rechte herleiten, muss sie sich vor Gericht darauf berufen.

Haben die Parteien ein Klagerücknahmeversprechen vereinbart und macht der Beklagte dies geltend, muss die Klage als unzulässig zurückgewiesen werden, wenn der Kläger die Klage entgegen seiner Zusage nicht zurücknimmt.

hemmer-Methode: Einer Klage auf Rücknahme der Klage fehlt aufgrund der Möglichkeit der prozessualen Einrede und der damit verbundenen Unzulässigkeit der Ausgangsklage das Rechtsschutzbedürfnis.

Ein Klagerücknahmeversprechen kann auch dann vorliegen, wenn ein Prozessvergleich aus prozessualen Gründen unwirksam ist, materiellrechtlich aber durch Auslegung aufrechterhalten werden kann. Dies ist allerdings eine Frage des Parteiwillens.

2. Übereinstimmende Erledigterklärung

§ 91a ZPO

Wenn im Laufe des Zivilprozesses Ereignisse eintreten, die den Streit obsolet werden lassen, muss es für die Parteien die Möglichkeit geben, den Streit **einvernehmlich** zu beenden. Man spricht dann von übereinstimmender oder beidseitiger Erledigterklärung. Diese ist abzugrenzen von der einseitigen Erledigterklärung, die vom Kläger vorgenommen, aber vom Beklagten nicht akzeptiert wird, da er auf eine für ihn günstige Entscheidung pocht. 134

hemmer-Methode: Machen Sie sich schon jetzt klar, dass die Interessenlagen bei einseitiger und beidseitiger Erledigterklärung völlig unterschiedlich sind. Wollen die Parteien den Streit einvernehmlich beenden, dann steht dem nichts im Wege. Diese Möglichkeit ist Ausfluss des Dispositionsgrundsatzes. Daher wird auch gar nicht geprüft, ob Erledigung tatsächlich eingetreten ist.
Bei der einseitigen Erledigterklärung ist dies anders. Hier strebt der Beklagte trotz Erledigterklärung durch den Kläger eine für ihn günstige Entscheidung an. Der Kläger hingegen will den Prozess so nicht weiterführen, denn wenn er ihn trotz tatsächlicher Erledigung so weiter führt wie bisher, wird seine Klage zwangsläufig als unzulässig oder unbegründet (je nachdem in welchem Bereich Erledigung eingetreten ist) abgewiesen.
Keine Angst, die einseitige Erledigterklärung wird noch behandelt. Es ist aber in jeder Phase des Lernens sinnvoll, durch Vergleiche mit anderen Rechtsinstituten Verständnis zu schaffen. Insbesondere im Rahmen der Prozesshandlungen haben die Parteien, wie Sie noch sehen werden, mehrere Reaktionsmöglichkeiten, von denen in der jeweiligen Konstellation aber meist nur eine einzige sinnvoll ist. In der ZPO-Klausur wird häufig danach gefragt, was einer der Beteiligten tun soll. Dann ist es Ihre Aufgabe, alle in Betracht kommenden Möglichkeiten zu diskutieren und die günstigste herauszusuchen.

Eigenst. proz. Rechtsinstitut

Die Möglichkeit der beiderseitigen Erledigterklärung wird in § 91a ZPO als bestehend vorausgesetzt und ist der Rechtsnatur nach ein eigenständiges prozessuales Rechtsinstitut.

Prozessbeendigung

Wird sie wirksam erklärt, hat sie prozessbeendigende Wirkung (= Beseitigung der Rechtshängigkeit). Das Gericht entscheidet nur noch über die Kosten, darf ansonsten nicht weiter tätig werden, § 91a ZPO.

Bsp.: A verlangt von B Kaufpreiszahlung. B weigert sich beharrlich zu zahlen. Nachdem A einen Prozess angestrengt hat und dieser für B einen schlechten Verlauf nimmt, zahlt B und beruft sich darauf im Prozess. A erklärt den Streit daraufhin für erledigt. B schließt sich der Erklärung an. Wie wird das Gericht nun entscheiden? 135

Sofern die übereinstimmende Erledigterklärung wirksam ist (dazu sogleich), hat diese prozessbeendigende Wirkung. Das Gericht prüft dann auch nicht, ob sich der Prozess tatsächlich erledigt hat (also ob B tatsächlich gezahlt hat und damit Erfüllung eingetreten ist), denn die jederzeitige Prozessbeendigung untersteht der Dispositionsmaxime der Parteien. Das Gericht wird lediglich die Kostenfrage nach § 91a ZPO klären.

a) Wirksamkeitsvoraussetzungen

- Die Erklärung kann in der mündlichen Verhandlung zu Protokoll oder durch Schriftsatz abgegeben werden. 136
- Ein Widerruf kann wegen der Prozessbeendigung nur bis zur Zustimmung des Beklagten erfolgen.
- Die Erklärung kann frühestens nach Anhängigkeit abgegeben werden, wird aber erst mit Rechtshängigkeit wirksam.
- Gem. § 91a S. 2 ZPO wird die Zustimmung des Beklagten fingiert, wenn der Beklagte nicht innerhalb einer bestimmten Frist widerspricht und zuvor auf diese Folge hingewiesen wurde.

b) Sonstiges

h.M.: erneute Klage möglich

Umstritten ist, ob nach der beiderseitigen Erledigterklärung ein erneuter Prozess möglich ist. Jedenfalls beinhaltet der Beschluss keine Entscheidung in der Sache, welche der Rechtskraft fähig wäre. Nach überzeugender Ansicht des BGH (NJW 1991, 2280) drückt der Kläger mit der Zustimmung zur beiderseitigen Erledigterklärung kein „Anerkenntnis" aus, dass der Klageanspruch nicht mehr bestehe. Daher ist eine erneute Klage auch nicht regelmäßig treuwidrig, weil der Beklagte nicht darauf vertrauen darf, nicht erneut in Anspruch genommen zu werden. 137

Kosten

Wie bereits erwähnt, entscheidet das Gericht nur noch über die Kosten des Rechtsstreits, § 91a ZPO. Das Gericht entscheidet hier nach billigem Ermessen, indem es eine Prognose dahingehend vornimmt, wie der Rechtsstreit ohne die Erledigterklärung der Parteien zu entscheiden gewesen wäre. 138

Wie wäre in obigem Beispiel über die Kosten zu entscheiden?

Das Gericht muss über die Kosten nach billigem Ermessen entscheiden, § 91a ZPO. Es muss sich also die Frage stellen, ob der Kaufpreisanspruch aufgrund der bisherigen Prozessergebnisse begründet wäre. Das Gericht wird insofern lediglich eine summarische Prüfung vornehmen. Sollten die bisherigen Erkenntnisse für eine Entscheidung nicht ausreichen, sind die Kosten entsprechend § 92 I S. 1 Alt.1 ZPO gegeneinander aufzuheben. Nur in besonderen Ausnahmefällen wären zur Klärung einzelner Rechtsfragen weitere Beweiserhebungen zulässig, wenn nur auf diese Weise dem Recht auf rechtliches Gehör Rechnung getragen werden kann. Da in dem Beispielsfall nichts gegen das Bestehen des Kaufpreisanspruchs spricht, würde das Gericht die Kosten dem Beklagten auferlegen.

hemmer-Methode: Auch wenn Ihnen die Behandlung von Kostenfragen exotisch erscheint, ist eine solche Frage in der Klausur nicht unwahrscheinlich. Letztlich wäre § 91a ZPO in einem solchen Fall lediglich der Einstieg in die normale materiellrechtliche Prüfung.
Im Rahmen der summarischen Prüfung müssten Sie wie gewohnt die Rechtslage prüfen. Sie können davon ausgehen, dass die Sachverhaltsangaben dann für die Lösung ausreichend sind und keine hypothetischen Erwägungen anzustellen wären.

III. Prozesshandlungen des Klägers

1. Klagerücknahme

Bsp.: A klagt gegen B auf Rückzahlung eines Darlehens i.H.v. 10.000 €. B verweigert die Zahlung mit der Begründung, er habe die Valuta niemals erhalten. Daraufhin benennt A den Z als Zeugen für die Auszahlung. Bei einem Ladungsversuch stellt sich heraus, dass Z unbekannt verzogen ist. 139

Da A beweispflichtig für die Auszahlung ist, ohne Z diesen Beweis aber nicht erbringen kann, fragt er seinen Anwalt R, was er nun tun solle. Auskunft des R?

keine Auswirkungen auf das materielle Recht; jederzeit neue Klage möglich

Die Klagerücknahme ist in § 269 ZPO geregelt. Sie kommt immer dann in Betracht, wenn der Kläger im Prozess feststellt, dass der geltend gemachte Anspruch (momentan) nicht durchsetzbar oder nicht beweisbar ist, etc. Würde A seinen ursprünglichen Klageantrag unbeirrt weiterverfolgen, müsste seine Klage als unbegründet abgewiesen werden. Wenn er aber sofort einsieht, dass die Weiterverfolgung sinnlos ist, bietet § 269 ZPO dem Kläger die Gelegenheit, die Klage unter bestimmten Voraussetzungen zurückzunehmen, und damit Kosten zu sparen. Wichtig: Die Klagerücknahme wirkt sich nicht auf das geltend gemachte Recht aus. Daher kann der Kläger später erneut Klage erheben, beispielsweise wenn ein nicht auffindbarer Zeuge plötzlich wieder auftaucht und dadurch die Erfolgsaussichten der Klage gestiegen sind.

a) Allgemeine Wirksamkeitsvoraussetzungen

allg. Voraus.

(1) Natürlich müssen die allgemeinen Prozesshandlungsvoraussetzungen gegeben sein. 140

Form

(2) Gem. § 269 II S. 2 ZPO kann die Klagerücknahme in der mündlichen Verhandlung oder durch Einreichung eines Schriftsatzes erfolgen.

grds. unwiderruflich

(3) Als Bewirkungshandlung ist die Klagerücknahme grundsätzlich nicht widerruflich. Ist aber für die Klagerücknahme die Einwilligung des Beklagten erforderlich (dazu sogleich), ist ein Widerruf bis zu dessen Erklärung möglich. Ist die Einwilligung bereits erfolgt, scheidet ein Widerruf aus, da die Prozesshandlung dann bewirkt ist.

hemmer-Methode: Allerdings ist eine einvernehmliche Rückgängigmachung der Klagerücknahme denkbar. Grund: Da der Kläger, wie bereits erwähnt, nicht daran gehindert ist, zu einem späteren Zeitpunkt erneut Klage zu erheben, wäre es nicht prozessökonomisch, eine solche Aufhebung nicht zuzulassen. Ein neuer Prozess kann auf diese Weise vermieden werden.

(4) Die Erklärung kann frühestens nach Rechtshängigkeit erklärt werden, da die Rücknahme Rechtshängigkeit denknotwendig voraussetzt (s. aber § 269 III S. 3 HS. 2 ZPO). Sie muss aber spätestens bis zur Rechtskraft eines Urteils erfolgen.

b) Einwilligung des Beklagten

ab Beginn der Verhandlung erforderl.

Aus § 269 I BGB ergibt sich, dass die Einwilligung des Beklagten zur Klagerücknahme erforderlich ist, wenn die mündliche Verhandlung bereits begonnen hat. 141

Die mündliche Verhandlung beginnt mit der Antragstellung, § 137 I ZPO. Solange lediglich über den Fall debattiert wird (was in der Praxis sehr häufig passiert), hat die mündliche Verhandlung i.S.d. § 269 I ZPO also noch nicht begonnen.

hemmer-Methode: Hinterfragen Sie zum Verständnis das Einwilligungserfordernis! Der Beklagte ist schutzwürdig, da er nach Klagerücknahme jederzeit mit einer erneuten Klage rechnen muss, s.o. Der Kläger kann nicht nach Belieben die Klage in einem für ihn ungünstigen Moment zurücknehmen und sie später wieder erheben.

Prozesshandlung

Da auch die Erklärung der Einwilligung eine Prozesshandlung ist, müssen für sie die obigen Wirksamkeitsvoraussetzungen entsprechend beachtet werden. 142

In obigem Beispiel wird R dem A daher raten, die Klage gem. § 269 ZPO zurückzunehmen. Fraglich ist allerdings, ob dies ohne Einwilligung des B möglich ist. Dann dürfte die mündliche Verhandlung noch nicht begonnen haben, § 269 I ZPO. Indem B aber mitteilte, er habe die Valuta nie erhalten, hat er Ausführungen zur Sache gemacht. Ab diesem Zeitpunkt ist eine Klagerücknahme nur mit Einwilligung des Beklagten möglich. Sofern B diese Einwilligung verweigert, wird der Prozess zu Ende geführt. Nach der Sachlage würde die Klage abgewiesen, das Urteil erwüchse in Rechtskraft. A ginge endgültig leer aus.

hemmer-Methode: Hinterfragen Sie diese Konsequenz wertungsmäßig! Wenn jemand in einen Prozess hineingezogen wird, kann von dem Kläger auch erwartet werden, dass dieser in der Lage ist, den geltend gemachten Anspruch zu beweisen. Der Beklagte hingegen hat einen Anspruch auf eine Entscheidung in der Sache. Ihm kann nicht zugemutet werden, stets aufs Neue auf dem Klagewege belangt zu werden.

c) Wirkungen

aa) prozessrechtlich

Prozessbeendigung

Gem. § 269 III S. 1 ZPO wird die Rechtshängigkeit rückwirkend beseitigt, ein bereits erlassenes Urteil wird wirkungslos, soweit es noch nicht rechtskräftig geworden ist. 143

Kosten trägt Kläger

Selbstverständlich trägt der Kläger die bereits angefallenen Kosten, § 269 III S. 2 ZPO, sog. Veranlasserprinzip.

bb) bei erneuter Klage

aber Einrede aus § 269 VI ZPO

Wie bereits erwähnt, kann der Kläger die Sache jederzeit erneut rechtshängig machen.

Dem Beklagten steht allerdings eine (prozessuale) Einrede zu, die sicherstellt, dass vor einer erneuten Verhandlung alle bisher angefallenen und vom Kläger zu tragenden Kosten erstattet wurden, § 269 VI ZPO. Wird die Einrede berechtigterweise und rechtzeitig erhoben, wird die erneute Klage als unzulässig abgewiesen.

Der Beklagte kann seine Kosten im Kostenfestsetzungsverfahren geltend machen und aus dem Beschluss gegen den Kläger vollstrecken, § 794 I Nr. 2 ZPO. Rechnet der Kläger mit seiner ursprüngliche klageweise geltend gemachten Forderung gegen den Kostenerstattungsanspruch auf und wehrt sich gegen die Vollstreckung aus dem Kostenfestsetzungsbeschluss mit der Vollstreckungsgegenklage, findet § 269 VI ZPO entsprechende Anwendung, es sei denn, das Bestehen des Anspruchs ist unstreitig (BGH, Life&Law 08/2011, 554 ff.).

cc) materiellrechtlich

Entfällt Verjährungshemmung?

Da die Rechtshängigkeit rückwirkend beseitigt wird, können sich interessante Probleme in bezug auf eine Verjährungshemmung ergeben. Es fragt sich nämlich, ob auch diese rückwirkend entfällt und damit möglicherweise in der Zwischenzeit Verjährung eingetreten sein kann.

Gem. § 204 II S. 1 BGB entfällt die Wirkung der Hemmung aber erst 6 Monate nach „anderweitiger Beendigung“ des eingeleiteten Verfahrens.

hemmer-Methode: Diese Ausführungen müssten Ihnen bekannt vorkommen. Wenn nicht, wiederholen Sie unbedingt den Fall zur Vorauswirkung des § 167 ZPO, § 3 B I S. 2.

2. Verzicht

§ 306 ZPO

Stellt der Kläger im Laufe des Prozesses fest, dass der geltend 144
gemachte Anspruch nicht besteht, kann er auf diesen verzichten. Der Verzicht ist in § 306 ZPO geregelt. Er ist die Erklärung des Klägers, dass der gegen den Beklagten geltend gemachte Anspruch nicht besteht und der Klageantrag daher unberechtigt ist.

keine nochmalige Geltendmachung

Im Unterschied zur Klagerücknahme ist der Verzichtende nicht berechtigt, den Anspruch später noch einmal geltend zu machen. Es ergeht vielmehr auf Antrag des Beklagten ein sog. Verzichtsurteil, mit dem der Kläger mit seinem Anspruch abgewiesen wird. Erwächst dieses Urteil in Rechtskraft, ist es für den Kläger mit dem Anspruch vorbei.

hemmer-Methode: Versuchen Sie die Institute der Klagerücknahme und des Verzichts durch die bestehenden Unterschiede zu verstehen. Beim Verzicht ist keine Einwilligung des Beklagten erforderlich, weil er - anders als bei der Klagerücknahme - nicht schutzwürdig ist. Denn mit einer erneuten Klage muss er hier nicht rechnen, da dieser die Rechtskraft des ersten Urteils entgegenstünde.

a) Voraussetzungen

Form

(1) Der Verzicht muss in der mündlichen Verhandlung erklärt 145
werden, § 306 ZPO.

grds. kein Widerruf

(2) Er ist als Bewirkungshandlung grundsätzlich unwiderruflich. Allerdings kann der Beklagte einem Widerruf zustimmen, so dass eine einvernehmliche Aufhebung möglich ist.

Dispositionsbefugnis

(3) Der Kläger muss bezüglich des Anspruchs dispositionsbefugt sein, d.h. er muss überhaupt wirksam auf ihn verzichten können. Das ist z.B. nicht der Fall bei Unterhaltsansprüchen, vgl. § 1614 I BGB.

b) Antrag des Beklagten

Problem: kein Antrag

Damit ein Verzichtsurteil ergeht, muss der Beklagte dieses beantragen, § 306 ZPO. Tut er dies nicht, sondern beantragt eine streitige Verhandlung, ist fraglich, ob gleichwohl ein Verzichtsurteil erlassen werden kann. 146

M.M.: VU

Nach einer Ansicht soll hier ein VU gegen den Beklagten ergehen. Das ist aber kaum möglich, da aufgrund des Antrags auf streitige Verhandlung bereits keine Säumnis besteht.

h.M.: Verzichtsurteil

Nach h.M. fehlt dem Beklagten für eine streitige Verhandlung das Rechtsschutzbedürfnis, weshalb auch ohne Antrag des Beklagten ein Verzichtsurteil ergehen kann.

c) Wirkungen

Verzichtsurteil

Bei Vorliegen der Voraussetzungen hat das Gericht die Klage abzuweisen. Eine Prüfung in bezug auf das tatsächliche Bestehen des Anspruchs erfolgt nicht. 147

3. Klageänderung

Der Kläger sollte sich vor Erhebung der Klage genau überlegen, welchen Antrag er stellen will, denn durch den Antrag des Klägers wird der Streitgegenstand festgelegt. Ist die Klage einmal rechtshängig, kann die Klage nur noch unter den Voraussetzungen des § 263 ZPO geändert werden. 148

hemmer-Methode: Bereits an dieser Stelle sollten Sie innehalten und den Sinn der Regelung des § 263 ZPO hinterfragen. Wieder einmal ist es der Schutz des Beklagten, der zum Ergebnis führt. Dieser soll sich in seiner Verteidigung auf die erhobene Klage einstellen können, ohne dass der Kläger die Möglichkeit hat, das Verteidigungsvorbringen durch eine Klageänderung leer laufen zu lassen. Im Übrigen hat der Beklagte ein schutzwürdiges Interesse daran, dass die einmal erhobene Klage als unbegründet abgewiesen und nicht plötzlich durch eine Klageänderung begründet wird. Daher ist es nur allzu verständlich, wenn der Gesetzgeber die Zulässigkeit einer Klageänderung von der Einwilligung des Beklagten bzw. ihrer Sachdienlichkeit abhängig macht.

a) Bedeutung

Prozessfortführung mit neuem Ziel

Gleichwohl ist es aus Sicht des Klägers häufig unerlässlich, den Klageantrag umzustellen, wenn während des Verfahrens Ereignisse eintreten, die den zunächst gestellten Klageantrag obsolet werden lassen. Anders als bei Klagerücknahme und Verzicht will der Kläger den Prozess hier fortführen, nur mit einem anderen Ziel. Damit der Kläger nicht stets auf die Einwilligung des Beklagten angewiesen ist, § 269 ZPO, hat der Gesetzgeber zusätzlich die Alternative der Sachdienlichkeit geschaffen. So ist es möglich, auch gegen den Willen des Beklagten eine Klageänderung zuzulassen.

hemmer-Methode: Hintergrund: Da es sich bei der Klageänderung immer um einen neuen Antrag und somit um einen neuen Streitgegenstand handelt, wäre der Kläger nicht gehindert, Klage mit dem neuen Antrag zu erheben, wenn das Gericht die Klageänderung als unzulässig erachten würde. Die Rechtshängigkeit des alten Verfahrens bzw. die Rechtskraft des Urteils stünden dem nicht entgegen. Es ist also nicht unbedingt prozessökonomisch, wenn das Gericht die Klageänderung ablehnt. Daher wird man von Sachdienlichkeit immer dann sprechen können, wenn der bisherige Streitstoff eine verwertbare Entscheidungsgrundlage darstellt und die Klageänderung die Beilegung des Streits fördert.

Bsp.: *A macht gegen B einen Zahlungsanspruch i.H.v. 5.000 € aus Wechseln geltend, die auf Dollar lauten und in den USA ausgestellt wurden. Als A während des Prozesses bemerkt, dass er keinen Anspruch auf Zahlung in deutscher Währung hat, stellt er den Antrag auf Verurteilung zur Zahlung der entsprechenden Summe in Dollar um.* 149

Mit seinem Antrag bezweckt A die Änderung der Klage, da es sich hier unstreitig um einen neuen Streitgegenstand handelt, und nicht lediglich tatsächliche Ausführungen berichtigt werden, § 264 Nr. 1 ZPO.

Unabhängig davon, ob B in diese Klageänderung einwilligt, ist sie jedenfalls zulässig, da sie sachdienlich ist. Denn die Prozessergebnisse im Hinblick auf die Frage, ob überhaupt ein Anspruch besteht, können als Entscheidungsgrundlage weiterverwertet werden. Alles andere wäre nicht prozessökonomisch.

hemmer-Methode: In einer Klausur wird die Klageänderung meist dadurch eingebaut, dass nach den Erfolgsaussichten einer geänderten Klage gefragt wird. Dann müssen Sie zunächst feststellen, ob eine zulässige Klageänderung vorliegt, denn die geänderte Klage kann auch neue Zulässigkeitsfragen aufwerfen (so ist z.B. bei einem Übergang von einer Leistungsklage auf eine Feststellungsklage nun das Vorliegen des Feststellungsinteresses zu prüfen).

Danach sind (wie gewohnt) Zulässigkeit und Begründetheit der (geänderten) Klage zu prüfen.
Wenn Sie diese klausurtypischen Aufhänger kennen, kann in der Klausur wenig falsch laufen. Trainiert werden derartige Konstellationen in unseren Hauptkursen.

b) Voraussetzungen

aa) Wirksame Erklärung

§ 261 II ZPO

Da durch die Klageänderung ein neuer Streitgegenstand in den 150
Prozess eingeführt wird, muss die Erklärung unter den Voraussetzungen des § 261 II ZPO erfolgen.

bb) Vorliegen einer Klageänderung

Wie bereits erwähnt, liegt eine Klageänderung vor, wenn der 151
Streitgegenstand der bisherigen Klage geändert wird. Nach dem herrschenden zweigliedrigen Streitgegenstandsbegriff muss sich also entweder der Antrag oder der Lebenssachverhalt geändert haben.

> ***Bsp.:*** *A verklagt B wegen eines Verkehrsunfalls und einer damit verbundenen Körperverletzung auf Schadensersatz wegen Verdienstausfalls i.H.v. 5.000 €.*
>
> *Das Gericht äußert aber Zweifel daran, dass A überhaupt einen Verdienstausfall erlitten hat. A erklärt nunmehr, er verlange 5.000 € als Schmerzensgeld.*
>
> Folgt man hier dem eingliedrigen Streitgegenstandsbegriff, könnte man zu dem Ergebnis gelangen, dass es an einer Änderung des Streitgegenstandes fehlt. Denn A verlangt unverändert Verurteilung zur Zahlung i.H.v. 5.000 €. Gleichwohl liegt auch nach dieser Ansicht eine Klageänderung vor, da es sich zunächst um einen Schadensersatz-, später aber um einen Schmerzensgeldanspruch handelt. Folgt man dem herrschenden zweigliedrigen Streitgegenstandsbegriff, wird man die Änderung des Lebenssachverhalts für maßgeblich halten müssen.

bei zusätzlichem Streitgegenstand objektive Klagenhäufung

Eine Klageänderung liegt nach h.M. aber auch dann vor, wenn nachträglich *zusätzlich* ein neuer Streitgegenstand in den Prozess eingeführt wird. Dann muss des Weiteren geprüft werden, ob die Voraussetzungen der objektiven Klagenhäufung vorliegen (dazu später).

§ 264 ZPO (lesen!) normiert Ausnahmen, in denen gerade keine Klageänderung gegeben ist.

§ 264 Nr. 1 ZPO: led. Klarstellungsfunktion

§ 264 Nr. 1 ZPO versteht sich von selbst, denn die Berichtigung oder Ergänzung der tatsächlichen oder rechtlichen Ausführungen hat keine Auswirkungen auf den Streitgegenstand, so dass diese Vorschrift allenfalls Klarstellungsfunktion hat.

§ 264 Nr. 2, 3 ZPO: Freistellung von Vorauss. des § 263 ZPO

Anders § 264 Nr. 2, 3 ZPO. Hier handelt es sich begrifflich sehr wohl um eine Änderung des Streitgegenstandes, weshalb eigentlich eine Klageänderung nach § 263 ZPO gegeben ist. Gleichwohl bestimmt § 264 ZPO, dass diese Fälle nicht als Klageänderung "anzusehen sind".

Mit anderen Worten: Die Klageänderungen, die unter § 264 Nr. 2, 3 ZPO fallen, sind stets zulässig, also ohne dass es einer Einwilligung des Beklagten oder der Sachdienlichkeit bedarf. Typischerweise sind die Fälle des § 264 Nr. 2, 3 ZPO aber auch gerade solche der Sachdienlichkeit.

hemmer-Methode: Die ausführliche Darstellung der einzelnen Alternativen würde den Rahmen dieses Skriptes sprengen und auch nicht dessen vordringlichem Zweck entsprechen, ein Grundverständnis für die Probleme der ZPO zu schaffen. Lesen Sie bei Interesse Hemmer/Wüst, Zivilprozessrecht I, Rn. 334 ff.

cc) Einwilligung des Beklagten

beachte § 267 ZPO

Bei Vorliegen einer nicht nach § 264 ZPO privilegierten Klageän- 152
derung ist zu prüfen, ob der Beklagte in diese eingewilligt hat. Lässt er sich in der mündlichen Verhandlung erst einmal auf die abgeänderte Klage ein, ohne zu widersprechen, gilt dies als Einwilligung, § 267 ZPO.

dd) Sachdienlichkeit

Prozessökonomie entscheidend

Liegt keine Einwilligung vor, ist danach zu fragen, ob nicht even- 153
tuell Sachdienlichkeit gegeben ist. Wie bereits erwähnt, ist Anknüpfungspunkt für die Beurteilung dieser Frage die Prozessökonomie.

dann Zulässigkeit und Begründetheit der geänderten Klage prüfen

Liegt nach alledem eine zulässige Klageänderung vor, hat das Gericht über Zulässigkeit und Begründetheit der geänderten Klage zu entscheiden.

Die Entscheidung des Gerichts darüber, ob eine Klageänderung vorliegt oder nicht, ist nicht anfechtbar. Der Streitgegenstand wird mit Vornahme der Klageänderung rechtshängig, § 261 II ZPO. Die Rechtshängigkeit des ursprünglichen Streitgegenstandes entfällt.

4. Parteiwechsel

a) Einführung

z.B. falsche Partei verklagt

Eng verbunden mit dem Begriff der Klageänderung ist der Parteiwechsel. Ein solcher kann erforderlich werden, wenn die falsche Partei verklagt wird. Da im Zivilprozess der "formelle" Parteibegriff gilt, ist dies auch nicht abwegig. 154

Bsp.: *Armin Leutheusser-Schnarrenberger stiehlt dem C ein Fahrrad. Nach Aufdeckung des Sachverhalts erhebt C Klage auf Herausgabe. Aufgrund einer Verwechslung - im selben Haus wohnt (zufällig) noch ein Leutheusser-Schnarrenberger, aber mit Vornamen Berthold, bezeichnet er den Berthold Leutheusser-Schnarrenberger als Beklagten. Wie muss vor Gericht vorgegangen werden, wenn die Verwechslung in der ersten mündlichen Verhandlung aufgedeckt wird?* 155

Hier ist ein Parteiwechsel von vornherein nur dann notwendig, wenn nicht der Armin, sondern tatsächlich der Berthold Beklagter ist. Nach dem formellen Parteibegriff ist nicht der wahre Verpflichtete Beklagter, sondern derjenige, der in der Klageschrift als solcher angegeben wurde, also der B. Insoweit ist die Klageschrift auch eindeutig und somit keiner Auslegung zugänglich.

Da der richtige Beklagte B aber einen Anspruch auf Abweisung der Klage als unbegründet hat, da er eben nicht der Dieb ist, stellt sich die Frage, was der C tun muss, um ein abweisendes Urteil zu vermeiden.

Problem: keine gesetzliche Regel

Gesetzlich ist der gewillkürte Parteiwechsel nicht geregelt. Daher bestehen verschiedene Lösungsansätze. Im Mittelpunkt steht dabei die Frage, ob der alte Prozess (mit neuer Partei) fortgesetzt werden kann.

Dafür sprechen prozessökonomische Erwägungen. Andererseits besteht das Problem, dass niemand ohne weiteres in einen laufenden Prozess hineingezogen werden kann bzw. der ursprüngliche Beklagte eventuell ein Interesse an einer abschließenden Entscheidung hat.

hemmer-Methode: Natürlich ist ein Parteiwechsel auch auf Klägerseite möglich. Allerdings kommt dies selten vor, denn wenn auf Gläubigerseite ein Wechsel in der Legitimation auftaucht, geschieht dies meist durch Abtretung der Klageforderung, § 398 BGB. Diese hat gemäß § 265 II ZPO auf den Prozess allerdings keine Auswirkung. Daher beschränkt sich die Darstellung im Folgenden auf den gewillkürten Beklagtenwechsel.

b) Parteiänderung in der ersten Instanz

Voraussetzungen und Wirkungen

Bei der Behandlung der Parteiänderung muss man zwei Gesichtspunkte voneinander trennen. Zum einen stellt sich die Frage, unter welchen Voraussetzungen ein Beklagtenwechsel zulässig ist. Ist der Beklagtenwechsel zulässig, ist weiter zu fragen, ob die bisherigen Prozessergebnisse gegen den neuen Beklagten verwendet werden dürfen. 156

aa) Voraussetzungen des Parteiwechsels

Rspr.: Klageänderungstheorie

Nach Ansicht der Rspr. handelt es sich bei dem gewillkürten Parteiwechsel um einen Fall der Klageänderung, weshalb bei Vorliegen der Voraussetzungen des § 263 ZPO ein Parteiwechsel grundsätzlich möglich ist. Mit anderen Worten: Sofern die Änderung sachdienlich ist, ist eine Zustimmung des *neuen* Beklagten nicht erforderlich, denn auch bei einer eigenständigen Klage würde er nach seiner Zustimmung nicht gefragt. Der alte Beklagte muss hingegen zustimmen, da diesem bereits Kosten entstanden sind und er grundsätzlich einen Anspruch auf eine Sachentscheidung hat, § 269 I ZPO. 157

eigenständiges Rechtsinstitut

Die Literatur hält den Weg über die Klageänderungstheorie nicht für gangbar und behandelt die Parteiänderung als eigenständiges Rechtsinstitut. Auch nach dieser Ansicht ist aber jedenfalls die Zustimmung des *alten* Beklagten analog § 269 ZPO erforderlich. Im Unterschied zur Rechtsprechung ist die Sachdienlichkeit entsprechend § 263 ZPO nicht erforderlich.

bb) Bindung an bisherige Ergebnisse

Rechtsfolgen

Die praktischen Konsequenzen der beiden Ansichten lassen sich am ehesten durch einen Vergleich der Rechtsfolgen herausstellen. Nach der Rechtsprechung tritt der neue Beklagte in den alten Prozess ein. Die bereits gewonnenen Ergebnisse sind für diesen aufgrund der Sachdienlichkeit auch ohne Zustimmung bindend. 158

Nach der Literatur vollzieht sich der Eintritt des neuen Beklagten zwar unabhängig von Zustimmung oder Sachdienlichkeit, allerdings tritt ohne Zustimmung des neuen Beklagten keine Bindung an die bisherigen Prozessergebnisse ein, weshalb u.U. erneut Beweis erhoben werden müsste.

> In obigem Beispiel müsste der Kläger C zunächst den Parteiwechsel erklären. Sofern der B als alter Beklagter dem zustimmt oder die Zustimmung unter den Voraussetzungen des § 269 I ZPO entbehrlich ist (Erklärung des Parteiwechsels vor Beginn der mündlichen Verhandlung), steht dem Parteiwechsel nichts mehr im Wege. Nach der Rechtsprechung würden bereits gewonnene Prozessergebnisse (soweit vorhanden) gegen den A verwendet werden dürfen, da von Sachdienlichkeit im vorliegenden Fall auszugehen ist.

Nach Ansicht der Literatur wäre der Parteiwechsel zwar auch möglich. Allerdings würde der A an die bisherigen Ergebnisse nur gebunden, wenn er zustimmt. Das resultiert aus dem Grundsatz des Rechts auf rechtliches Gehör aus Art. 103 GG.

hemmer-Methode: Zusammenfassend lässt sich festhalten, dass die Literatur zwar geringere Anforderungen an die Zulässigkeit eines Parteiwechsels stellt, hingegen die Verwendung der bisherigen Prozessergebnisse von der Zustimmung des neuen Beklagten abhängig macht.
Die Rechtsprechung arbeitet hingegen jeweils mit der Sachdienlichkeit i.S.d. § 263 ZPO, so dass der Beklagte auch ohne Zustimmung an die bisherigen Ergebnisse gebunden wird. Die Rechtsprechung gleicht diesen Missstand neuerdings dadurch wieder aus, dass sie dem neuen Beklagten einen Anspruch auf Wiederholung der Beweisaufnahme einräumt. Im Ergebnis bleibt also nur ein Unterschied: Nach der Lit. kann der Beklagte passiv bleiben, ohne Gefahr zu laufen, an alte Ergebnisse gebunden zu werden; nach der Rspr. muss er aktiv werden, damit eine neue Beweisaufnahme erfolgt.

c) Parteiwechsel in zweiter Instanz

bezüglich Ergebnis Einigkeit

Etwas anders sind die Voraussetzungen bei einem Parteiwechsel, der erst in zweiter Instanz vorgenommen wird. Zwar sind die dogmatischen Ansätze dort wie hier unterschiedlich, jedoch besteht hinsichtlich des Ergebnisses Einigkeit: 159

Zustimmung des neuen Beklagten erforderlich

Der *neue* Beklagte muss nämlich hier auch nach Ansicht der Rechtsprechung grundsätzlich dem Parteiwechsel zustimmen, damit die bisherigen Ergebnisse verwertet werden können. Ansonsten ginge ihm nämlich eine Tatsacheninstanz verloren. Stimmt er der Änderung zu, ist er jedoch an die bisherigen Ergebnisse gebunden. Er ist insofern nicht schutzwürdig, da er diese Rechtsfolge ja durch Verweigerung der Zustimmung hätte verhindern können.

hemmer-Methode: Zu dem Argument des Verlustes einer Tatsacheninstanz müssen Sie folgendes wissen: Ein Prozess ist nicht automatisch mit dem Urteil durch das zuständige Gericht (Amts- oder Landgericht) beendet. Vielmehr haben die Parteien die Möglichkeit bei Vorliegen bestimmter Voraussetzungen ein höheres Gericht anzurufen. Dieses überprüft dann in jedem Fall das Urteil erster Instanz in tatsächlicher und rechtlicher Hinsicht. Es wird also nicht nur eine neue rechtliche Wertung vorgenommen, sondern auch der Sachverhalt neu erforscht, wozu die Parteien durch Beibringung neuer Tatsachen beizutragen Gelegenheit haben.
Wenn nun der neue Beklagte erst in der zweiten Instanz diese Gelegenheit erhält, ist er im Vergleich zum Kläger im Nachteil, da dieser ja bereits in erster Instanz Gelegenheit zur Äußerung hatte.

Sollte es eine dritte Instanz geben (zu der Frage, wann dies der Fall ist, lesen Sie das Kapitel zu den Rechtsbehelfen), würden dort nur noch rechtliche Bewertungen vorgenommen werden. Um diesen Nachteil zu verhindern, ist die Zustimmung des Beklagten erforderlich.

Abschließender Beispielsfall: *E errichtet bei K eine Heizungsanlage. Da diese mangelhaft ist und dem K dadurch Schäden entstehen, verklagt er den E auf Schadensersatz unter der Bezeichnung "E, Heizung, Sanitär". Er weiß jedoch nicht, dass E kurze Zeit zuvor sein Einzelunternehmen in eine KG eingebracht hat, deren persönlich haftender Gesellschafter E nun ist.* 160

In der Folgezeit wurde der Rechtsstreit von E als Beklagtem persönlich geführt. Das Gericht gibt der Klage des K statt. Nachdem E in Berufung geht und das Berufungsgericht andeutet, dass es dem Antrag des E stattzugeben gedenkt, möchte K den E gegen die KG auswechseln und erklärt dies vor Gericht. Wie wird das Gericht darüber entscheiden?

Ein Parteiwechsel wäre nur dann erforderlich, wenn die KG nicht sowieso richtige Beklagte wäre. Vertragspartner und damit Anspruchsgegner ist der wahre Träger des Unternehmens, hier also die KG. Neben ihr haftet der E jedoch aus veranlasstem Rechtsschein. Grundsätzlich wäre es also möglich, beide zu verklagen.

Fraglich ist, wen K tatsächlich verklagt hat. Die Klageerhebung ist als Prozesshandlung grundsätzlich auslegungsfähig. Auslegungsmaßstab ist dabei die Sicht des Empfängers, also des Gerichts und der Gegenpartei. Dabei ist aber zu unterscheiden zwischen einer bloß falschen Parteibezeichnung und der irrtümlich gegen die falsche Person gerichteten Klage. Nach dem formellen Parteibegriff wird die irrtümlich verklagte Person Partei des Rechtsstreits. Daher ist vorliegend der E und nicht die KG als verklagt anzusehen.

Daher ist ein Parteiwechsel hier erforderlich. Nach einhelliger Ansicht ist dies in der zweiten Instanz aber nur dann zulässig, wenn der neue Beklagte zustimmt. Diese Zustimmung ist aber entbehrlich, wenn die Verweigerung rechtsmissbräuchlich ist, § 242 BGB. Das ist der Fall, wenn ein schutzwürdiges Interesse des neuen Beklagten an der Weigerung nicht anzuerkennen bzw. die Übernahme des schwebenden Rechtsstreits zumutbar ist, insbesondere weil der neue Beklagte bereits in erster Instanz die Möglichkeit hatte, den Prozess zu beeinflussen.

Dies ist hier der Fall, denn es sind keine Argumente der KG ersichtlich, die nicht auch schon E als bisheriger Beklagter und Komplementär der KG hätte vorbringen können. Der Parteiwechsel ist daher auch ohne Zustimmung des neuen Beklagten möglich.

hemmer-Methode: Eine zugegeben nicht einfache Konstellation für ein Einsteiger-Skript. Gleichwohl ist der Fall aus zwei Gründen sehr lehrreich. Zum einen ist er ein gutes Beispiel für die Verknüpfung von materiellem und prozessualem Recht. Zum anderen zeigt der Fall, dass das schematische Auswendiglernen verschiedener Ansichten in der Falllösung nicht weiterführt. Ausschließlich erfolgbringend ist das Verständnis der Regelung und der dahinterstehen Wertungen. Auswendiglernen kann jeder! Sinn und Zweck des Erfordernisses der Zustimmung des neuen Beklagten in zweiter Instanz ist der Schutz vor dem Verlust einer Tatsacheninstanz. Vorliegend liegt ein solcher Verlust aber nicht vor, da der Komplementär der KG bereits in erster Instanz alle Argumente für die Gesellschaft vorbringen konnte.

5. Einseitige Erledigterklärung

a) Einführung

gesetzlich nicht geregelt

Die einseitige Erledigterklärung ist im Gesetz nicht geregelt. Daher muss sich die Lösung der mit ihr verbundenen Probleme an den unterschiedlichen Interessenlagen der Parteien orientieren. Anders als bei der beiderseitigen Erledigterklärung schließt sich der Beklagte hier der Erklärung nicht an, da er der Auffassung ist, die Klage sei von Beginn an unzulässig oder unbegründet. Mit einer Kostenentscheidung nach billigem Ermessen, wie sie § 91a ZPO vorsieht, ist er gerade nicht zufrieden. 161

hemmer-Methode: Um Ihnen die Unterschiede im Vergleich zur beiderseitigen Erledigterklärung aufzuzeigen, wird an dieser Stelle derselbe Fall wie dort behandelt, aber eben mit dem Unterschied, dass sich der Beklagte der Erklärung nicht anschließt.

Bsp.: *A verlangt von B Kaufpreiszahlung. B weigert sich beharrlich zu zahlen. Nachdem A einen Prozess angestrengt hat und dieser für B einen schlechten Verlauf nimmt, zahlt B und beruft sich darauf im Prozess.*

A erklärt den Streit daraufhin für erledigt. B schließt sich der Erklärung nicht an. Wie wird das Gericht nun entscheiden? 162

B will die Abweisung der Klage als unbegründet. Dann müsste A die Kosten tragen. Da der Kaufpreisanspruch gem. § 362 BGB erloschen ist, hat sich die Klage des A erledigt. Würde A die Klage tatsächlich fortführen wie bisher, ginge die Rechnung des B auf.

A seinerseits weiß dies und hat daher die Erledigterklärung abgegeben. Aus seiner Sicht muss B die Kosten tragen. Schließlich bestand der Kaufpreisanspruch vor der Zahlung, so dass seine Klage bei Ausbleiben der Zahlung (zulässig und) begründet gewesen wäre.

Da B freiwillig keine Anstalten machte, den Kaufpreis zu zahlen, bestand auch Anlass zur Inanspruchnahme der Gerichte. Mit anderen Worten: A ist der Auffassung, dass die Klageerhebung auch im Nachhinein berechtigt war und B deshalb die Kosten zu tragen hat.

h.M.: Klageänderungstheorie

Nach h.M. ist mit der Erledigterklärung durch den Kläger gleichzeitig eine Klageänderung verbunden. Neuer Streitgegenstand ist danach die Feststellung, dass die ursprüngliche Klage im Zeitpunkt des erledigenden Ereignisses zulässig und begründet war und durch ein bestimmtes Ereignis nun unzulässig oder unbegründet geworden ist. Aus der Leistungsklage wird eine Feststellungsklage.

Zulässigkeit gem. § 264 Nr. 2 ZPO

Die Zulässigkeit der Klageänderung wird regelmäßig auf § 264 Nr. 2 ZPO gestützt, denn bei der Feststellungsklage handelt es sich im Vergleich zur Leistungsklage um ein Minus. Jedenfalls ist eine solche Klageänderung auch sachdienlich i.S.d. § 263 ZPO.

Feststellungsinteresse aufgrund Kostentragung

Das Feststellungsinteresse, das gem. § 256 ZPO bei einer jeden Feststellungsklage erforderlich ist, ergibt sich bereits daraus, dass dies für den Kläger die einzige Möglichkeit zur Vermeidung der Kostentragung ist.

-mündlich oder schriftlich

-frei widerruflich

Die Erledigungserklärung erfolgt mündlich in der Verhandlung oder schriftsätzlich gem. § 261 II ZPO. Sie ist - anders als die beiderseitige Erledigterklärung - frei widerruflich. Der Kläger kann also durch erneute Klageänderung zu seinem ursprünglichen Antrag zurückkehren oder diesen hilfsweise aufrechterhalten.

hemmer-Methode: Anders als bei der beiderseitigen Erledigterklärung wird hier also nicht die Rechtshängigkeit beseitigt. Es werden quasi die Streitgegenstände ausgetauscht. Noch wichtiger: hier erfolgt eine Prüfung, ob sich die Klage tatsächlich erledigt hat. Denn der Kläger allein besitzt eben nach Beginn der mündlichen Verhandlung, § 269 I ZPO, nicht mehr die Dispositionsbefugnis über den Streitgegenstand. Über die Erledigung besteht häufig gerade Streit.

b) Vom Gericht durchzuführende Prüfung

Das Gericht prüft im Rahmen der Zulässigkeit zuerst die Zulässigkeit der einseitigen Erledigterklärung nach obigen Gesichtspunkten, also die Voraussetzungen der Klageänderung, sodann die Zulässigkeit der (geänderten) Klage im Übrigen. Die Klage ist dann begründet, wenn tatsächlich Erledigung nach Rechtshängigkeit eingetreten ist und die Klage vor dem erledigenden Ereignis zulässig und begründet war. Denn es kann sich denknotwendig nur eine zunächst zulässige und begründete Klage erledigen. 163

hemmer-Methode: Hat der Kläger ein unzuständiges Gericht angerufen und erklärt er nach Begleichung der Klageforderung die Hauptsache einseitig für erledigt, so setzt die Feststellung der Erledigung der Hauptsache voraus, dass der Kläger zum Zeitpunkt des erledigenden Ereignisses bereits einen zulässigen und begründeten Antrag auf Verweisung des Rechtsstreits an das zuständige Gericht gestellt hat.
Hat der Kläger den Verweisungsantrag vor dem erledigenden Ereignis gestellt, hat er alles in seiner Rechtsmacht Stehende zur Beseitigung des Zuständigkeitsmangels unternommen. In diesem Fall liegt es nun allein bei dem (unzuständigen) Gericht, der gesetzlichen Pflicht zur Verweisung des Rechtsstreits an das zuständige Gericht nachzukommen. Wann die Verweisung geschieht, steht nicht im Einflussbereich des Klägers und kann ihm folglich auch nicht zum Nachteil angerechnet werden.
Anders ist dies aber, wenn der Kläger vor dem erledigenden Ereignis den Verweisungsantrag noch nicht gestellt hat. Hier hat der Kläger gerade nicht alles in seiner Macht Stehende getan, um eine Abweisung der Klage zu vermeiden. Wird die Verweisung erst zu einem späteren Zeitpunkt beantragt, so ist die Feststellungsklage als unbegründet abzuweisen (Life&Law 2020, 226 ff.).

aa) Tatsächliche Erledigung

prozessuale und

Erledigungsereignisse können zur Unzulässigkeit oder zur Unbegründetheit der Klage führen. Insoweit ist zwischen prozessualen und sachlichen Erledigungsereignissen zu unterscheiden. Prozessual ist z.B. der Verlust der Parteifähigkeit relevant (Verein wird während des Prozesses aufgelöst). 164

sachliche Erledigungsereignisse

In sachlicher Hinsicht sind das Erlöschen eines Anspruchs (durch Aufrechnung, § 389 BGB, Anfechtung, § 142 BGB, Erfüllung, § 362 BGB etc.), ein außergerichtlicher Vergleich oder der Untergang der herauszugebenden Sache zu nennen.

Bei der Aufrechnung stellt sich die Frage, ob für den Zeitpunkt der Erledigung auf die Abgabe der Gestaltungserklärung oder auf die Gestaltungslage abzustellen ist. Würde man auf die Gestaltungslage abstellen, wäre die Klage wegen der ex-tunc-Wirkung der Aufrechnung nie begründet gewesen. Die Feststellungsklage müsste abgewiesen werden.

Nach Ansicht des BGH (NJW 2003, 3134) ist auf die Gestaltungserklärung abzustellen, so dass die Klage bis zu diesem Zeitpunkt (zulässig und) begründet war. Die Feststellungsklage wäre demnach erfolgreich.

Gleiches gilt für die erstmalige Erhebung der Verjährungseinrede im Prozess (BGH, Life&Law 07/2010, 441).

Ergeht in einem Räumungsprozess gegen den Mieter ein für vorläufig vollstreckbar erklärtes Versäumnisurteil, aus dem der Vermieter unmittelbar vorgeht (§ 885 ZPO), liegt keine Erledigung vor, wenn der Mieter gegen das VU Einspruch einlegt. Denn die Räumung erfolgt stets unter dem Vorbehalt des Rechtskrafteintritts und stellt daher keine Erfüllung dar, BGH, Life&Law 08/2014, 567 ff.

bb) Zeitpunkt der Erledigung

Pr.: Zeitpunkt

Eine der umstrittensten Fragen ist die, wann Erledigung frühestens eintreten kann. **165**

M.M.: Anhängigkeit

Nach einer Mindermeinung ist auf den Zeitpunkt der Anhängigkeit abzustellen. Der Kläger habe letztlich keinen Einfluss darauf, wann die Klage zugestellt wird. Eine Verzögerung bei der Zustellung dürfe nicht zu Lasten des Klägers gehen (Gedanke des § 167 ZPO). Habe der Beklagte Anlass zur Klage gegeben, sei dieses Vorgehen nicht unbillig. Andernfalls könne er seiner Kostentragungspflicht durch Anerkenntnis entgehen, § 93 ZPO.

h.M.: Rechtshängigkeit

Die h.M. stellt hingegen auf den Eintritt der Rechtshängigkeit ab. Zuvor bestehe gar kein Streitgegenstand und damit keine Hauptsache, die sich erledigen könne. Sollte eine Klage bereits zum Zeitpunkt ihrer Erhebung (= Anhängigkeit) unzulässig oder unbegründet sein, habe der Beklagte ein Recht auf Abweisung.

Problem der h.M.: Kosten

Allerdings ist dann fraglich, ob bzw. wie der Kläger dann von den Kosten der Klage befreit werden kann, wenn tatsächlich ein Anlass für die Erhebung einer Klage bestanden hat.

e.A. früher: § 93 analog

Vor Inkrafttreten der ZPO-Reform sollte hier nach e.A. § 93 ZPO analog herangezogen werden, so dass der Beklagte die Kosten zu tragen hat, wenn er zur Klageerhebung Anlass gegeben hat.

h.M. früher: Kosten als materieller Verzugsschaden

Nach ganz herrschender Ansicht blieb es bei § 91 ZPO. Allerdings konnte der Kläger die entstandenen Kosten als Verzugsschaden geltend machen, § 286 I BGB.

Mit der Einfügung des § 269 III S. 3 ZPO hat der Gesetzgeber eine Regelung getroffen. Über diese Vorschrift erfolgt eine Kostenentscheidung nach billigem Ermessen.

Problem: Konkurrenzverhältnis zur bisherigen h.M.

Über den bereits angesprochenen § 269 III S. 3 ZPO hat der Kläger nun die Möglichkeit, die Klage zurückzunehmen, um die erwähnte Kostenentscheidung erreichen zu können. In welchem Verhältnis diese Möglichkeit zur bisherigen h.M. steht, war lange Zeit umstritten. Problematisch ist vor allem, dass eine Entscheidung nach „billigem Ermessen" u.U. nicht angemessen ist, wenn die Rechtslage durch das Gericht aufgrund des Vortrags in Klage bzw. in Klageerwiderung nicht eindeutig geklärt werden kann.

Der BGH hat mittlerweile entschieden, dass der Kläger keinen Kostenantrag nach § 269 III S.3, IV ZPO stellen muss. Vielmehr kann er sich die Kosten der Rücknahme auch auferlegen lassen, und diese sodann im Klagewege geltend machen, wenn ihm ein materiell-rechtlicher Kostenerstattungsanspruch (i.d.R. §§ 280 I, II 286 BGB) zusteht, BGH, Life&Law 2013, 506 ff.

Rücknahme unabhängig von Zustellung möglich

§ 269 III S. 3 ZPO gilt unabhängig davon, ob es noch zur Rechtshängigkeit kommt, also unabhängig von der Zustellung der Klageschrift, vgl. Wortlaut. Hier könnte man zwar wiederum entgegenhalten, es gäbe vor Zustellung noch gar keine Klage, die zurückgenommen werden könne. Allerdings entspricht es dem gesetzgeberischen Willen, genau für diese Konstellation eine Lösung zu finden. Vor der Anpassung des Gesetzestextes entsprach die jetzige gesetzliche Regelung der Rechtsprechung des BGH.

hemmer-Methode: Nimmt der Kläger die Klage in der Annahme zurück, der Tatbestand des § 269 III S. 3 ZPO sei verwirklicht, obwohl dies gar nicht der Fall ist (d.h. Anlass ist nach Rechtshängigkeit weggefallen, es liegt also Erledigung vor), kann er die Klagerücknahme weder anfechten, noch ist eine Auslegung als einseitige Erledigungserklärung möglich. Der Kläger hat dann die Kosten zu tragen, § 269 III S. 2 ZPO, der Anwalt des Klägers kann bei seiner Haftpflichtversicherung anrufen... (BGH, Life&Law 03/2007, 177 ff.).

Auch bei Erledigung vor Anhängigkeit

Ebenso soll die Vorschrift dann einschlägig sein, wenn das erledigende Ereignis bereits vor Anhängigkeit eintritt. Denn erledigendes Ereignis und Verschickung der Klageschrift können sich häufig kreuzen. Auch dann muss die Möglichkeit bestehen, über § 269 IIII S. 3 ZPO die einzig noch verbleibende Kostenfrage zu klären.

Beispiel

Zur Verdeutlichung dieser sehr klausur- bzw. examensträchtigen Konstellation folgendes Beispiel:

A mietet bei B ein Auto. Nach Ablauf der Mietzeit fordert B den 166
A mehrfach auf, das Auto herauszugeben. Da A dem nicht nachkommt, reicht B beim zuständigen Gericht Klage auf Herausgabe des PKW ein. Noch bevor dem A die Klageschrift durch das Gericht zugestellt wird, bringt dieser das Auto zurück. In der mündlichen Verhandlung erklärt B die Sache für erledigt. A schließt sich dem nicht an. Wie wird das Gericht entscheiden? Wer hat die Kosten zu tragen?

Sofern die Klage zulässig und begründet ist, wird das Gericht ein Feststellungsurteil erlassen, in dem A zur Tragung der Kosten verpflichtet wird.

I. Zulässigkeit der Feststellungsklage

1. Die einseitige Erledigterklärung ist eine nach h.M. stets zulässige Klageänderung i.S.d. § 264 Nr. 2 ZPO. Eine wirksame Erledigungserklärung ist mangels entgegenstehender Anhaltspunkte gegeben.

2. Das Feststellungsinteresse, § 256 ZPO, ergibt sich bereits daraus, dass die vorliegende Klageänderung der einzige Weg für den Kläger ist, die Kostentragungspflicht zu vermeiden.

3. Im Übrigen ist die Klage zulässig.

II. Begründetheit

Die Klage ist begründet, wenn sich der Streit tatsächlich erledigt hat und die Klage ursprünglich zulässig und begründet war.

1. Der Anspruch des B auf Herausgabe des PKW gem. §§ 985, 546 BGB ist durch Erfüllung erloschen.

2. Zu diesem Zeitpunkt müsste die Klage aber zulässig und begründet gewesen sein. Das ist hier problematisch, da die Klage zu diesem Zeitpunkt nicht einmal rechtshängig war.

Nach einer Ansicht ist es ausreichend, wenn die Klage anhängig ist, da der Kläger keinen Einfluss auf die Zustellung durch das Gericht hat. Da durch die einseitige Erledigterklärung die Ausgangsklage in eine Feststellungsklage geändert wird, müsste das Gericht die Erledigung durch Urteil feststellen. Die Kosten hätte gem. § 91 ZPO der A zu tragen.

Nach h.M. kann sich eine Klage aber erst nach Rechtshängigkeit erledigen. Bei Ereignissen, die vor Rechtshängigkeit zur Unbegründetheit führen, gibt es eine begründete Klage, die sich erledigen könnte, nicht.

Die Klage des B war von vornherein unbegründet und konnte sich daher nicht mehr erledigen. Der Anspruch aus §§ 546, 985 BGB war bereits erloschen. Der B wäre mit seiner Klage daher abzuweisen.

Dann würde er indes mit den Kosten des Rechtsstreits belastet. Das erscheint unbillig zu sein, denn im Zeitpunkt der Klageeinreichung bei Gericht musste der B davon ausgehen, seinen Anspruch auf Rückgabe nur klageweise durchsetzen zu können.

Daher hat B die Möglichkeit, die Klage gem. § 269 III S. 3 ZPO zurückzunehmen. Dann entscheidet der Richter über die Kosten nach billigem Ermessen.

hemmer-Methode: Wie oben ausgeführt, besteht eine Alternative darin, sich die Kosten der Klagerücknahme auferlegen zu lassen, und sodann im Wege einer neuen Klage beim Schuldner Regress zu nehmen. Auch wird es möglich sein, die Klage zu ändern in eine Feststellungsklage gerichtet darauf, dass der Beklagte aus Verzugsgesichtspunkten zur Kostentragung verpflichtet ist.

IV. Prozesshandlungen des Beklagten

Auch für den Beklagten gibt es verschiedene Möglichkeiten, auf bestimmte Situationen im Prozess einseitig zu reagieren. Im Folgenden werden die wichtigsten Reaktionsmöglichkeiten aufgezeigt. 167

1. Anerkenntnis

a) Einführung

§§ 307, 93 ZPO

"Anerkenntnis: niemals!" Das sollten Sie sich für den praktischen Umgang mit diesem Rechtsinstitut merken. 168

Denn der Beklagte lässt sich nicht verklagen, damit der Anwalt im Prozess dann doch das Bestehen des Anspruchs einräumt.

Gleichwohl müssen Sie in der Klausur mit einem Anerkenntnis rechnen. Das Anerkenntnis ist das Pendant zum Verzicht des Klägers. Während dieser kundtut, dass sein Anspruch nicht besteht, räumt der Beklagte mit dem Anerkenntnis das Bestehen des Anspruchs ein, §§ 307, 93 ZPO.

keine streitige Verhandlung

Es ist möglich, dass der Beklagte im Laufe des Prozesses einsieht, dass der gegen ihn geltend gemachte Anspruch besteht. Erkennt er diesen dann an, wird der Prozess durch Anerkenntnisurteil beendet, ohne dass eine Verhandlung stattfindet.

Vermeidung von Kosten

Vorteil eines Anerkenntnisses ist die Vermeidung weiterer Kosten. Hat der Beklagte zur Klageerhebung keinen Anlass gegeben (dazu Bsp. Unten Rn. 173), sind die bereits entstandenen Kosten sogar dem Kläger aufzuerlegen, vgl. § 93 ZPO (Sound: “kein Klageüberfall“).

hemmer-Methode: Wichtig ist die Abgrenzung zum Geständnis, § 288 ZPO. Dieses bezieht sich nur auf einzelne, vom Kläger vorgebrachte Tatsachen, während das Anerkenntnis den Anspruch als solchen betrifft, also viel weiter wirkt.

b) Voraussetzungen

aa) Wirksame Erklärung

allg. Vorauss.

Wie bei allen Prozesshandlungen müssen auch hier die allgemeinen Prozesshandlungsvoraussetzungen gegeben sein. 169

Form

Das Anerkenntnis kann mündlich, § 307 S.1 ZPO, oder im schriftlichen Vorverfahren, § 307 S.2 ZPO, erklärt werden.

Widerruf

Das Anerkenntnis ist eine Bewirkungshandlung und daher nicht widerruflich oder anfechtbar.

Dispositionsbefugnis

Der Beklagte muss hinsichtlich des geltend gemachten Anspruchs dispositionsbefugt sein. Das ist nicht der Fall bei Ehesachen, vgl. § 113 IV Nr.6 FamFG. 170

bb) Erfüllung der Prozessvoraussetzungen

Klage muss zulässig sein

Sofern ein Anerkenntnis vorliegt, erlässt das Gericht ein sog. Anerkenntnisurteil. Dieses ist ein normales Sachurteil. Ein solches kann aber nur dann ergehen, wenn die Klage auch zulässig ist. Das Gericht prüft also zunächst die Zulässigkeit der Klage. Ist die Klage unzulässig, wird der Kläger abgewiesen. Ein etwaiges Anerkenntnis hat dann keine Bedeutung. 171

c) Wirkungen

Wie bereits erwähnt, findet keine Prüfung der materiellen Rechtslage statt. Ob der Anspruch also besteht, ist irrelevant. 172

Kosten

Bezüglich der Kosten ist § 93 ZPO zu beachten. Die grundsätzliche Kostentragungspflicht des Beklagten nach § 91 ZPO entfällt nach dieser Vorschrift, wenn der Beklagte keinen Anlass zur Klageerhebung gegeben hat und das Anerkenntnis sofort erklärt wird.

> ***Bsp.:*** *A kauft bei B ein Auto. Ohne den A einmal aufgefordert zu haben, den Kaufpreis zu zahlen, erhebt B Klage. Im Prozess erkennt A den Anspruch an. Es ergeht ein Anerkenntnisurteil zu Lasten des A. Wer trägt die Kosten?* 173
>
> Grundsätzlich trägt die unterlegene Partei die Kosten des Rechtsstreits, § 91 I ZPO. Das ist hier der A, gegen den ein Anerkenntnisurteil erlassen wurde. Etwas anderes könnte sich aber aus § 93 ZPO ergeben, wenn A überhaupt keinen Anlass zu der Klageerhebung gegeben hat. Ist der Anspruchsgegner ohne weiteres bereit zu zahlen, besteht kein Anlass, ihn in einen Prozess zu verwickeln.

Anlass zur Klageerhebung besteht dann, wenn der Kläger annehmen musste, sein Ziel nur durch eine Klage erreichen zu können. Vorliegend hat B nicht einmal versucht, seinen Anspruch außergerichtlich durchzusetzen, so dass A nicht mit einer gerichtlichen Inanspruchnahme rechnen musste, mithin auch keine Veranlassung zur Klageerhebung bestand.

§ 93 ZPO greift aber nur ein, wenn das Anerkenntnis sofort abgegeben wird. Eine sofortige Erfüllung ist hingegen nicht erforderlich. Was unter „sofort" zu verstehen ist, hängt davon ab, ob ein früher erster Termin angeordnet wird oder ein schriftliches Vorverfahren.

Im schriftlichen Vorverfahren hat das Anerkenntnis spätestens in der Klageerwiderung zu erfolgen, wenn in der Anzeige der Verteidigungsbereitschaft noch kein Antrag auf Abweisung der Klage gestellt wurde (BGH, NJW 2006, 2490).

Vorliegend hat A den Anspruch aber erst im Prozess anerkannt, so dass die Erklärung nicht mehr sofortig erfolgte. Das Gericht wird daher im Urteil aussprechen, dass A die Kosten zu tragen hat.

2. Aufrechnung

a) Einführung

materiellrechtlich: Erlöschen der Gegenforderung

Betrachtet man das materielle Recht, so gelten die Forderungen, soweit sie sich decken, in dem Zeitpunkt als erloschen, in dem sie zur Aufrechnung geeignet einander gegenübergetreten sind, § 389 BGB. Die Aufrechnung bringt die Gegenforderung zum Erlöschen und ist demnach ein Erfüllungssurrogat. 174

Es macht im Hinblick auf das materielle Recht keinen Unterschied, ob die Aufrechnung innerhalb oder außerhalb der mündlichen Verhandlung erklärt wird.

prozessuales Verteidigungsmittel

Prozessrechtlich ist die Aufrechnung dagegen als Verteidigungsmittel bedeutsam. Wie der Beklagte sich auf Erfüllung der geltend gemachten Forderung durch einfache Zahlung berufen kann, hat er auch die Möglichkeit, sich mit dem Vorbringen zu verteidigen, die Forderung sei durch Aufrechnung erloschen.

hemmer-Methode: Die Aufrechnung hat materiell-rechtlich zwar Rückwirkung, vgl. § 389 BGB. Das führt jedoch nicht dazu, dass eine angestrengte Klage von Anfang an unbegründet gewesen wäre. Vielmehr führt die Aufrechnung im Prozess nach h.M. zu einer Erledigung ex nunc, wodurch wiederum die Problematik der einseitigen Erledigungserklärung ins Blickfeld rückt (vgl. Rn. 165). Denn der Begriff der Erledigung ist prozessual zu betrachten und ist nicht akzessorisch zu den materiell-rechtlichen Folgen der Aufrechnung.

b) Rechtsnatur

"Doppeltatbestand"

Der obigen Darstellung entsprechend ist die Prozessaufrechnung ein "Doppeltatbestand", d.h. die Aufrechnung im Prozess ist nicht nur Prozesshandlung, sondern zugleich auch materielle Gestaltungserklärung. Die Gestaltung der materiellen Rechtslage wird vom Gesetz den Parteien selbst überlassen ist, §§ 387 ff. BGB. Die Aufrechnungserklärung verändert ihren Rechtscharakter nicht dadurch, dass sie im Prozess erfolgt. 175

c) Eventualaufrechnung

nur für den Fall, dass Klage als begründet erachtet wird

In der Praxis taucht die Prozessaufrechnung fast ausschließlich als Eventualaufrechnung auf. Sie soll nur für den Fall als erklärt betrachtet werden, dass das Gericht die Klage als begründet erachtet, denn nur in diesem Fall soll die eigene Forderung geopfert werden. Hält das Gericht die Klage hingegen bereits von vornherein für unbegründet, besteht für den Beklagten überhaupt keine Veranlassung, die Aufrechnung zu erklären. 176

§ 388 S. 2 BGB steht nicht entgegen

Einer solchen Erklärung steht auch § 388 S. 2 BGB nicht entgegen, da es sich bei der Eventualaufrechnung nicht um eine echte Bedingung, sondern nur um eine innerprozessuale Rechtsbedingung handelt, über deren Eintritt der Richter im Prozess entscheidet.

d) Besonderheiten des § 322 II ZPO

Rechtskraft nicht bzgl. Einwendungen, § 322 I ZPO

Einwendungen des Beklagten nehmen grundsätzlich nicht an der Rechtskraft teil, § 322 I ZPO, d.h. in einem Urteil ist nichts darüber gesagt, ob eine bestimmte Einwendung besteht oder nicht. 177

hemmer-Methode: Keine Angst, die Rechtskraftprobleme werden Ihnen noch näher gebracht. Hier nur so viel: Ist ein Urteil rechtskräftig, d.h. sind die Rechtsmittelfristen abgelaufen, kann der Streitgegenstand nicht mehr Gegenstand eines neuen Rechtsstreits sein. Über ihn ist endgültig entschieden worden. Dieser Punkt müsste Ihnen aus der Zulässigkeit der Klage bekannt vorkommen: Eine Klage ist bei entgegenstehender Rechtskraft bzgl. des Streitgegenstandes unzulässig. Es stellt sich aber die Frage, was genau von der soeben beschriebenen Rechtskraftwirkung umfasst ist. Nach § 322 I ZPO ist dies nur der erhobene prozessuale Anspruch, also der Streitgegenstand.

§ 322 II ZPO als Ausnahme für die Prozessaufrechnung

§ 322 II ZPO macht davon für die Prozessaufrechnung eine Ausnahme. Dem Wortlaut dieser Vorschrift entsprechend, bezieht sich diese Ausnahme allerdings nur auf den Fall, dass die Aufrechnung erfolglos geblieben ist.

Bsp.: *A klagt gegen B auf Kaufpreiszahlung i.H.v. 5.000 €. B rechnet mit einer ihm angeblich aus einem Werkvertrag zustehenden Forderung auf. Dennoch wird B zur Zahlung von 5.000 € verurteilt. Das Gericht führt dazu aus, dass die Werklohnforderung des B nicht bestehe.*

Erhebt B nun erneut Klage bzgl. der Werklohnforderung, dann ist diese Klage wegen entgegenstehender Rechtskraft unzulässig, § 322 II ZPO.

§ 322 II ZPO auch bei Abweisung der Klage wegen der Aufrechnung

Es kann aber keinen Unterschied machen, ob die Forderung, mit der aufgerechnet werden soll, als nicht bestehend erachtet wird, oder ob der Beklagte mit seiner Aufrechnung Erfolg hat, wenn also das Gericht die Klage wegen der Aufrechnung ganz oder teilweise abweist. Denn in letzterem Fall steht fest, dass Klageforderung und Gegenforderung vor der Aufrechnungserklärung bestanden haben und nun durch die Aufrechnung ganz oder teilweise erloschen sind.

Stellt das Gericht in den Urteilsgründen also fest, dass die Gegenforderung bestanden hat, aber durch die Aufrechnung erloschen ist, wird § 322 II ZPO über seinen Wortlaut hinaus auch auf diesen Fall angewandt.

Würde die Klage des A in obigem Beispiel abgewiesen, weil das Gericht den Aufrechnungseinwand berücksichtigt, also die Gegenforderung als gegeben erachtet, dann stünde auch hier einer erneuten Klage des B wegen seiner Werklohnforderung die Rechtskraft des Urteils nach § 322 II ZPO entgegen.

hemmer-Methode: Merken kann man sich die obigen Ausführungen am besten, wenn man § 322 II ZPO entgegen seinem Wortlaut folgendermaßen liest: "Hat der Beklagte ..., so ist die Entscheidung, dass die Gegenforderung nicht *oder nicht mehr* besteht, bis zur Höhe..., der Rechtskraft fähig".

e) Sonderproblem Präklusion

Besonderheiten bei Zusammenspiel von mat. und proz. Recht

Ein besonderes Problem kann sich ergeben, wenn das Gericht den Aufrechnungseinwand des Beklagten als verspätet zurückweist. 178

Zum besseren Verständnis:

zeitliche Grenzen für das Vorbringen

§ 296 ZPO setzt den Parteien für ihr Vorbringen zeitliche Grenzen. Damit soll der Prozessverschleppung entgegengewirkt werden, denn die Parteien haben ein Recht auf ein zügiges Verfahren. 179

hemmer-Methode: Die Prozesslänge ist in der Praxis ein großes Problem. Stellen Sie sich vor, Sie nehmen gerichtliche Hilfe in Anspruch, um ein leidiges Rechtsproblem aus der Welt zu schaffen, und der Prozess zieht sich über mehrere Jahre hin (was keine Seltenheit ist). Wenn nun noch die Parteien (meist der Beklagte) ihr Vorbringen beliebig verzögern könnten, wäre ein Prozessende gar nicht absehbar.

nur bei vorwerfbarem Verhalten

§ 296 ZPO bezieht sich nur auf Angriffs- und Verteidigungsmittel, nicht aber auf Rechtsausführungen oder Sachanträge. Eine Zurückweisung kommt nur in Betracht bei vorwerfbarem Verhalten.

➲ § 296 I ZPO

§ 296 I ZPO normiert eine *Pflicht* zur Zurückweisung, wenn ein Verteidigungs- oder Angriffsmittel nach Ablauf einer der genannten Fristen vorgebracht wird, die Zulassung den Rechtsstreit verzögern würde und die Verspätung nicht genügend entschuldigt wird.

absoluter Verzögerungsbegriff

Eine Verzögerung liegt nach h.M. vor, wenn der Rechtsstreit bei Zulassung des verspäteten Vorbringens länger dauern würde als bei Zurückweisung, sog. absoluter Verzögerungsbegriff.

relativer Verzögerungsbegriff

Nicht entscheidend ist, ob das Verfahren bei sofortigem Vorbringen früher hätte beendet werden können als bei verspätetem Vorbringen, sog. relativer Verzögerungsbegriff. Denn ein solches Vorgehen würde eine hypothetische Erforschung des Ablaufs erfordern, der einer Prozessbeschleunigung eher abträglich wäre.

hemmer-Methode: Die Präklusionsvorschriften sind im Zusammenhang mit dem verfassungsrechtlich verankerten Anspruch auf rechtliches Gehör, Art. 103 I GG, zu betrachten. Das BVerfG hält den absoluten Verzögerungsbegriff dann nicht für anwendbar, "wenn es sich geradezu aufdrängt", dass auch bei rechtzeitigem Vorbringen eine entsprechende Verzögerung eingetreten wäre (sog. kausaler Verzögerungsbegriff).

einfaches Verschulden reicht aus

Für § 296 I ZPO reicht einfaches Verschulden aus. Das Verschulden eines Vertreters wird gem. § 51 II bzw. 85 II ZPO zugerechnet.

➲ § 296 II ZPO

Ermessen des Gerichts

Nach dieser Vorschrift *kann* das Gericht Angriffs- oder Verteidigungsmittel zurückweisen, wenn eine Partei diese entgegen der allgemeinen Prozessförderungspflicht nicht rechtzeitig vorgebracht hat.

Der Verstoß muss auf grober Nachlässigkeit beruhen, was deckungsgleich mit grober Fahrlässigkeit ist.

Das bedeutet für die Problematik der Aufrechnung:

§ 296 ZPO betrifft nur Prozesshandlung

Wird die Aufrechnung nun im Prozess als verspätet zurückgewiesen, § 296 ZPO, betrifft dies grundsätzlich nur die prozessuale Situation. An der materiellen Wirksamkeit der Erklärung ändert sich eigentlich nichts, die Gegenforderung erlischt demnach. Dieses Ergebnis ist jedoch ungerecht, denn der Aufrechnende könnte seine Forderung nicht mehr einklagen, da die Entscheidung über das Bestehen oder Nichtbestehen der Gegenforderung nach § 322 II ZPO ausnahmsweise der Rechtskraft zugänglich ist, s.o. 180

Zudem hat der Beklagte im Prozess selbst aufgrund der Präklusion mit seiner Aufrechnung auch nichts bewirkt, er wird seinerseits zur Zahlung verurteilt. Die Aufrechnung wäre ein völlig sinnloses Opfer gewesen.

aber: Erklärung nur für Fall d. proz. Berücksichtigung

Diese Unbilligkeit lässt sich dadurch beheben, dass man die Prozessaufrechnung (auch) im Hinblick auf ihre prozessuale Berücksichtigung als eventualiter erklärt ansieht. Dem steht auch § 388 S. 2 BGB nicht entgegen, vgl. Rn 196. 181

§ 322 II ZPO steht dann nicht entgegen

Einer gesonderten Geltendmachung der zur Aufrechnung gestellten Forderung steht dann auch nicht § 322 II ZPO entgegen, wenn die Aufrechnung aus prozessualen Gründen für unzulässig erklärt wird.

A klagt gegen B auf Zahlung eines Kaufpreises i.H.v. 5.000 €. Vor Gericht erklärt B, er rechne mit einer Forderung in gleicher Höhe auf, die er aus einer ihm gegenüber durch A vorsätzlich begangenen, unerlaubten Handlung erlangt habe. Das Gericht weist den Einwand des B als verspätet zurück, § 296 ZPO.

Jetzt stellt sich die Frage, ob B noch in der Lage ist, seine Forderung einzuklagen oder ob ihm auch in diesem Fall die (nicht berücksichtigte!) Forderung nach § 322 II ZPO rechtskräftig aberkannt wurde.

Eine gesonderte Geltendmachung kommt nur dann in Betracht, wenn die Forderung noch nicht durch die Aufrechnungserklärung erloschen ist.

Die Wirksamkeit der Aufrechnung scheitert jedenfalls nicht daran, dass es um eine Forderung aus einer vorsätzlich begangenen unerlaubter Handlung geht. Denn **mit** einer solchen Forderung kann aufgerechnet werden, **nicht** jedoch **dagegen**, § 393 BGB.

hemmer-Methode: § 393 BGB soll dem vorsätzlich deliktisch Geschädigten eine unkomplizierte Durchsetzung seiner Ansprüche gewähren. Zudem soll bei nicht eintreibbaren Zahlungsansprüchen eine sanktionslose Privatrache durch deren Gläubiger verhindert werden.

Möglicherweise ist die Forderung aber durch die Aufrechnungserklärung im Prozess erloschen. Zwar wurde diese Erklärung vom Gericht als verspätet zurückgewiesen, § 296 ZPO; dies ändert aber aufgrund der Rechtsnatur der Aufrechnung als Doppeltatbestand zunächst nichts an der materiell-rechtlichen Wirksamkeit.

Dies führte allerdings zu dem als ungerecht empfundenen Ergebnis, dass wegen § 389 BGB trotz Nichtberücksichtigung des Aufrechnungseinwandes die Gegenforderung erloschen ist.

Nach h.M. erfolgt die Aufrechnungserklärung unter der Bedingung ihrer prozessualen Berücksichtigung.

Wird die Prozessaufrechnung als verspätet zurückgewiesen, entfaltet die Aufrechnungserklärung keine materiell-rechtliche Wirkung. Eine Geltendmachung der Forderung in einem neuen Prozess ist daher weiterhin möglich.

Dem steht auch nicht die Rechtskraft des Urteils entgegen. Zwar normiert § 322 II ZPO, dass ausnahmsweise, nämlich bei der Aufrechnung, auch die Entscheidung darüber, ob die Gegenforderung besteht, oder nicht, in Rechtskraft erwächst. Allerdings gilt dies nur, wenn das Verteidigungsmittel der Aufrechnung auch zugelassen worden ist.

hemmer-Methode: Letztlich wird der Aufrechnungseinwand also stets "doppelt eventualiter" erhoben: zunächst in Bezug auf das Bestehen der Klageforderung, dann in Bezug auf die Berücksichtigung durch das Gericht. Ist also eine Aufrechnungserklärung nur für den Fall abgegeben worden, dass das Gericht die Klage als begründet erachtet, ist über die Berücksichtigungsfähigkeit der Aufrechnung beim Eintritt dieser Bedingung noch nichts gesagt. Halten Sie diese unterschiedlichen Gesichtspunkte auseinander!

3. Widerklage

a) Einführung

Angriff des Beklagten

Es sind Konstellationen denkbar, in denen sich der Beklagte nicht einfach darauf beschränken möchte, sich gegen den klägerischen Anspruch zu verteidigen, sondern selbst zum Angriff auf den Kläger übergehen will. 182

Bsp.: *A verklagt B auf Kaufpreiszahlung. Da die Mängelrechte noch nicht verjährt sind, verteidigt sich B mit dem Einwand, die Sache sei mangelhaft, § 320 BGB, A habe (noch) nicht wie geschuldet erfüllt. Im Übrigen macht er geltend, aufgrund der mangelhaften Sache eine Gesundheitsverletzung erlitten zu haben.*

Dafür verlangt er nun Schadensersatz aus §§ 437 Nr. 3, 280 I BGB. Da er nun schon einmal vor Gericht steht, möchte er diesen Anspruch gleich geltend machen.

vollwertige Klage

Die Möglichkeit dazu bietet dem Beklagten die sog. Widerklage. (vgl. dazu auch **d´Alquen**, Examensrelevante Probleme der Widerklage, **Life&Law 03/2019, 203 ff.).** Die Widerklage ist eine vollwertige Klage, für die deshalb auch alle Vorschriften über die Klage gelten, soweit nicht Sonderregeln bestehen.

keine Präklusion möglich

Anders als die Prozessaufrechnung ist die Widerklage kein Verteidigungsmittel und kann daher auch nicht als verspätet zurückgewiesen werden, § 296 ZPO. Die Widerklage ist der Angriff selbst.

Zudem besteht für den Beklagten die Möglichkeit, die Widerklage in der mündlichen Verhandlung zu erheben, §§ 261 II, 297 ZPO.

b) Zulässigkeit

anderer Streitgegenstand

(1) Der Streitgegenstand der Widerklage muss ein anderer sein als der der Ausgangsklage. Andernfalls würde bereits die Rechtshängigkeit der Ausgangsklage entgegenstehen. 183

Bsp.: *A klagt gegen B auf Kaufpreiszahlung. B erhebt Widerklage auf Feststellung, dass er den Kaufpreis nicht schuldet. Eine solche Widerklage wäre unzulässig. Anders dagegen, wenn der Kläger nur einen Teilbetrag einklagt. Dann geht die begehrte Feststellung über den Leistungsantrag hinaus.*

rechtshängige Ausgangsklage

(2) Im Zeitpunkt der Erhebung der Widerklage muss die Ausgangsklage rechtshängig sein. Das ist allein schon begrifflich notwendig. Irrelevant ist es aber, wenn die Rechtshängigkeit der Ausgangsklage dann später wegfällt, z.B. durch Klagerücknahme. Die Ausgangsklage ist also quasi das "Sprungbrett" für die Widerklage. 184

Problematisch ist der Fall, in dem die Klage zurückgenommen wird, nachdem die Widerklage bei Gericht eingegangen ist, aber noch bevor diese dem Beklagten zugestellt wurde. Als erhoben gilt die Widerklage erst mit der Zustellung, §§ 253, 261 ZPO. Zu diesem Zeitpunkt war die Rechtshängigkeit der Ausgangsklage aber bereits entfallen. Das BAG wendet in diesem Fall § 167 ZPO analog an, d.h. der maßgebliche Zeitpunkt wird auf die Einreichung der Widerklage zurückversetzt, so dass die Zulässigkeit insoweit gegeben ist (BAG, Life&Law 04/2016, 244 ff.).

Problem: Zuständigkeit

(3) Besonderheiten ergeben sich hinsichtlich der sachlichen und örtlichen Zuständigkeit. 185

➲ Sachliche Zuständigkeit

§ 5 HS 2 ZPO

Bei der Bestimmung der sachlichen Zuständigkeit werden die Streitwerte von Ausgangs- und Widerklage nicht addiert, § 5 HS 2 ZPO. 186

> **Bsp.:** *Wird B von A auf Zahlung von 3.500 € verklagt, ist das Amtsgericht zuständig, § 23 Nr. 1 GVG. Erhebt B nun Widerklage auf Zahlung von 4.000 €, wird dadurch wegen § 5 ZPO nicht die Zuständigkeit des Landgerichts begründet.*

§ 506 ZPO

Begründet allerdings die Widerklage für sich gesehen die Zuständigkeit des Landgerichts, kann eine Partei gem. § 506 ZPO einen Antrag auf Verweisung an das zuständige Landgericht stellen. Dieses entscheidet dann über Klage *und* Widerklage! Das Gericht muss auf die Unzuständigkeit hinweisen, § 504 ZPO. 187

Wird kein Antrag gestellt, ist das Amtsgericht für die Widerklage unzuständig. Es kann § 39 ZPO eingreifen, soweit wiederum ein Hinweis des Gerichts gem. § 504 ZPO erfolgte.

Für den umgekehrten Fall (Zuständigkeit für Klage beim Landgericht, für Widerklage beim Amtsgericht) gibt es keine ausdrückliche Regelung. § 261 III Nr. 2 ZPO greift hier nicht ein, da es um eine ganz andere Klage geht. 188

Rechtsgedanke des § 33 ZPO

Allerdings kann man § 33 ZPO heranziehen. Diese Vorschrift regelt zwar nur die örtliche Zuständigkeit (dazu sogleich); dem Rechtsgedanken der Vorschrift folgend soll aber eine Zersplitterung von Rechtsstreitigkeiten über zusammenhängende Fragen vermieden werden, so dass die Zuständigkeit auch für die Widerklage beim Landgericht liegt. 189

Vereinzelt wird auch auf § 10 ZPO abgestellt, der allerdings bloß die Unbeachtlichkeit des Zuständigkeitsmangels erklärt. Plausibel ist dagegen auch ein Umkehrschluss aus § 506 ZPO.

➲ Örtliche Zuständigkeit

§ 33 ZPO, wenn nicht bereits allg. Vorschriften einschlägig

Hier gelten grundsätzlich die gewöhnlichen Regeln. Allerdings findet eine Ergänzung durch § 33 ZPO statt. Diese Vorschrift greift ein, wenn sich die Zuständigkeit der Widerklage für das Gericht der Ausgangsklage nicht bereits aus den allgemeinen Vorschriften ergibt. 190

> *Erheben A und B, beide wohnhaft in Würzburg, Klage und Widerklage, ergibt sich die örtliche Zuständigkeit der Widerklage bereits aus §§ 12, 13 ZPO. Auf § 33 ZPO muss dann nicht eingegangen werden.*

Hat der Widerbeklagte A seinen Wohnsitz jedoch in München, und auch dort seine Verpflichtung zu erfüllen, wäre die Widerklage dort zu erheben. Dann muss geprüft werden, ob sich nicht aus § 33 ZPO die örtliche Zuständigkeit in Würzburg ergibt.

Konnexität erforderlich

Nach § 33 ZPO muss der "Gegenanspruch mit dem in der Klage geltend gemachten Anspruch oder mit den gegen ihn vorgebrachten Verteidigungsmitteln in Zusammenhang" stehen. Dieser Zusammenhang muss rechtlicher Natur sein. Man spricht insofern, wie bei § 273 BGB, von Konnexität. 191

Betrachtet man hier das Ausgangsbeispiel, in dem der Klage auf Kaufpreiszahlung eine Widerklage auf Schadensersatz aus §§ 437 Nr. 3, 280 I BGB folgte, ist dieser rechtliche Zusammenhang sicherlich gegeben.

hemmer-Methode: Wenn man die Frage des rechtlichen Zusammenhangs klären möchte, muss man sich stets den Zweck der Widerklage vor Augen führen: soweit es sachdienlich und vernünftig erscheint, soll in *einem* Prozess verhandelt werden. Daher sollten Sie den Zusammenhang immer dann bejahen, wenn beide Ansprüche aus einem innerlich zusammengehörigen, einheitlichen Lebensverhältnis herrühren.

Soweit der Zusammenhang mit einem Verteidigungsmittel nach § 33 ZPO ausreicht, sind damit Fälle gemeint, in denen der Beklagte selbständige Gegenrechte geltend macht, die mit dem Klageanspruch nicht zusammenhängen. 192

A rechnet gegen die eingeklagte Kaufpreisforderung mit einer nicht konnexen Gegenforderung, z.B. aus einem Werkvertrag, auf und macht zusätzlich widerklagend eine andere Forderung geltend, die sich aus demselben Werkvertrag ergibt.

Konnexität daneben als besondere Zulässigkeitsvoraussetzung?

Von der Rspr. wird die in § 33 ZPO geforderte Konnexität nicht nur als Voraussetzung für den besonderen Gerichtsstand der Widerklage betrachtet, sondern ganz allgemein als stets zu fordernde Voraussetzung für die Zulässigkeit einer jeden Widerklage. 193

Mit anderen Worten: Auch wenn sich die örtliche Zuständigkeit bereits aus den allgemeinen Vorschriften ergebe, soll nach dieser Ansicht eine Widerklage unzulässig sein, wenn zwischen den Ansprüchen keine Konnexität besteht.

Dem werden jedoch von der Literatur systematische Bedenken entgegengehalten. So spricht zum einen die Stellung im Gesetz einfach für einen zusätzlichen, besonderen Gerichtsstand. Zum anderen wäre die Vorschrift des § 145 II ZPO andernfalls nicht erklärbar. Denn eine Prozesstrennung kommt nur dann in Betracht, wenn die Klagen jeweils zulässig sind.

Wenn die mangelnde Konnexität aber bereits zur Unzulässigkeit führen soll, hätte die Vorschrift keinen Anwendungsbereich und wäre überflüssig. Die praktischen Konsequenzen der beiden Ansichten soll folgender Fall verdeutlichen:

A, wohnhaft in Augsburg, verklagt B in München auf Herausgabe eines Grundstücks. B erhebt Widerklage wegen eines Verkehrsunfalls in München. A meint, die Widerklage sei unzulässig. 194

Konnexität zwischen den Ansprüchen ist vorliegend nicht gegeben, so dass eine Zuständigkeit des Gerichts in München nach § 33 ZPO ausscheidet.

Allerdings ergäbe sich für die Widerklage die örtliche Zuständigkeit aus § 32 ZPO. Erhebt man nun die in § 33 ZPO geforderte Konnexität zur stets zu beachtenden Prozessvoraussetzung für eine Widerklage, wäre die Klage gleichwohl unzulässig.

Die besseren Argumente sprechen jedoch dafür, die Konnexität nicht zu fordern. Sollte das Gericht die Klagen nicht zusammen verhandeln wollen, besteht nach § 145 II ZPO die Möglichkeit der Prozesstrennung.

hemmer-Methode: Beruft sich der Widerbeklagte allerdings nicht auf die fehlende Konnexität, wird dieser Mangel nach der Rspr. über § 295 ZPO geheilt.

c) Abgrenzung zur Prozessaufrechnung

Rechtsschutzbedürfnis?

Hat man die Grundsätze der Widerklage soweit verstanden, bleibt die Frage zu klären, ob es nicht einfacher wäre, anstelle der Widerklage die Aufrechnung zu erklären. Noch krasser formuliert: Fehlt dem Widerkläger nicht sogar das Rechtsschutzbedürfnis, wenn er die klägerische Forderung mit einer Aufrechnung zum Erlöschen bringen könnte? 195

§ 322 II ZPO

Dieser Ansicht ist zumindest zuzugeben, dass auch auf diese Weise eine rechtskräftige Entscheidung über das Bestehen der Gegenforderung erreicht werden könnte, § 322 II ZPO. 196

aber: keine Entscheidung bei Nichtbestehen der Klageforderung

Dieses Argument greift aber bereits dann nicht mehr, wenn die Klageforderung nicht besteht. Dann wird über die Gegenforderung keine rechtskräftige Entscheidung getroffen (vgl. die Ausführungen zur Prozessaufrechnung). Durch die Widerklage ist hingegen stets eine solche Entscheidung erreichbar.

d) Eventualwiderklage

häufig kombiniert mit Eventualaufrechnung

Eng mit dieser Problematik verbunden ist die Möglichkeit einer Eventualwiderklage. Diese wird in der Regel im Zusammenhang mit einer Eventualaufrechnung erfolgen. 197

Bsp.: *A klagt gegen B auf Zahlung von 5.000 €. B erklärt, der Anspruch sei nicht gegeben, da der zugrundeliegende Vertrag nichtig sei. Hilfsweise erklärt er aber die Aufrechnung mit einer Gegenforderung. Für den Fall, dass die Klageforderung nicht besteht oder die Aufrechnung nicht zugelassen wird, § 296 ZPO, erhebt er Widerklage, gerichtet auf Zahlung der Gegenforderung.* 198

Wichtig: Die Erhebung der Widerklage kann nicht gem. § 296 ZPO als verspätet zurückgewiesen werden. Sie ist kein Verteidigungsmittel gegen die Klage, sondern ein eigenständiger Angriff!

hemmer-Methode: Mit der Darstellung der Widerklage sind die wichtigsten Reaktionsmöglichkeiten des Beklagten komplett. Jetzt muss sich das Gericht zu einer Entscheidung des Rechtsstreits durchringen. Diese Entscheidung wird es dann in einem Urteil niederlegen. Zum besseren Verständnis des Gesamtablaufs sollen im folgenden Fragen im Zusammenhang mit dem Urteil behandelt werden.
Darin enthalten sind auch Fragen der Rechtskraft eines Urteils, die für Sie von elementarer Bedeutung im Hinblick auf den weiteren Ablauf sind. Denn eines ist klar: Die Tatsache, dass ein stattgebendes Urteil gesprochen wurde, beendet einen Rechtsstreit noch nicht. Daran anknüpfend stellt sich für den Beklagten die Frage, ob er ein Rechtsmittel einlegen soll, für den Kläger, wie er denn nun mit Hilfe des Urteils seinen Anspruch durchsetzen kann, wenn der Beklagte nicht freiwillig leistet.

E. Das Urteil

I. Urteilsarten

Eine Unterteilung von Urteilen ist auf mehreren Wegen möglich. 199

1. Unterscheidung nach Rechtskraftwirkung

Hiernach sind Prozessurteile und Sachurteile zu unterscheiden.

Prozessurteil

Ein Prozessurteil ergeht, wenn es an einer Prozessvoraussetzung fehlt, also ein "Fehler" im Rahmen der Zulässigkeit der Klage vorliegt. 200

Über den geltend gemachten Anspruch entscheidet das Gericht dann gar nicht. Sobald die fehlende Prozessvoraussetzung nachgeholt bzw. behoben wird, ist eine Entscheidung in der Sache in einem neuen Prozess möglich.

Sachurteil

Anders beim Sachurteil. Hier wird darüber entschieden, ob der geltend gemachte Anspruch besteht oder nicht. Die Klage hat die Zulässigkeitshürde überwunden und wird nun als begründet oder unbegründet verbeschieden. Sobald dieses Urteil in Rechtskraft erwächst, kann in der Sache nicht noch einmal entschieden werden.

2. Unterscheidung nach Rechtsschutzform

Klagebegehren entscheidend

Je nachdem, was der Kläger begehrt, ist zwischen Leistungs-, Gestaltungs- und Feststellungsurteilen zu unterscheiden, vgl. dazu bereits die Ausführungen zum Rechtsschutzbedürfnis. 201

Zur Klarstellung: Ein Sachurteil, durch das eine Leistungsklage abgewiesen wird, ist ein Feststellungsurteil.

3. Unterscheidung nach der Bedeutung für die Beendigung des Rechtsstreits

Endurteile, § 300 ZPO

a) *Endurteile* beenden die Instanz durch eine Entscheidung über den Streitgegenstand, § 300 ZPO. 202

Soweit der geltend gemachte Anspruch vollständig zur Entscheidung reif ist, ergeht ein *Voll-Endurteil,* § 300 I ZPO. Ist erst einer von mehreren verbundenen Ansprüchen zur Endentscheidung reif, ergeht ein *Teil-Endurteil,* § 300 II ZPO.

Zwischenurteil, § 303 ZPO

b) Ein *Zwischenurteil* kann bei Entscheidungsreife eines Zwischenstreits ergehen. Dadurch wird meist die Zulässigkeit einer Prozesshandlung geklärt. Das Gericht kann zu dem Zwischenstreit aber auch erst im Endurteil Stellung nehmen. 203

Grundurteil, § 304 ZPO

c) Davon zu unterscheiden ist das sog. *Grundurteil* nach § 304 ZPO. Ist der Anspruch noch im Umfang streitig, ist der Streit aber hinsichtlich des Anspruchsgrundes geklärt, kann dies durch Grundurteil ausgesprochen werden. 204

Vorbehaltsurteil

d) Möglich ist nach §§ 302 I, 599 I ZPO auch ein Vorbehaltsurteil. 205

II. Urteilsmodalitäten

Hier soll nur kurz auf den Ablauf hingewiesen werden. Lesen Sie die zitierten Vorschriften kurz nach, um einen Überblick zu bekommen. 206

Verkündung

Die Urteilsverkündung erfolgt gem. §§ 310, 311, 312 ZPO.

Inhalt

Der Inhalt richtet sich nach den §§ 311 I, 313, 313a, 313b, 315 ZPO.

Zustellung

Die Urteilszustellung erfolgt nach §§ 317 I, 270 I ZPO von Amts wegen. Dies ist bedeutsam für den Lauf der Rechtsmittelfristen, vgl. unten.

III. Urteilswirkungen

§ 318 ZPO

Das erkennende Gericht ist gem. § 318 ZPO an die in dem Urteil getroffenen Entscheidungen gebunden. Diese Wirkung beginnt mit Verkündung oder Zustellung des Urteils, § 310 ZPO. 207

Rechtskraft

Davon abzugrenzen ist die Rechtskraft des Urteils. Diese verhindert, dass ein anderes als das erkennende Gericht von dem Urteil abweicht.

formelle und materielle Rechtskraft

Es wird unterschieden nach formeller und materieller Rechtskraft. Zum Verständnis der Problematik müssen Sie sich zunächst folgendes klarmachen: 208

endgültige Beilegung eines Rechtsstreits

Ein Urteil hätte für die obsiegende Partei keinen Nutzen, wenn der Unterlegene auf unbestimmte Zeit versuchen könnte, das Urteil mit einem erneuten Prozess anzugreifen. Durch die Rechtskraft eines Urteils wird gewährleistet, dass der betroffene Rechtsstreit irgendwann ein Ende findet. 209

formelle Rechtskraft

Von formeller Rechtskraft spricht man, wenn ein Urteil nicht mehr durch ein Rechtsmittel oder den Einspruch im Versäumnisverfahren angegriffen werden kann. Das ist dann der Fall, wenn die Rechtsmittel- bzw. Einspruchsfristen abgelaufen sind, vgl. § 705 ZPO. 210

Diese Unanfechtbarkeit macht aber nur dann Sinn, wenn das Gericht, das das Urteil erlassen hat, auch an seine Entscheidung gebunden ist. Das garantiert § 318 ZPO, vgl. oben.

materielle Rechtskraft

Alle anderen Gerichte (desselben Rechtszugs) sind über die sog. materielle Rechtskraft an das Urteil gebunden. Mit materieller Rechtskraft wird die sog. Feststellungswirkung bezeichnet, die zur Folge hat, dass über den Streitgegenstand eines früheren Verfahrens in einem späteren Verfahren nicht abweichend entschieden werden darf. Zu den speziellen Problemen der materiellen Rechtskraft vgl. später. 211

Der Zusammenhang zwischen formeller und materieller Rechtskraft besteht darin, dass die materielle Rechtskraft erst zu dem Zeitpunkt entsteht, in dem die formelle Rechtskraft eintritt. Die formelle Rechtskraft bezeichnet letztlich also nur den Zeitpunkt für den Eintritt der materiellen Rechtskraft.

1. Feststellungswirkung der materiellen Rechtskraft

keine abweichende Entscheidung in späterem Verfahren

Die Feststellungswirkung hat zur Folge, dass über den Streitge- 212
genstand eines früheren Verfahrens in einem späteren Verfahren nicht abweichend entschieden werden darf.

prozesshindernd

Die materielle Rechtskraft wirkt also prozesshindernd, sofern die 213
Streitgegenstände des früheren und des späteren Verfahrens identisch sind.

hemmer-Methode: Diese Stelle müsste Ihnen aus der Zulässigkeitsprüfung bekannt vorkommen. Eine Klage ist nur dann zulässig, wenn ihr nicht die Rechtskraft eines anderen Verfahrens entgegensteht.

2. Objektive Grenzen der Rechtskraft

a) Allgemeines

Reichweite in sachlicher Hinsicht

Die objektiven Grenzen der Rechtskraft umschreiben die Frage, 214
wie weit die Feststellungswirkung in sachlicher Hinsicht reicht. Mit anderen Worten: Welche Teile der Entscheidung erwachsen in Rechtskraft?

Urteilsformel, § 313 Nr. 4 ZPO

Hier ist § 322 ZPO eine zentrale Vorschrift. Nach dessen Absatz 215
1 bezieht sich die Rechtskraft auf den geltend gemachten "Anspruch".

Dieses ist der prozessuale Anspruch, also der Streitgegenstand. Wenn man das Urteil betrachtet, so ist es nur die Urteilsformel, § 313 I Nr. 4 ZPO, die in Rechtskraft erwächst.

Nicht in Rechtskraft erwachsen Urteilstatbestand und Entscheidungsgründe, § 313 Nr. 5, 6 ZPO. Bei einem stattgebenden Leistungsurteil erwächst also beispielsweise nur in Rechtskraft, dass dem Kläger ein bestimmter Zahlungsanspruch zusteht, nicht dagegen die inzident getroffenen Feststellungen, ob sich dieser Anspruch aus Vertrag, Delikt oder Bereicherungsrecht ergibt.

hemmer-Methode: Zu den Entscheidungsgründen gehört auch die Frage über Bestehen und Nichtbestehen von Einwendungen und Einreden. Davon macht § 322 II ZPO für das Bestehen einer aufgerechneten Gegenforderung eine Ausnahme. Vergleichen Sie insofern die Ausführungen zur Prozessaufrechnung!

Das bedeutet jedoch nicht, dass Tatbestand und Entscheidungs- 216
gründe überhaupt keinen Einfluss auf die Feststellungswirkung haben.

Denn allein aus der Urteilsformel, z.B.: "Die Klage wird abgewiesen", lässt sich keine Aussage über den Streitgegenstand treffen. Daher dienen Tatbestand und Entscheidungsgründe als Hilfe bei der Bestimmung des Streitgegenstandes.

Bsp.: *A klagt gegen B auf Übereignung eines Mountain-Bikes* 217
aus einem am 01.01.2020 geschlossenen Kaufvertrag. Die Klage wird rechtskräftig abgewiesen. Danach klagt er erneut auf Übereignung eines Mountain-Bikes, nun allerdings gestützt auf einen Kaufvertrag vom 01.02.2020.

Hier ist die Klage nur zulässig, wenn ihr nicht die Rechtskraft des ersten Urteils entgegenstünde. Das wäre der Fall, wenn die Streitgegenstände der beiden Klagen identisch wären.

Hier würde die bloße Urteilsformel zur Bestimmung der Streitgegenstände nicht ausreichen. Mit Hilfe der Entscheidungsgründe ist jedoch die Feststellung möglich, dass es sich um verschiedene Streitgegenstände handelt, da ihnen jeweils ein anderer Lebenssachverhalt zugrunde liegt.

b) Kontradiktorisches Gegenteil

Von der Rechtskraftwirkung erfasst ist aber auch das sog. kont- 218
radiktorische Gegenteil.

Bsp.: *A klagt gegen B auf Feststellung, dass er Eigentümer eines Fahrrades sei. Der Klage wird stattgegeben. Das Urteil erwächst in Rechtskraft.*

Nun klagt B gegen A auf Feststellung seines Eigentums an dem Fahrrad. Ist diese Klage zulässig?

Hier scheint einer Klage des B die Rechtskraft der ersten Klage nicht entgegenzustehen. Schließlich liegt ein anderer Antrag vor, nämlich die Feststellung des Eigentums des B (vorher A), so dass ein anderer Streitgegenstand vorläge.

Allerdings ist mit der Entscheidung nicht nur - positiv - das Eigentum des A, sondern auch - negativ - festgestellt worden, dass B nicht Eigentümer ist. Der Feststellungsantrag des B ist also mit dem Urteil nicht in Einklang zu bringen. Man spricht insoweit von dem kontradiktorischen Gegenteil, welches an der materiellen Rechtskraft teilnimmt.

Abwandlung: *Wie wäre die Frage zu beurteilen, wenn A mit seiner Klage abgewiesen worden wäre?*

Hier stellt sich die Situation anders dar, denn es ist nur festgestellt worden, dass A nicht Eigentümer ist, nicht aber, dass auch B nicht Eigentümer ist.

Letztere Option bleibt durch das Urteil offen, weshalb der Klage des B nicht die Rechtskraft der ersten Klage entgegensteht. Die Klage ist daher zulässig.

3. Subjektive Grenzen der Rechtskraft

Es muss nicht nur geklärt werden, *was* von der Rechtskraft erfasst wird, sondern auch *wer.* Grundsätzlich wirkt die Rechtskraft natürlich für und gegen die Parteien des Rechtsstreits, § 325 I Alt. 1 ZPO. Zudem bestimmt § 325 I Alt. 2 ZPO, dass die Entscheidung auch für und gegen die Rechtsnachfolger der Parteien gilt. 219

a) Rechtsnachfolge

bzgl. Gegenstand des Rechtsstreits

Rechtsnachfolge bedeutet, dass der Gegenstand des Rechtsstreits von einer Partei auf einen Dritten übergegangen ist. 220

Erwerbsart egal

Es kommt nicht darauf an, ob dies auf einer Gesamtrechtsnachfolge oder einer Einzelrechtsnachfolge beruht. Die Erben einer Partei sind also ebenso Rechtsnachfolger wie Personen, die die streitbefangene Forderung im Wege der Abtretung oder das Eigentum bzw. den Besitz an der streitbefangenen Sache erworben haben.

b) Rechtskraftwirkung für den Rechtsnachfolger

unproblematisch

Die Rechtskrafterstreckung ist unproblematisch, soweit diese den Rechtsnachfolger der obsiegenden Partei betrifft. Für diesen wirkt das rechtskräftige Urteil in jedem Fall. 221

c) Rechtskraftwirkung gegen den Rechtsnachfolger

§ 325 II ZPO beachten!

Schwierigkeiten treten auf, soweit die Rechtskrafterstreckung den Rechtsnachfolger der unterlegenen Partei betrifft. Diese tritt nämlich nur dann ein, wenn nicht die Voraussetzungen eines gutgläubigen Erwerbs vorliegen, der durch § 325 II ZPO ausdrücklich zugelassen wird. 222

aa) Rechtsnachfolger der materiellrechtlich nichtberechtigten Partei

Fall (1): *K ist Eigentümer eines im Besitz des B befindlichen Fahrzeugs. Er erhebt Klage gegen B mit dem Antrag auf Feststellung seines Eigentums. Während des Prozesses veräußert B das Fahrzeug an D.* 223

Im Rahmen dieser Veräußerung gab es keine Anhaltspunkte für die Streitbefangenheit des Fahrzeugs. D hatte sich jedoch keinen Kfz-Brief vorlegen lassen. K obsiegt, das Urteil wird rechtskräftig.

Wie ist über eine von K gegen D erhobene Klage auf Herausgabe des Fahrzeugs zu entscheiden?

Streitgegenstand des Prozesses gegen B war die Feststellung des Eigentums des K. Im zweiten Prozess begehrt K hingegen die Verurteilung des D zur Herausgabe. Wegen unterschiedlicher Streitgegenstände ist die zweite Klage daher zulässig.

Fraglich ist jedoch, ob das Gericht an die Feststellung des Eigentums des K durch das rechtskräftige Urteil gebunden ist, dieses also prozessvorgreiflich wirkt. Dies wäre dann der Fall, wenn das Urteil gem. § 325 I, II ZPO gegen D wirkt, weil dieser nach Eintritt der Rechtshängigkeit Rechtsnachfolger des B geworden ist.

D hat im Rahmen der Veräußerung jedenfalls den Besitz an dem streitgegenständlichen Fahrzeug erlangt, ist also insoweit Rechtsnachfolger des B geworden. Rechtskrafterstreckung auf D würde somit eintreten, wenn nicht Vorschriften des bürgerlichen Rechts über den gutgläubigen Erwerb zu seinen Gunsten entsprechende Anwendung finden, § 325 II ZPO.

Unter welchen Voraussetzungen § 325 II ZPO die Rechtskrafterstreckung auf den Rechtsnachfolger der unterlegenen Partei verhindert, ist umstritten. 224

Nach einer Auffassung hat § 325 II ZPO nur prozessrechtliche Bedeutung. Die Vorschriften des bürgerlichen Rechts über den Erwerb vom Nichtberechtigten sind mit der Maßgabe anzuwenden, dass die Rechtshängigkeit des Erwerbsgegenstandes den Bezugspunkt des guten Glaubens bildet. 225

Die Anforderungen an den guten Glauben sind der jeweils einschlägigen Vorschrift des bürgerlichen Rechts zu entnehmen.

In Fall (1) würde dies eine entsprechende Anwendung des § 932 II BGB bedeuten, mit der Maßgabe, dass sich die Gutgläubigkeit des D lediglich auf die Rechtshängigkeit beziehen muss. Da bei der Veräußerung keine Anhaltspunkte für den Prozess zwischen K und B vorhanden waren, war D hinsichtlich der Rechtshängigkeit gutgläubig. Gem. § 325 II ZPO würde keine Rechtskrafterstreckung gegen ihn eintreten. In dem neuen Prozess könnte das Gericht entgegen der Feststellung im ersten Urteil zu dem Ergebnis kommen, dass K nicht Eigentümer des Fahrzeugs war. Dann hat D von B als Berechtigtem Eigentum erworben. Wenn das Gericht das Eigentum des K feststellen sollte, könnte es ferner zu dem Ergebnis kommen, dass D von B als Nichtberechtigtem gutgläubig Eigentum erworben hat.

h.M.: prozessuale und materiell-rechtliche Bedeutung

Nach der Gegenansicht, die wohl h.M. ist, hat § 325 II ZPO materiellrechtliche und prozessrechtliche Bedeutung. Die Rechtskrafterstreckung auf den Rechtsnachfolger tritt nach dieser Ansicht nur dann nicht ein, wenn dieser sowohl hinsichtlich der materiellen Berechtigung des Rechtsvorgängers als auch hinsichtlich der Rechtshängigkeit nach Maßgabe der jeweils anzuwendenden Gutglaubenserwerbsvorschriften gutgläubig ist. 226

§ 325 II ZPO erhöht also die Anforderungen an die nach materiellem Recht erforderliche Gutgläubigkeit des Erwerbers insofern, als sich diese auch auf die Rechtshängigkeit beziehen muss.

> In Fall (1) hätte dies Rechtskrafterstreckung auf D zur Folge. D war zwar hinsichtlich der Rechtshängigkeit gutgläubig, aber nicht hinsichtlich der Berechtigung des B, weil er sich den Kfz-Brief nicht hatte vorlegen lassen. Konsequenz: Das Urteil wirkt auch gegen D. K kann von D Herausgabe verlangen.

„doppelte Gutgläubigkeit“

Der h.M. ist zu folgen. Derjenige, der wegen fehlender Gutgläubigkeit hinsichtlich der materiellen Berechtigung des Rechtsvorgängers nicht gutgläubig erwerben konnte, ist nicht schutzwürdig. Er darf deshalb nicht die Möglichkeit erhalten, eine neue, für ihn günstige, aber der materiellen Rechtslage widersprechende Entscheidung herbeizuführen. 227

bb) Rechtsnachfolger der materiellrechtlich berechtigten Partei

> ***Fall (2):*** *Wie Fall (1), aber in Wirklichkeit ist B materiellrechtlich Berechtigter, das zugunsten des K ergangene Urteil also fehlerhaft.* 228

Fraglich ist, welche Bedeutung § 325 II hat, wenn der Rechtsnachfolger von dem in Wirklichkeit materiellrechtlich Berechtigten erworben hat.

e.A.: § 325 II ZPO nur bzgl. Rechtshängigkeit

Nach einer Ansicht bildet in diesen Fällen nur die Rechtshängigkeit den Bezugspunkt des guten Glaubens. Da der Erwerber vom materiellrechtlich Berechtigten erwerbe, existiere keine Nichtberechtigung, hinsichtlich derer der Erwerber bösgläubig sein könnte. 229

> Nach dieser Ansicht kommt in Fall (2) keine Rechtskrafterstreckung in Betracht. Hinsichtlich der Rechtshängigkeit war D gutgläubig. Dass D bei Nichtberechtigung des B bösgläubig wäre, bleibt mangels Nichtberechtigung des B außer Betracht.

a.A.: ebenfalls doppelte Gutgläubigkeit

Nach anderer Ansicht ist auch in diesen Fällen doppelte Gutgläubigkeit erforderlich. Diese Ansicht bestimmt den Begriff der Berechtigung also nicht nach der tatsächlichen, materiellrechtlichen Lage, sondern geht in Einklang mit den Feststellungen des rechtskräftigen Urteils stets von der Nichtberechtigung des unterlegenen Rechtsvorgängers aus. 230

In Fall (2) würde also wegen der Bösgläubigkeit des D, bezogen auf die durch das erste Urteil festgestellte Nichtberechtigung des B, Rechtskrafterstreckung eintreten.

cc) Rechtskrafterstreckung bei Fehlen von Vorschriften über den gutgläubigen Erwerb im materiellen Recht

Fall (3): K klagt gegen B auf Kaufpreiszahlung. Während des Prozesses tritt K den vermeintlichen Anspruch an D ab, §§ 433 II, 398 BGB (vgl. auch § 265 II S. 1 ZPO). Das Gericht hält den Anspruch für nicht gegeben und weist die Klage des K ab. 231

Wirkt das rechtskräftige Urteil gegen D?

§ 325 II ZPO nur, sofern Gutglaubensvorschriften vorhanden

Die vorstehenden Ausführungen haben deutlich gemacht, dass § 325 II der Rechtskrafterstreckung auf den Rechtsnachfolger nur entgegenstehen kann, wenn im materiellen Recht für den jeweiligen Erwerbstatbestand Vorschriften existieren, die einen gutgläubigen Erwerb ermöglichen. 232

wenn (-): stets Rechtskrafterstreckung

Fehlen solche Vorschriften im materiellen Recht, beispielsweise im Bereich des Forderungserwerbs, wirkt das rechtskräftige Urteil stets gegen den Rechtsnachfolger der unterlegenen Partei.

Einer Klage des D gegen B stünde demnach die Rechtskraft des Urteils K-B entgegen. Diese Rechtskrafterstreckung lässt sich auch nicht über § 325 II ZPO überwinden, da es einen gutgläubigen Forderungserwerb (abgesehen von §§ 405, 2367 BGB) nicht gibt.

hemmer-Methode: Die vorstehende Darstellung ist nicht abschließend. Vielmehr ließen sich die Ausführungen zur Rechtskraftproblematik über mehrere Seiten fortsetzen. Das Ziel dieses Skripts ist es jedoch, Ihnen ein Grundverständnis über das Zivilprozessrecht zu vermitteln. Näher dazu in Hemmer/Wüst, Zivilprozessrecht I.

4. Zeitliche Grenzen der Rechtskraft

letzte mündliche Verhandlung

Ein Urteil berücksichtigt natürlich nur solche Tatsachen, die bis zum Schluss der letzten mündlichen Verhandlung entstanden sind. Die letzte mündliche Verhandlung ist also zeitliche Grenze der materiellen Rechtskraft. 233

bei Einwendungen nach Rechtskraft § 767 ZPO

Nun kann es aber durchaus passieren, dass später, also nach Rechtskraft des Urteils, noch Einwendungen entstehen. Dann hat der Beklagte die Möglichkeit, diese Einwendungen mit der Vollstreckungsgegenklage gem. § 767 ZPO geltend zu machen. Ausführungen dazu erfolgen im Kapital Zwangsvollstreckungsrecht. 234

Einwendungen nach Urteil aber vor Rechtskraft: Berufung

Entstehen die Einwendungen zwar nach Erlass des Urteils, aber noch vor Eintritt der Rechtskraft (also vor Ablauf der Rechtsmittelfristen), dann hat der Beklagte die Möglichkeit, diese im Berufungsverfahren geltend zu machen. 235

Das Berufungsverfahren dient aber nicht nur der Geltendmachung solcher, später entstandener Einwendungen, sondern auch bzw. vornehmlich der erneuten Klärung des Rechtsstreits vor einem höheren Gericht. Im Folgenden sollen kurz die Rechtsbehelfe gegen ein erstinstanzliches Urteil dargestellt werden.

F. Rechtsmittel

Überprüfung richterlicher Entscheidungen

Durch die Einrichtung von Rechtsbehelfen hat der Gesetzgeber den Parteien die Möglichkeit gegeben, möglicherweise unrichtige Entscheidungen überprüfen zu lassen. 236

hemmer-Methode: Mit Wirkung zum 01.01.2014 ist § 232 ZPO n.F. in Kraft getreten. Danach hat grundsätzlich jede gerichtliche Entscheidung eine Rechtsbehelfsbelehrung zu enthalten. Das gilt grundsätzlich wiederum nicht bei vorgeschriebener anwaltlicher Vertretung, § 232 S.2 ZPO.
Relevanz hat eine unterbliebene Rechtsbehelfsbelehrung im Rahmen eines Antrags auf Wiedereinsetzung in den vorigen Stand, § 233 ZPO. Dieser ist nur erfolgreich, wenn den Rechtsmittelführer kein Verschulden am Verstreichenlassen der Rechtsmittelfrist trifft. Dies wird vermutet, wenn die Rechtsbehelfsbelehrung unterblieben ist, § 233 S.2 ZPO.

Rechtsmittel sind dabei solche Rechtsbehelfe, die die Sache zur Überprüfung in eine höhere Instanz bringen, sog. Devolutiveffekt, und der Eintritt der formellen Rechtskraft wird gehemmt, sog. Suspensiveffekt.

Hier sollen die Rechtsmittel - entsprechend ihrer Bedeutung in der Klausur im ersten Staatsexamen - nicht in aller Ausführlichkeit dargestellt werden. Vielmehr wird ein schematischer Überblick gegeben, an dem Sie sich in der Fallbearbeitung orientieren können. Soweit erforderlich, werden ergänzende Hinweise erteilt. Im Übrigen führt in diesem Bereich meist eine sorgfältige Gesetzeslektüre zum Ziel. 237

I. Berufung

Überprüfung des Urteils in tatsächlicher und rechtlicher Hinsicht

Die Berufung gibt den Parteien die Möglichkeit, die erstinstanzliche Entscheidung sowohl bezüglich der tatsächlichen als auch der rechtlichen Ausführungen des Gerichts zu überprüfen. Die Berufung kann grundsätzlich sowohl vom Kläger als auch vom Beklagten eingelegt werden. 238

Zulässigkeit und Begründetheit

Wie bei einer normalen Klage ist zwischen Zulässigkeit und Begründetheit zu unterscheiden.

1. Zulässigkeit 239

Zulässigkeit der Berufung

Statthaftigkeit:
- §§ 511 I, 300, 301 ZPO
- §§ 280 II, 304 II, 302 III ZPO
- § 514 II S. 1 ZPO

Wert des Beschwerdegegenstandes über 600 € / Zulassung, § 511 II Nr. 1, 2 ZPO

Frist: § 517 ZPO

Form: § 518 I ZPO
Anforderungen: §§ 519 II-IV, 78 I ZPO

Berufungsbegründungsfrist: § 520 II ZPO
Anforderungen: § 520 III-IV ZPO

Beschwer:

für Kläger ***formelle*** Beschwer

für Beklagten ***materielle*** Beschwer (str.)

richtiges Berufungsgericht, § 519 I ZPO

a) Hinsichtlich der **Form** der Berufungseinlegung ist § 519 I ZPO zu beachten. Danach ist die Berufung beim Berufungsgericht einzulegen. Dieses ist bei erstinstanzlichen Urteilen des Amtsgerichts das übergeordnete Landgericht, § 72 I GVG, bei erstinstanzlichen Urteilen des Landgerichts das übergeordnete Oberlandesgericht, § 119 I Nr. 2 GVG, sog. iudex ad quem.

hemmer-Methode: Anders als bei der erstinstanzlichen Klage gibt es also keinen eigenen Prüfungspunkt "Zuständigkeit". Zuständigkeitsfragen sind im Rahmen der Form der Berufungseinlegung zu klären.

Einlegungs- und Begründungsfrist

b) Hinsichtlich der Fristen ist zwischen Einlegungsfrist, § 517 ZPO, und Begründungsfrist, § 520 II S. 1 ZPO zu unterscheiden. Zu beachten ist, dass beide Fristen für jede Partei gesondert laufen, also vom jeweiligen Zustellungszeitpunkt des erstinstanzlichen Urteils abhängig sind.

Beschwer als Ausprägung des Rechtsschutzbedürfnisses

c) Der Berufungsführer muss durch das erstinstanzliche Urteil beschwert sein. Wer erhalten hat, was er durch sein Rechtsschutzgesuch begehrte, hat keinen Grund, Berufung einzulegen. In diesem Fall fehlt ihm das Rechtsschutzbedürfnis und die Berufung ist als unzulässig zu verwerfen. Es ist zwischen Beschwer von Kläger und Beklagtem erster Instanz zu unterscheiden.

beim Kläger: formelle Beschwer

Der Kläger erster Instanz ist beschwert, wenn ihm weniger zugesprochen wurde, als er in seinem Sachantrag beantragt hat, sog. *formelle Beschwer.*

> ***Bsp.:*** *A klagt gegen B auf Zahlung von Schadensersatz i.H.v. 5.000 €. Das Amtsgericht spricht dem A nur 4.200 € zu. A ist formell beschwert, so dass eine Berufung zulässig wäre. Auch die Berufungssumme wäre grds. erreicht, § 511 II Nr. 1 ZPO.*
>
> *Akzeptiert A die Entscheidung des Gerichts indes zum Teil und klagt in der Berufung nur auf die Zahlung weiterer 500 €, ist die Berufung unzulässig, da der Wert des Beschwerdegegenstandes 600 € übersteigen müsste.*

hemmer-Methode: Unterscheiden Sie genau zwischen den Begriffen „Wert des Beschwerdegegenstandes" und „Wert der Beschwer". Mit Beschwer ist der Umfang des Unterliegens in Erster Instanz gemeint. Der Wert des Beschwerdegegenstandes richtet sich danach, in welchem Umfang die Niederlage nun zum Gegenstand der Berufung gemacht werden soll. Liegt die Beschwer über 600 €, ergibt sich im Umkehrschluss zu § 511 IV Nr. 2 ZPO, dass diese Berufung nur dann zulässig sein kann, wenn der Beschwerte auch den Wert des Beschwerdegegenstandes über 600 € hievt. Eine Zulassung der Berufung kommt dann nicht in Betracht.

beim Beklagten: materielle Beschwer

Der Beklagte ist nach h.M. hingegen beschwert bei jeder für ihn nachteiligen Wirkung des Urteils, sog. *materielle Beschwer.* Das ist immer der Fall, wenn die Klage erster Instanz zumindest teilweise Erfolg hatte, da Ziel des Beklagten stets die Klageabweisung ist. Auch für ihn gilt indes § 511 II Nr. 1 ZPO.

2. Begründetheit

§ 513 ZPO

Die Berufung kann nur darauf gestützt werden, dass die Entscheidung auf einer Rechtsverletzung beruht oder nach § 529 ZPO zugrunde zu legende Tatsachen eine andere Entscheidung rechtfertigen, § 513 I ZPO. 240

§ 529 I Nr. 1 ZPO

Die Berufung ist keine komplett neue Tatsacheninstanz, denn gem. § 529 I Nr. 1 ZPO sind der Entscheidung des Berufungsgerichts grds. die durch das Gericht Erster Instanz ermittelten Tatsachen zugrunde zu legen. Nur wenn Zweifel an der Richtigkeit oder Vollständigkeit der entscheidungserheblichen Feststellungen bestehen, erfolgt u.U. eine erneute Feststellung.

§ 529 I Nr. 2 ZPO

Neue Tatsachen i.S.d. § 529 I Nr. 2 ZPO sind alle, die in der Ersten Instanz noch nicht vorgebracht wurden. Solche Tatsachen sind aber nur dann zu berücksichtigen, wenn die Voraussetzungen des § 531 II ZPO gegeben sind.

II. Revision

rechtliche Überprüfung

Die Revision dient der rechtlichen Überprüfung der angefochtenen Entscheidung. Im Folgenden wird nur auf das Revisionsverfahren hingewiesen, soweit sich zum Berufungsverfahren Abweichungen ergeben. 241

1. Zulässigkeit

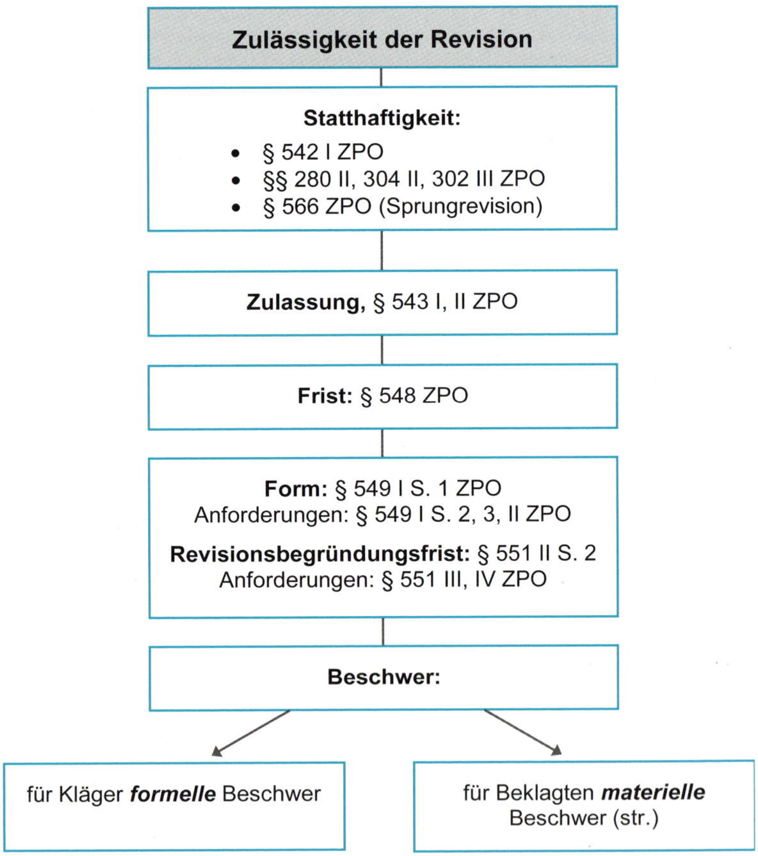

Möglichkeit der Zulassung

a) Im Vergleich zur Berufung weist die Revision eine Besonderheit auf. Es gibt keine zu erreichende Revisionssumme. Die Revision ist abhängig allein von der Zulassung durch Berufungs- oder Revisionsgericht, § 543 I ZPO.

Revisionsgericht : BGH

b) Zuständiges Revisionsgericht ist gem. § 133 GVG der BGH.

2. Begründetheit

Die Revision dient lediglich dazu, die angefochtene Entscheidung 242
auf ihre rechtliche Richtigkeit hin zu überprüfen. An die tatsächlichen Feststellungen des Berufungsgerichts ist das Revisionsgericht gebunden, § 545 I ZPO.

Beruhen auf Gesetzesverletzung

Eine Gesetzesverletzung liegt vor, wenn eine Rechtsnorm nicht oder nicht richtig angewendet wurde, § 546 ZPO. Dabei ist zu beachten, dass das Urteil auf der Rechtsverletzung beruhen muss, § 545 I ZPO.

G. Klagenhäufung

mehrere Streitgegenstände bzw. Beteiligung mehrerer

Im Folgenden soll noch kurz auf die Problematik der Klagenhäu- 243
fung eingegangen werden. Dies kann relevant werden, wenn mehrere Streitgegenstände rechtshängig gemacht werden oder wenn auf einer Seite mehrere Personen auftreten. Man unterscheidet demnach objektive und subjektive Klagenhäufung.

I. Objektive Klagenhäufung

mehrere prozessuale Ansprüche

Stellt der Kläger mehrere Anträge bzw. liegen seinem Klagebe- 244
gehren mehrere Lebenssachverhalte zugrunde, handelt es sich nach dem herrschenden zweigliedrigen Streitgegenstandsbegriff nicht nur um einen, sondern um mehrere prozessuale Ansprüche. Man spricht dann von objektiver Klagenhäufung.

> **Bsp.:** *A erhebt gegen B die Klage auf Rückzahlung des Kaufpreises und verlangt gleichzeitig Schadensersatz infolge einer Verletzung durch die mangelhafte Sache gem. §§ 437 Nr. 3, 280 I BGB.*

hemmer-Methode: Achtung: Es handelt sich nicht um eine objektive Klagenhäufung, wenn der Kläger seinen Anspruch lediglich auf mehrere rechtliche Grundlagen stützt, wie beispielsweise der Vermieter, der nach Ablauf der Mietzeit die Rückgabe der Mietsache sowohl aus § 546 BGB als auch aus § 985 BGB verlangt.

1. Anfängliche Klagenhäufung

Macht der Kläger die verschiedenen prozessualen Ansprüche di- 245
rekt mit Klageerhebung geltend, spricht man von anfänglicher Klagenhäufung.

2. Nachträgliche Klagenhäufung

Demgegenüber handelt es sich um eine nachträgliche Klagenhäufung, wenn der Kläger im Laufe desselben Prozesses einen weiteren Anspruch geltend macht, was nach h.M. auch einen Fall der Klageänderung darstellt. Dieser Aspekt wird zu Beginn der Zulässigkeit der Klage geprüft. *246*

Klagenhäufung auch durch Gericht denkbar, § 147 ZPO

Der Kläger ist aber nicht verpflichtet, dies zu tun. Er kann auch getrennt Klage erheben. Allerdings hat das Gericht dann die Möglichkeit, die beiden Klagen aus prozessökonomischen Gründen zu verbinden, § 147 ZPO.

3. Voraussetzungen des § 260 ZPO

hemmer-Methode: Ist die Zulässigkeit der Klageänderung nach § 263 ZPO an sich festgestellt, werden die Voraussetzungen der objektiven Klagenhäufung nach § 260 ZPO als eigener Punkt zwischen Zulässigkeit und Begründetheit der Klagen geprüft.

- Identität von Kläger und Beklagtem hinsichtlich aller geltend gemachten Ansprüche
- Sachliche und örtliche Zuständigkeit des Prozessgerichts für alle Ansprüche, § 260 ZPO
- Alle Ansprüche müssen in derselben Prozessart geltend gemacht werden können, § 260 ZPO
- Kein Verbindungsverbot (häufig im Familienrecht, vgl. §§ 126 II S. 1, 179 II FamFG)

bei Unzuständigkeit § 281 I S. 1 ZPO

Sollte das Gericht für eine der Klagen seine Unzuständigkeit feststellen, kommt eine Verweisung an das zuständige Gericht in Betracht, § 281 I S. 1 ZPO. Bei Unzulässigkeit im Übrigen wird die Klage abgewiesen.

bei Unzulässigkeit der Klagenhäufung § 145 ZPO

Liegen die übrigen Voraussetzungen der objektiven Klagenhäufung nicht vor, dann ordnet das Gericht die Prozesstrennung gem. § 145 ZPO an.

hemmer-Methode: Denkbar ist auch, dass die Klagenhäufung nur eventualiter ist, d.h. der Kläger einen prozessualen Anspruch mit der Maßgabe geltend macht, dass das Gericht über einen anderen Anspruch mit bestimmtem Ergebnis entscheidet.
Bsp.: Klage auf Feststellung des Eigentums nur für den Fall, dass der Anspruch aus § 985 BGB wegen § 986 BGB abgelehnt wird.

Dann prüft das Gericht zunächst Zulässigkeit und Begründetheit des Hauptantrags und im Falle des Eintritts der Bedingung die Voraussetzungen der objektiven Klagenhäufung und Zulässigkeit und Begründetheit des Hilfsantrags.

II. Subjektive Klagenhäufung

Streitgenossenschaft

Von subjektiver Klagenhäufung oder Streitgenossenschaft spricht man, wenn auf einer Seite mehrere Personen stehen. 247

Bsp.: *A und B sind Miteigentümer eines Fahrzeugs, das von C beschädigt wurde. Nun erheben sie gemeinsam Klage gegen C.*

1. Einfache Streitgenossenschaft

a) Einführung

anfänglich und nachträglich

Auch hier kann zwischen anfänglicher und nachträglicher Streitgenossenschaft unterschieden werden. Anfänglich ist die Streitgenossenschaft, wenn bereits in der Klageschrift mehrere klagende oder beklagte Personen benannt werden. Nachträglich ist sie, wenn auf einer Seite weitere Personen beitreten, sog. Parteierweiterung. 248

hemmer-Methode: Die Parteierweiterung ist gesetzlich nicht geregelt. Sie wird nach der Rechtsprechung (wie der Parteiwechsel) nach der Klageänderungstheorie behandelt. Die Literatur sieht sie - dogmatisch sauberer - als normale Streitgenossenschaft, eben nur als eine nachträgliche. Eine getrennte Darstellung erscheint daher nicht geboten.

b) Zulässigkeitsvoraussetzungen

§§ 59 ff. ZPO

Geregelt ist die Streitgenossenschaft in den §§ 59 ff. ZPO. Die §§ 59, 60 ZPO nennen drei Fälle, in denen eine Streitgenossenschaft zulässig ist. 249

hemmer-Methode: Sinn der Vorschriften ist die Ermöglichung einer Prozessverbindung, also eine gemeinsame Verhandlung unter prozessökonomischen Gesichtspunkten. § 260 ZPO ist zumindest entsprechend anwendbar, da immer auch mehrere Ansprüche geltend gemacht werden. Daher muss dasselbe Prozessgericht zuständig und dieselbe Prozessart gegeben sein.

➲ Der einfachste Fall ist der der Rechtsgemeinschaft hinsichtlich des materiellen Rechts, § 59 Alt. 1 ZPO, wie z. B. bei Gesamthandsgemeinschaften (§ 2032 BGB), Gesamtgläubiger- oder -schuldnerschaft (§§ 428, 432 BGB).

§ 59 Alt. 1 ZPO

§ 59 Alt. 2 ZPO

➲ Berechtigung oder Verpflichtung aus demselben rechtlichen oder tatsächlichen Grunde, § 59 Alt. 2 ZPO, wie z.B. die Geltendmachung von Ansprüchen aus einem *einheitlichen* Vertrag durch mehrere Gläubiger.

§ 60 ZPO

➲ Gleichartige Ansprüche oder Verpflichtungen, die auf einem im Wesentlichen gleichartigen tatsächlichen oder rechtlichen Grunde beruhen, § 60 ZPO, z.B. Ansprüche mehrerer Personen, die verschiedene Verträge zu denselben Bedingungen abgeschlossen haben.

hemmer-Methode: Sie werden wahrscheinlich Schwierigkeiten bei der Abgrenzung der drei Alternativen haben. Das ist nur allzu verständlich. Versuchen Sie in der Klausur, zunächst die Argumente für die Einordnung unter einen bestimmten Punkt zu nennen. Sollte eine gemeinsame Verhandlung aufgrund der Gleichartigkeit der Ansprüche sinnvoll erscheinen, ist jedenfalls § 60 ZPO einschlägig, so dass eine genaue Subsumtion in vielen Fällen auch entbehrlich ist.

c) Rechtsfolgen

bei Unzulässigkeit § 145 ZPO

Lässt sich der Sachverhalt keiner der obigen Alternativen zuordnen oder liegen die Voraussetzungen des § 260 ZPO nicht vor, 250
so ist die Klage nicht etwa unzulässig. Vielmehr ordnet das Gericht die Trennung der Verfahren an, § 145 I ZPO. Deshalb erfolgt die Prüfung auch nicht im Rahmen der Zulässigkeit.

bei Zulässigkeit gemeinsame Verhandlung

Bei Zulässigkeit der Streitgenossenschaft wird gemeinsam verhandelt und eventuell auch gemeinsam entschieden (bei der notwendigen Streitgenossenschaft, dazu unten).

Damit ist aber zunächst nur etwas über die äußere Verbindung der Prozesse gesagt. Das schließt nicht die unterschiedliche Entwicklung der Prozesse aus, vgl. §§ 61, 63 HS 1 ZPO. Im folgenden werden überblicksmäßig die Gemeinsamkeiten und die Selbständigkeit der einzelnen Prozesse dargestellt.

Gemeinsame Entwicklung 251

➲ Ladung aller Streitgenossen zu sämtlichen Terminen, § 63 HS 2 ZPO

➲ Wirkung des Tatsachenvortrags durch einen Streitgenossen für die anderen, soweit auch deren Prozesse betroffen sind, also gemeinsame Tatsachen vorliegen, und diese dem Vortrag nicht widersprechen

- einheitliche Beweisaufnahme und -würdigung, soweit nicht ein Zugeständnis einer Partei vorliegt, § 288 ZPO
- keine Vernehmung als Zeuge über gemeinsame Tatsachen

Selbständige Entwicklung 252

- getrennte Bestimmung der Rechtshängigkeit
- gesonderte Prüfung der Prozessvoraussetzungen
- Anerkenntnis, Verzicht, Klagerücknahme gelten nur für den jeweiligen Prozess
- gesonderter Fristlauf
- gesonderte Beurteilung einer Säumnis
- gesonderter Eintritt der Rechtskraft der Urteile
- gesondertes Einlegen von Rechtsmitteln

2. Notwendige Streitgenossenschaft (nSG)

keine selbständige Entwicklung

Allerdings gilt obige Aufzählung nicht uneingeschränkt. Die selbständige Entwicklung der Prozesse ist ausgeschlossen, wenn ein Fall der notwendigen Streitgenossenschaft vorliegt. 253

hemmer-Methode: Wohlgemerkt: Das bedeutet nicht, dass es sich nur um einen Prozess handelt!

einheitliche Entscheidung aus rechtlichen Gründen

Von notwendiger Streitgenossenschaft (nSG) spricht man, wenn aus rechtlichen Gründen eine einheitliche Entscheidung erforderlich ist. Die einzige, völlig unzureichende Umschreibung dafür findet sich in § 62 ZPO. Im Laufe der Zeit haben sich zwei Fallgruppen herausgebildet:

a) Materiellrechtlich nSG, § 62 I Alt. 2 ZPO

Von einer materiell nSG spricht man, wenn das streitgegenständliche Recht mehreren Personen auf Kläger - oder Beklagtenseite zusteht und nur von allen oder gegenüber allen geltend gemacht werden kann. 254

gemeinsame Klage und einheitliche Entscheidung erforderlich

Dann ist sowohl eine gemeinsame Klage als auch eine einheitliche Entscheidung erforderlich. Eine Einzelklage eines Mitberechtigten scheitert an der fehlenden Prozessführungsbefugnis, einer unterschiedlichen Entscheidung gegenüber einzelnen steht deren fehlende Sachlegitimation entgegen.

aa) Aktivprozesse mehrerer Berechtigter

z.B. Gesamthandsklagen

Eine nSG liegt vor bei Klagen von Gesamthandsgemeinschaften, 255
soweit nicht ausnahmsweise dem einzelnen Gesamthänder eine Prozessführungsbefugnis oder Sachlegitimation zusteht.

Prozessführungsbefugnis (-)

Eine nur von einem oder mehreren einzelnen Gesamthändern erhobene Klage muss wegen fehlender aktiver Prozessführungsbefugnis als unzulässig abgewiesen werden.

Prozessvoraussetzungen

Eine gemeinsam erhobene Klage ist nur zulässig, wenn in der Person jedes Gesamthänders alle Prozessvoraussetzungen erfüllt sind.

Eine gemeinsam erhobene, zulässige Klage muss gegenüber allen Gesamthändern und einheitlich entschieden werden, da der geltend gemachte Anspruch nur allen zusammen zusteht.

Bsp.: 256

- *Klage beider Ehegatten bei gemeinsam verwalteter Gütergemeinschaft, § 1450 I S. 1 BGB*

Ausn.: PFB einzelner Gesamthänder

Ist dem einzelnen Gesamthänder ausnahmsweise eine Prozessführungsbefugnis eingeräumt, so liegt keine materiellrechtlich nSG vor.

Bspe.: 257

- *Prozessführungsbefugnis einzelner Miteigentümer, § 1011 BGB*
- *Prozessführungsbefugnis des verwaltenden Ehegatten bei Gütergemeinschaft, § 1422 BGB*
- *Prozessführungsbefugnis einzelner Miterben, §§ 2038 I S. 2 HS 2, 2039 BGB*
- *Sachlegitimation einzelner Gesamtgläubiger, § 432 I S. 1 BGB*
- *Sachlegitimation von Gläubiger und Pfandgläubiger, § 1281 S. 2 BGB*

bb) Passivprozesse gegen mehrere Verpflichtete

Unterscheide: Gesamthands- / Gesamtschuld

Bei Passivprozessen gegen mehrere Verpflichtete ist zu unter- 258
scheiden, ob diese den geltend gemachten Anspruch *nur gemeinsam erfüllen* können (z.B. Gesamthandsschuld) oder ob *auch der einzelne* zur Erfüllung in der Lage ist (z.B. Gesamtschuld).

Gesamthandsschuld - mat.-rechtl. nSG

Nur im ersten Fall liegt eine materiellrechtlich nSG vor. 259

Eine gegenüber einem einzelnen Gesamthandsschuldner erhobene Klage muss wegen dessen fehlender passiver Prozessführungsbefugnis als unzulässig abgewiesen werden. Über eine gegen alle Gesamthandsschuldner erhobene Klage ist einheitlich zu entscheiden.

Bspe:

- *Klage gegen Miteigentümer, §§ 1008, 741, 747 S.2 BGB*
- *Gesamthandsklage gegen Miterbengemeinschaft, § 2059 II BGB*
- *Gesamthandsklage gegen Gütergemeinschaft, § 1459 I BGB*

Gesamtschuld: ⇨ neine nSG

Bei einer *Gesamtschuld* liegt hingegen keine nSG vor. Eine Klage gegen einen oder mehrere einzelne Gesamtschuldner ist zulässig, die gegen mehrere Gesamtschuldner erhobenen Klagen können unterschiedlich entschieden werden, § 425 BGB. 260

Bspe:

- *Klage gegen Gesamtschuldner, §§ 421 ff. BGB*
- *Klage gegen BGB-Gesellschafter, soweit diese für Verbindlichkeiten gesamtschuldnerisch haften*
- *Gesamtschuldklage gegen Miterben, §§ 2058, 421 BGB*
- *Gesamtschuldklage gegen Ehegatten bei Gütergemeinschaft, §§ 1459 II, 421 BGB*

b) Prozessrechtlich notwendige Streitgenossenschaft, § 62 I Alt. 1 ZPO

aa) Rechtskrafterstreckung bei aufeinanderfolgenden Prozessen

Fälle der Rechtskrafterstreckung

Würde bei aufeinanderfolgender Durchführung mehrerer Prozesse Rechtskrafterstreckung eintreten, so liegt eine nSG aus prozessrechtlichen Gründen vor, wenn diese Prozesse miteinander verbunden werden. Bei der prozessrechtlich nSG besteht also kein Zwang zur gemeinsamen Klage. Bei gemeinsamer Klage ist aber eine einheitliche Entscheidung notwendig. 261

Streitgenossen?

Fall: *K verklagt den Testamentsvollstrecker T und den Erben E gemeinsam auf Schadensersatz mit der Behauptung, der Erblasser habe eine unerlaubte Handlung gegen ihn begangen. Sind T und E notwendige Streitgenossen?* 262

K hat gem. § 2213 I S. 1 BGB den Testamentsvollstrecker und den Erben wegen eines gegen den Nachlass gerichteten Anspruchs gemeinsam verklagt.

Er hätte nach dieser Vorschrift auch die Möglichkeit gehabt, seinen Anspruch nur gegenüber T geltend zu machen. Nehmen Sie an, eine allein gegen T gerichtete Klage wäre abgewiesen worden, weil sich das Gericht vom Nichtbestehen des Anspruchs überzeugt hat. Könnte K dann mit Aussicht auf Erfolg denselben Anspruch gegenüber E geltend machen? Dies ist zu verneinen. Das rechtskräftige Urteil zwischen T und K wirkt gem. § 327 I ZPO auch für E, sog. Rechtskrafterstreckung. Eine Klage des K gegen den E müsste deshalb wegen entgegenstehender Rechtskraft als unzulässig abgewiesen werden.

Dieser Rechtskrafterstreckung würde es widersprechen, wenn bei Verbindung der Prozesse mit unterschiedlichem Ergebnis über diese entschieden werden könnte.

T und E sind deshalb notwendige Streitgenossen gem. § 62 I Alt. 1 ZPO.

hemmer-Methode: Die nSG aus prozessrechtlichen Gründen wird erst bei Kenntnis der Einzelheiten der Rechtskrafterstreckung verständlich. Besteht in Einzelfällen Streit darüber, ob Rechtskrafterstreckung eintritt oder nicht, so wirkt sich dies bei der Frage aus, ob bei verbundenen Prozessen eine nSG aus prozessrechtlichen Gründen gegeben ist.

bb) Unteilbarkeit des Streitgegenstands

Rspr.: (-)

Die Rechtsprechung lehnt eine nSG aus prozessrechtlichen Gründen in weiteren Fällen grundsätzlich ab. 263

Lit.: (+) bei Unteilbarkeit des Streitgegenstandes

Nach Auffassung der Literatur soll hingegen eine nSG vorliegen, wenn alle oder mehrere Gesamthänder trotz Bestehen einer Einzelklagebefugnis gemeinsam klagen.

In diesen Fällen sei wegen der Unteilbarkeit des in allen Prozessen gleichen Streitgegenstandes eine einheitliche Entscheidung gegenüber allen klagenden Gesamthändern erforderlich.

c) Wirkungen der nSG

Selbständigkeit eingeschränkt

Wie bereits erwähnt, bleiben die Prozesse grundsätzlich selbständig. Allerdings ist aufgrund der Notwendigkeit der einheitlichen Entscheidung eine selbständige Behandlung nicht uneingeschränkt möglich. 264

§ 62 ZPO

Die wichtigste Regelung ist in § 62 I ZPO enthalten. Danach gilt der säumige Streitgenosse als durch den nichtsäumigen Streitgenossen vertreten.

hemmer-Methode: § 62 ZPO wird für Sie der häufigste Aufhänger einer nSG sein. Die Konstellation wird häufig so aussehen: eine Person ist säumig und die andere Partei beantragt den Erlass eines VU. Ein VU wäre dann nicht zu erlassen, wenn § 62 ZPO eingreift. Dann müssen Sie prüfen, ob ein Fall der nSG vorliegt.

andere Besonderheiten

Darüber hinaus ist eine Einschränkung der Selbständigkeit in anderen Bereichen geboten.

Diese Besonderheiten werden im Folgenden überblicksmäßig dargestellt.

- Anerkenntnis oder Verzicht eines Streitgenossen führen weder zu einem entsprechenden Urteil gegen diesen noch gegen alle Streitgenossen.
- Eine Klageänderung muss von allen Streitgenossen gemeinsam vorgenommen werden.
- Nichtbestreiten oder Geständnis durch einzelne Streitgenossen führen nicht dazu, dass die Tatsache von allen Streitgenossen als zugestanden gilt.
- Prozesshandlungen, die zur Beendigung eines einzelnen Prozesses ohne sachliche Entscheidung führen, sind bei der prozessrechtlich nSG zulässig. Die verbleibenden Streitgenossen sind weiterhin prozessführungsbefugt; ihnen gegenüber bleibt eine einheitliche Sachentscheidung möglich.

H. Beteiligung Dritter am Rechtsstreit

keine Prozesspartei

Es gibt auch Fälle, in denen Personen am Rechtsstreit teilnehmen, ohne Partei desselben zu sein. Mit anderen Worten: Diese Personen werden von dem ergehenden Urteil nicht direkt getroffen, jedenfalls insofern, als ihnen aus dem Urteil kein Recht oder keine Pflicht erwächst. Gleichwohl kann es mittelbar den Interessen eines Dritten entsprechen, eine Partei bei der Prozessführung zu unterstützen, dazu unten. 265

§§ 64 ff. ZPO

Das Gesetz regelt die Beteiligung Dritter in den §§ 64 ff. ZPO. Im folgenden sollen - der praktischen Bedeutung entsprechend - nur Streitverkündung und Nebenintervention behandelt werden.

I. Streitverkündung

Zwar ist der gesetzlich zunächst und als Regel dargestellte Fall die Nebenintervention. 266

Allerdings kommt in der Praxis so gut wie ausschließlich die Streitverkündung vor, so dass die Erläuterung der Institute anhand der Streitverkündung sinnvoller erscheint.

1. Einführung

Bsp.: Autohändler A kauft bei Hersteller X einen PKW und veräußert diesen kurze Zeit später an den B. In der Folgezeit stellt sich die Mangelhaftigkeit des PKW heraus, weshalb B den Kaufpreis gegenüber A mindern möchte. Es kommt zwischen den Parteien zum Streit und somit zum Prozess. Als A merkt, dass seine Felle dahinschwimmen, fragt er seinen Rechtsanwalt R, was er nun am besten tun könne, um zumindest bei X Regress nehmen zu können. 267

Situationen wie die oben beschriebene kommen häufig vor, denn es ist im heutigen Wirtschaftsleben die Regel, dass der Endabnehmer nicht direkt beim Hersteller einkauft, sondern bei einem Zwischenhändler. Besteht dann Streit über die Mangelhaftigkeit der Kaufsache, ist der Dreiecksstreit vorprogrammiert. Den Zwischenhändler wird die Ausgleichspflicht gegenüber dem Kunden nicht belasten, soweit ihm seinerseits die Möglichkeit verbleibt, beim Produzenten Regress zu nehmen. Auf der anderen Seite besteht aufgrund der inter-partes-Wirkung der Rechtskraft des Urteils die Gefahr, dass die Mangelhaftigkeit des Wagens in zwei Prozessen unterschiedlich beurteilt wird, so dass dem Zwischenhändler eventuell ein Unterliegen in zwei Prozessen droht. Hilfe bietet dann das Institut der Streitverkündung.

2. Wirkung der Streitverkündung

Einwendungsverlust

Die Wirkung einer wirksamen Streitverkündung liegt darin, dass dem Streitverkündeten im Folgeprozess zwischen ihm und dem Streitverkünder die Einwendung abgeschnitten wird, der Vorprozess sei unrichtig entschieden worden, §§ 74, 68 ZPO. 268

Auf den Fall bezogen: Wenn der A dem X wirksam den Streit verkündet und das Gericht der Klage des B stattgibt, kann sich der X im Folgeprozess nicht darauf berufen, die Sache sei gar nicht mangelhaft gewesen.

hemmer-Methode: Sinn der Streitverkündung: die Parteien sollen Seite an Seite streiten. Der X wird also angehalten, seine Argumentationskraft bereits im Prozess zwischen A und B in die Waagschale zu werfen. Versäumt er dies, muss er sich mit dem Ergebnis abfinden.

Verjährungshemmung, § 204 II Nr. 6 BGB

Materiellrechtlich wirkt die Streitverkündung zugunsten des Streitverkünders verjährungshemmend, §§ 204 II Nr.6, 209 BGB. 269

A muss also nicht fürchten, dass ein Prozess gegen X ausgeschlossen ist, nur weil sich der Prozess mit B so lange hinzieht und inzwischen Verjährung eintritt.

Möglichkeit zum Beitritt

In prozessualer Hinsicht gibt der Streitverkünder dem Dritten die Möglichkeit, dem Rechtsstreit als Nebenintervenient beizutreten, § 74 I ZPO, bzw. seinerseits einem Dritten den Streit zu verkünden, § 72 II ZPO. Zu den Möglichkeiten eines Nebenintervenienten vgl. § 67 ZPO und die Ausführungen unter III. 270

Macht der Dritte von dieser Möglichkeit keinen Gebrauch, wird der Rechtsstreit ohne Rücksicht auf ihn fortgesetzt, § 74 II ZPO. Das ändert aber nichts an dem Bestehen der Nebeninterventionswirkung, §§ 74 III, 68 ZPO.

3. Voraussetzungen der Streitverkündung

§§ 72, 73 ZPO

Die oben skizzierten Wirkungen können aber nur dann eingreifen, wenn auch eine wirksame Streitverkündung gegeben ist. Deren Voraussetzungen sind in den §§ 72, 73 ZPO geregelt. 271

Form

Zum einen muss die Streitverkündung in der Form des § 73 ZPO vorgenommen werden.

Grund zur Streitverkündung

Zum anderen bedarf es eines Streitverkündungsgrundes, § 72 ZPO. Danach ist eine Streitverkündung nur zulässig, wenn der Streitverkünder glaubt, für den Fall des Unterliegens Regressansprüche gegen einen Dritten zu haben oder Ansprüchen eines Dritten ausgesetzt zu sein.

II. Nebenintervention

Zweck der Nebenintervention ist es, einem Dritten, der ein rechtliches Interesse am Ausgang eines Prozesses hat, die Möglichkeit zu geben, auf diesen Prozess Einfluss zu nehmen. 272

1. Zulässigkeitsvoraussetzungen

Die Zulässigkeit der Nebenintervention setzt zunächst ein rechtliches Interesse des Nebenintervenienten voraus, § 66 I ZPO. Dieses besteht, soweit die Rechtstellung des Nebenintervenienten durch ein ungünstiges Urteil gegen die unterstützte Partei verschlechtert oder durch ein günstiges Urteil verbessert wird. 273

> ***Bsp.:*** *A klagt gegen C auf Zahlung von 4.000 €. C hatte in dieser Höhe eine selbstschuldnerische Bürgschaft für die Schuld des B übernommen.*
>
> *B befürchtet, von C im Regresswege in Anspruch genommen zu werden, wenn A obsiegt. Kann B dem Rechtsstreit auf Seiten des C beitreten?*
>
> B ist hier daran interessiert, dass C den Prozess gewinnt, um so dem Bürgenregress gem. § 774 BGB entgehen zu können.

Seine Rechtsstellung ist vom Ausgang des Prozesses zwischen C und A abhängig, ein rechtliches Interesse i.S.v. § 66 I ZPO für einen Beitritt liegt also vor.

Anhängigkeit eines Rechtsstreits

Zudem muss ein Rechtsstreit zwischen *anderen Personen* anhängig sein.

Der Beitritt muss wirksam erklärt werden, § 70 I, II ZPO. Dies stellt eine Prozesshandlung dar. Die Prozesshandlungsvoraussetzungen müssen erfüllt sein, s.o.

2. Stellung des Nebenintervenienten

§ 67 ZPO

Der Nebenintervenient ist nach § 67 ZPO grundsätzlich befugt, 274
alle Prozesshandlungen vorzunehmen, die auch die unterstützte Partei vornehmen kann.

aber nicht im Widerspruch zur unterstützten Partei

Er darf sich allerdings nicht in Widerspruch zu der Prozessführung der Hauptpartei stellen. Der Nebenintervenient darf ferner nicht über den Streitgegenstand verfügen, z.B. durch Anerkenntnis oder Vergleich.

3. Wirkung

Wirkung im Folgeprozess, § 68 HS 1 ZPO

Die Wirkung entfaltet sich dann, wenn es zwischen der unter- 275
stützten Partei und dem Nebenintervenienten zum *Folgeprozess* kommt, § 68 HS 1 ZPO.

weiter als Rechtskraftwirkung

Die Nebeninterventionswirkung geht dabei sogar weiter als die Rechtskraftwirkung eines Urteils, denn sie erstreckt sich nicht nur auf den Entscheidungstenor, sondern auch auf alle im Vorprozess festgestellten Einzeltatsachen und deren rechtliche Beurteilung.

Anderes gilt nur dann, wenn der Nebenintervenient die Einrede mangelhafter Prozessführung durch die Hauptpartei erheben kann, § 68 HS 2 ZPO.

hemmer-Methode: Sie sind am Ende des 1. Kapitels angelangt. Die bisherige Darstellung erhebt nicht den Anspruch der Vollständigkeit, sondern dient - wie bereits mehrfach erwähnt - der Schaffung eines Grundverständnisses, das es Ihnen ermöglicht, die wichtigsten Probleme des Erkenntnisverfahrens in den Griff zu bekommen.
Mit dem Abschluss des Erkenntnisverfahrens ist das Zivilprozessrecht jedoch noch nicht abgeschlossen. Im Folgenden soll eine nahtlose Darstellung der Grundzüge der Zwangsvollstreckung erfolgen, so dass Sie am Ende des Skriptums einen kompletten Überblick über das Rechtsgebiet Zivilprozessrecht haben.

2. KAPITEL: ZWANGSVOLLSTRECKUNG

§ 5 EINLEITUNG

A. Allgemeines

Ausgangspunkt: Schuldner leistet trotz Verurteilung nicht

Hat der Gläubiger ein rechtskräftiges Urteil erstritten, ist damit 276
noch lange nicht gewährleistet, dass der Schuldner der im Urteil ausgesprochenen Verpflichtung auch nachkommt. Zahlt der Schuldner z.B. nicht freiwillig, muss es für den Gläubiger einen Weg geben, mit Hilfe staatlichen Zwangs an sein Geld zu kommen. Das gesamte Erkenntnisverfahren wäre ohne Wert, wenn sein Ergebnis, nämlich das rechtskräftige Urteil, nicht "vollstreckt" werden könnte.

Die Gründe, warum ein Schuldner trotz rechtskräftiger Verurteilung nicht zahlt, sind vielschichtig. Häufig sieht der Schuldner seine Niederlage einfach nicht ein. Er fühlt sich weiterhin im Recht. Dann wird er aber meist spätestens zahlen, wenn der Gerichtsvollzieher vor der Tür steht.

meist Illiquidität

dann auch Schuldnerschutz beachten

In den meisten Fällen aber sind die Schuldner illiquide und können der durch Urteil ausgesprochenen Verpflichtung nicht nachkommen. Dann stellt sich die Frage, ob wenigstens noch wertvolle Gegenstände vorhanden sind, die zur Befriedigung des Gläubigers verwendet werden können. Aber schon an dieser Stelle sei erwähnt, dass dem Schuldner nicht das letzte Hemd vom Leibe gepfändet werden kann. Der Staat hat mit einer Reihe von Pfändungsgrenzen und -verboten dafür gesorgt, dass dem Schuldner zumindest die Mittel zur Befriedigung seiner existenziellen Bedürfnisse verbleiben. Wie dringlich der *Gläubiger* das einzutreibende Geld benötigt, spielt dabei keine Rolle.

hemmer-Methode: Verständnis schaffen: Diese schuldnerfreundliche, auf den ersten Blick sehr sozial erscheinende Regelung ist letztlich doch nur Eigenschutz des Staates. Denn könnte der Gläubiger den Schuldner "kahlpfänden", würde dieser die staatlichen Sozialkassen belasten. Hier wird der Gläubiger also quasi als dem Staat vorgeschalteter Sozialleistungspflichtiger missbraucht. Darüber, ob dies dem allgemeinen Gerechtigkeitsempfinden entspricht oder ob es nicht vielmehr zunächst eine primäre Staatspflicht ist, soziale Härten aufzufangen, kann man natürlich streiten.

B. Definition der Zwangsvollstreckung

Zwangsvollstreckung

Man kann die Zwangsvollstreckung also als ein staatliches Ver- 277
fahren zur zwangsweisen Durchsetzung von privatrechtlichen Leistungsansprüchen bezeichnen.

Gewaltmonopol des Staates

Dieses Verfahren ist notwendig, da eine wie auch immer geartete Form von Selbsthilfe mit einem modernen Staatswesen nicht vereinbar ist. Soweit das BGB Vorschriften zum Selbstschutz enthält, z.B. §§ 229, 859, 860, 910, 962 BGB, sind dies Ausnahmen.

Gleichwohl sollte man im Auge behalten, dass mit dem Institut der Aufrechnung, §§ 387 ff. BGB, in engen Grenzen eine private Zwangsvollstreckung möglich ist.

nur Leistungsansprüche durchsetzbar

Zu berücksichtigen ist ferner, dass nur Leistungsurteile in der 278
Zwangsvollstreckung durchsetzbar sind. Feststellungsurteile sind nicht vollstreckungs*fähig* und Gestaltungsurteile nicht vollstreckungs*bedürftig*.

hemmer-Methode: Unterscheiden Sie den zu vollstreckenden Anspruch vom sog. Vollstreckungsanspruch. Letzterer bezeichnet den Anspruch des einzelnen gegenüber dem Staat, seine privaten Rechte für ihn durchzusetzen. Der Vollstreckungsanspruch ist notwendige Voraussetzung für die Akzeptanz des Verbots von Selbsthilfe in der Bevölkerung.

C. Einordnung in den Gesamtkontext

selbständiger Teil der Zwangsvollstreckung

Die Zwangsvollstreckung ist selbständiger Teil des Zivilprozesses 279
und ist als solcher vom Erkenntnisverfahren abzugrenzen. Dient das Erkenntnisverfahren der Rechtsfindung, ist die Zwangsvollstreckung dazu da, dieses Recht zu verwirklichen.

Erkenntnisverfahren und Vollstreckung auch parallel

Gleichwohl ist es nicht stets erforderlich, dass das Erkenntnisverfahren bereits abgeschlossen ist, bevor mit der Zwangsvollstreckung begonnen wird (Stichwort: vorläufige Vollstreckbarkeit, dazu später).

Die Bedeutung der Zwangsvollstreckung bereits im Ersten Staatsexamen sollte nicht unterschätzt werden. Der formalisierte Ablauf und die strukturierte Regelung im Gesetz eignen sich gut zur Überprüfung juristischer Systematisierungsfähigkeiten. Außerdem erleichtern diese Gesichtspunkte auch das Erlernen der Materie. "Auf Lücke setzen" wäre in diesem Rechtsgebiet jedenfalls grob fahrlässig, nicht zuletzt deshalb, weil sich das Gebiet auch hervorragend zur Verknüpfung mit materiellrechtlichen Problemen, insbesondere solchen des Sachenrechts, eignet.

D. Schwerpunkt des Skriptes

Grundstruktur und Grundverständnis

Die nachfolgenden Ausführungen haben nicht den Zweck, Ihnen 280
das Zwangsvollstreckungsrecht in allen Details näher zu bringen. Das Skript dient vielmehr der Verdeutlichung der Grundstruktur des Rechtsgebietes und der Vermittlung des unerlässlichen Basiswissens. Auf diese Weise sollte dann die vertiefte Beschäftigung mit Einzelproblemen möglich sein.

Diesem Konzept folgend wird hier nur die Zwangsvollstreckung wegen Geldforderungen dargestellt, die jedoch sowieso die überwiegende theoretische und praktische Relevanz besitzt.

§ 6 ABLAUF DER VOLLSTRECKUNG

Gleichwohl sollten Sie sich vor der Lösung einer vollstreckungsrechtlichen Klausur stets folgende Frage stellen: 281

"wegen was in was"

WEGEN WAS wird **IN WAS** vollstreckt? 282

hier nur wegen Geldforderungen

"WEGEN WAS" ist - wie bereits erwähnt - in diesem Skript nur eine Geldforderung. Daneben gibt es noch die Vollstreckung wegen Herausgabeansprüchen und zur Erwirkung von Handlungen und Unterlassungen, §§ 883 ff. ZPO, und zur Abgabe von Willenserklärungen, §§ 894 ff. ZPO.

Mobilien, Immobilien, Forderungen und Rechte

Vollstreckungsgegenstände ("IN WAS") können bewegliche Sachen, Forderungen bzw. andere Rechte und Ansprüche und unbewegliches Vermögen sein.

IN WAS:

- körperliche Sachen, §§ 803 ff. ZPO
- Forderungen, §§ 828 ff. ZPO
- Herausgabeansprüche, §§ 846 ff. ZPO
- sonstige Vermögensrechte, §§ 857 ff. ZPO
- unbewegliches Vermögen, §§ 864 ff. ZPO

hemmer-Methode: Mit dieser Übersicht haben Sie praktisch bereits den wichtigsten Überblick über die Zwangsvollstreckung erhalten. Die einzelnen Punkte werden nun nach und nach in ihren Einzelheiten erläutert. Zunächst gilt es aber, ein für das weitere Verständnis unerlässliches Grundhandwerkszeug zu erlernen. Davon umfasst sind die Parteien, die Organe und die allgemeinen, d.h. für alle Vollstreckungsgegenstände geltenden Voraussetzungen der Zwangsvollstreckung.

A. Allgemeine Vorschriften der Zwangsvollstreckung

I. Die Parteien der Zwangsvollstreckung

Vollstreckungsgläubiger

Vollstreckungsgläubiger ist derjenige, der aufgrund des Urteils (Titels) die Zwangsvollstreckung betreibt. 283

Vollstreckungsschuldner

Vollstreckungsschuldner ist derjenige, gegen den aus dem Urteil vollstreckt wird.

Dritte

Alle anderen beteiligten Personen werden als "Dritte" bezeichnet.

> ***Bsp.:*** *A hat gegen B ein rechtskräftiges Urteil erstritten. Aus diesem vollstreckt er in eine bei B befindliche Armbanduhr, die jedoch dem C gehört. Hier ist C Dritter. Schwerpunkt einer Klausur könnte es nun sein, welche Möglichkeiten der C hat, um sich gegen die Vollstreckung zur Wehr zu setzen. Dazu später.*

II. Organe der Zwangsvollstreckung

Zuständig für die Zwangsvollstreckung

Vollstreckungsorgane sind die staatlichen Organe, die die Zwangsvollstreckung durchführen. Ihre Zuständigkeit variiert je nach Grund ("wegen was") und Gegenstand ("in was") der Vollstreckung. Zu unterscheiden sind vier Organe. 284

Vollstreckungsgericht

- Das *Vollstreckungsgericht* ist in den ausdrücklich im Gesetz genannten Fällen zuständig. Das sind im Einzelnen und wesentlichen: Vollstreckung in Forderungen, § 828 I ZPO, in das unbewegliche Vermögen gem. §§ 864 I, 866 I ZPO und § 1 I ZVG. Das Vollstreckungsgericht ist das ganz gewöhnliche Amtsgericht, § 764 I ZPO, das durch Richter oder Rechtspfleger entscheidet, §§ 3 Nr. 3a, 20 Nr. 17 RPflG. 285

Gerichtsvollzieher

- Der *Gerichtsvollzieher* ist grundsätzlich zuständig, soweit nicht das Vollstreckungsgericht zuständig ist, § 753 I ZPO. 286

hemmer-Methode: Sie müssen also in der Klausur eine negative Abgrenzung vornehmen, um zur Zuständigkeit des Gerichtsvollziehers zu gelangen: Dies könnte z.B. so lauten: "Die Zuständigkeit des Gerichtsvollziehers ist begründet, da der vorliegende Vollstreckungsbereich nicht dem Vollstreckungsgericht zugewiesen ist, § 753 I ZPO". Im Übrigen werden Sie in Klausuren auch so gut wie ausschließlich mit Gerichtsvollzieher und Vollstreckungsgericht konfrontiert werden. Prägen Sie sich diese Abgrenzung gut ein, und behalten Sie die folgenden Ausnahmen im Hinterkopf.

Grundbuchamt

- Das *Grundbuchamt* ist für die Eintragung von Zwangshypotheken zuständig, §§ 866, 867 ZPO, einer Art der Vollstreckung in das unbewegliche Vermögen. 287

Prozessgericht

- Schließlich ist das *Prozessgericht* zuständig, soweit es um die Pflicht zur Vornahme vertretbarer und unvertretbarer Handlungen, §§ 887, 888 ZPO, Duldungen und Unterlassungen, § 890 ZPO, und die Abgabe von Willenserklärungen geht, § 894 ZPO. 288

III. Allgemeine Vollstreckungsvoraussetzungen

Rechtmäßigkeitsvoraussetzungen

Die zwangsweise Durchsetzung von Rechten ist im Hinblick auf die Rechte des Vollstreckungsschuldners ein sehr starker Eingriff. 289

Daher ist hier ein sensibles Vorgehen in bezug auf den Ablauf der Vollstreckung unerlässlich. Die Zwangsvollstreckung muss daher bestimmten Regeln folgen, deren Einhaltung häufig Gegenstand einer Klausur ist, wenn es um die Rechtmäßigkeit einer Maßnahme in der Zwangsvollstreckung geht.

Titel, Klausel, Zustellung

Die Zwangsvollstreckung darf nur durchgeführt werden, wenn ein mit der Zwangsvollstreckungs*klausel* versehener *Titel* vorliegt, der dem Schuldner *zugestellt* worden ist.

hemmer-Methode: Bedenken Sie immer, dass die Zwangsvollstreckung Teil des Zivilprozesses ist. Es ist daher grundsätzlich auch auf die Erfüllung der allgemeinen Prozessvoraussetzungen zu achten. Im Übrigen ist für die Zwangsvollstreckung stets ein wirksamer Antrag an das zuständige Vollstreckungsorgan erforderlich. Der Antrag ist eine Prozesshandlung, weshalb auch die Prozesshandlungsvoraussetzungen vorliegen müssen.
Die Prüfung der Voraussetzungen der Zwangsvollstreckung kann dann folgendermaßen vorgenommen werden:

- **wirksamer Antrag des Gläubigers an das zuständige Organ (Wirksamkeit hängt vom Vorliegen der Prozesshandlungsvoraussetzungen ab)**
- **Erfüllung der Prozessvoraussetzungen (deutsche Gerichtsbarkeit, Rechtsweg, Partei- und Prozessfähigkeit, Prozessführungsbefugnis, Rechtsschutzbedürfnis). Die Prozessvoraussetzungen liegen meist unproblematisch vor.**
- **Erfüllung der besonderen Vollstreckungsvoraussetzungen (Titel, Klausel, Zustellung)**

1. Vollstreckungstitel

Mit Titel bezeichnet man die öffentliche Urkunde, aus der sich der materiellrechtliche Anspruch ergibt, der vollstreckt werden soll. 290
Der wichtigste und hier allein behandelte Titel ist das Endurteil (§ 704 I ZPO). Zu den Titeln im Übrigen vgl. § 794 ZPO. Da der Titel die Grundlage der Zwangsvollstreckung ist, müssen sich aus ihm die wesentlichen Daten ergeben, wie z.B. Anspruch, Gläubiger und Schuldner. Hingegen lässt sich der Vollstreckungsgegenstand ("in was") dem Titel nicht entnehmen. Darüber entscheidet der Vollstreckungsgläubiger, bevor er das entsprechend zuständige Vollstreckungsorgan beauftragt. Allerdings kann der Gläubiger durch den Antrag grundsätzlich nicht bestimmen, welche konkrete Sache der Gerichtsvollzieher zu fänden hat. Lediglich bei der Forderungspfändung ist die zu pfändende Forderung durch den Antrag des Gläubigers fest umrissen.

hemmer-Methode: Diese Funktion des Urteils ist der Grund dafür, warum der Tenor vom Gericht eindeutig und klar formuliert werden muss, denn der zugrundeliegende Sachverhalt wird vom Gerichtsvollzieher bzw. Vollstreckungsgericht nicht mehr nachgeprüft. Dessen Erforschung ist eben Schwerpunkt des Erkenntnisverfahrens.

a) Das rechtskräftige Endurteil

Rechtskraft als Voraussetzung der Vollstreckung

Sofern ein Urteil rechtskräftig ist, kann selbstverständlich aus ihm 291
vollstreckt werden, denn es ist nicht mehr angreifbar. Der Sinn der Rechtskraft liegt gerade darin, die Vollstreckungsreife des Streitgegenstandes herbeizuführen.

b) Vorläufige Vollstreckbarkeit

Pr.: Vollstreckung aus nicht rechtskräftigen Urteilen

Komplizierter ist die Situation, wenn aus einem Urteil vollstreckt 292
werden soll, das eben noch nicht rechtskräftig ist, dessen endgültiger Bestand also noch offen ist. Würde aus einem solchen Urteil vollstreckt werden und würde der Inhalt des Urteils in einer höheren Instanz abgeändert, bestünde eine Diskrepanz zwischen Vollstreckungs- und Rechtslage.

vorläufige Vollstreckbarkeit

Gleichwohl hat der Gesetzgeber mit dem Institut der vorläufigen Vollstreckbarkeit, §§ 708 ff. ZPO, eine Möglichkeit geschaffen, aus noch nicht rechtskräftigen Urteilen zu vollstrecken. Der Gläubiger, der bereits ein zu seinen Gunsten erlassenes Urteil in Händen hält, soll nicht länger mit der Durchsetzung seines Anspruchs warten müssen. Der Schuldner soll daran gehindert werden, nur deshalb Rechtsmittel gegen das Urteil einzulegen, weil er die Vollstreckung hinauszögern will.

hemmer-Methode: Die Anordnung der vorläufigen Vollstreckbarkeit ist sogar die Regel. Sie ist grundsätzlich bei allen Urteilen - regelmäßig ohne Antrag - anzuordnen, unabhängig davon, ob es sich um ein Leistungs-, Gestaltungs- oder Feststellungsurteil handelt, denn jedenfalls die Kostenentscheidung ist vollstreckbar.

als Ausgleich Anspruch aus § 717 II ZPO

Für den Fall, dass das Urteil nach der Vollstreckung in der Beru- 293
fung abgeändert wird, also Vollstreckung und wahre Rechtslage auseinanderfallen, gewährt § 717 II ZPO dem Schuldner einen Schadensersatzanspruch. Dieser Anspruch ist verschuldensunabhängig, also ein Fall der Gefährdungshaftung.

gesichert durch Sicherheitsleistung

Zur Sicherung dieses Anspruchs erfolgt die Anordnung der vor- 294
läufigen Vollstreckbarkeit in der Regel nur gegen Sicherheitsleistung, vgl. §§ 708, 709 ZPO. Der Gläubiger muss also einen Geldbetrag (in Höhe der Forderung zzgl. Zinsen und der angefallenen Kosten) hinterlegen, der dem Schuldner dann im Falle der Abänderung des Urteils zur Befriedigung des Anspruchs aus § 717 II ZPO zusteht.

hemmer-Methode: Von der Sicherheitsleistung durch den Gläubiger ist die Sicherheitsleistung des Schuldners zur Abwendung der Zwangsvollstreckung zu unterscheiden, §§ 711, 712 ZPO. Drohen dem Schuldner z.B. Nachteile i.S.d. § 712 ZPO, wird ihm auf Antrag hin gestattet, die vorläufige Vollstreckung gegen Leistung einer Sicherheit abzuwenden.

2. Vollstreckungsklausel

a) Allgemeines

Zeichen für Vollstreckbarkeit des Titels, § 725 ZPO

Die Vollstreckungsklausel, § 725 ZPO, ist die amtliche Bescheinigung, dass der entsprechende Titel vollstreckbar ist. Sie hat den Sinn, das jeweilige Vollstreckungsorgan von der Prüfung freizustellen, ob aus dem vorgelegten Titel vollstreckt werden darf. 295

hemmer-Methode: Das Zwangsvollstreckungsverfahren ist ein streng formalisiertes Verfahren. Die damit befassten Organe prüfen nicht, ob ein Titel rechtmäßig ergangen ist oder nicht, mit Fragen des Erkenntnisverfahrens werden sie nicht befasst. Dementsprechend ist das Vorliegen einer Klausel also Zeichen für das Vorliegen eines *vollstreckungsfähigen* Titels. Die Klausel schlägt also quasi eine Brücke zwischen Erkenntnis- und Zwangsvollstreckungsverfahren.

b) Besondere Klauselformen

aa) Titelergänzende Klausel

grundsätzlich deklaratorisch

Grundsätzlich hat die Klausel nach dem oben Gesagten nur deklaratorische Bedeutung, d.h. sie bestätigt das Vorliegen eines vollstreckungsfähigen Titels. 296

ausnahmsweise konstitutive Wirkung

Ausnahmsweise kommt einer Klausel aber auch konstitutive Bedeutung zu, nämlich dann, wenn ein Titel erst nach Eintritt einer Bedingung oder Befristung vollstreckbar wird, § 726 I ZPO. In der Regel wird eine solche Bedingung bei Vergleichen oder vollstreckbaren Urkunden auftauchen.

hemmer-Methode: Abgesehen von den Endurteilen gibt es eine weitere Reihe von Titelarten, die taugliche Grundlage einer Zwangsvollstreckung sein können. Dazu gehören u.a. auch Vergleiche und vollstreckbare Urkunden, § 794 I Nr. 1, 5 ZPO, für die über § 795 ZPO die Vorschriften der §§ 724 ff. ZPO weitgehend entsprechend gelten.

***Bsp.:** A klagt gegen B auf Mietzins. Mieter B setzt einen Vergleich durch, wonach A als Bedingung für die Zahlung zunächst seiner Instandhaltungspflicht nachzukommen hat, indem er den defekten Treppenaufgang repariert.* 297

Die für die Vollstreckung notwendige Vollstreckungsklausel wird der A hier nach §§ 794 Nr. 1, 795, 726 ZPO nur bekommen, wenn er die Vornahme der Nachbesserung mittels einer öffentlichen bzw. öffentlich beglaubigten Urkunde nachweist.

hemmer-Methode: Als weiteres Beispiel für eine Bedingung ist noch die Erbringung der Sicherheitsleistung zu nennen, § 751 II ZPO. Allerdings ergibt sich aus § 726 ZPO, dass der Eintritt dieser Bedingung nicht im Klauselverfahren, sondern von dem Vollstreckungsorgan selbst überprüft wird. Daher wird die Klausel in diesem Fall ohne den Nachweis der Bedingung erteilt.
Gleiches gilt in den Fällen der Befristung, § 751 I ZPO (Vollstreckung der Forderung ab einem bestimmten Datum) sowie grundsätzlich bei einer Zug-um-Zug-Verurteilung, § 756 ZPO.

bb) Titelübertragende Klausel

§ 727 ZPO

Daneben ermöglicht § 727 ZPO im Falle der Rechtsnachfolge eine sog. titelumschreibende Klausel. Damit kann ein aufgrund § 325 ZPO für und gegen einen Rechtsnachfolger wirkendes Urteil auf diesen umgeschrieben werden. Die Rechtsnachfolge muss bei Gericht aber offenkundig sein bzw. durch öffentlich beglaubigte Urkunde nachgewiesen werden. 298

Problem bei Rechtsnachfolge

Probleme können bei der Rechtsnachfolge auf Schuldnerseite auftreten, § 727 I Alt. 2 ZPO.

Bsp.: *A klagt gegen B auf Herausgabe einer Uhr aus § 985 BGB. Noch vor der Urteilsverkündung veräußert B die Uhr an C, der von der wahren Eigentumslage und der Rechtshängigkeit nichts weiß.* 299

Sofern nun der B zur Herausgabe verurteilt wird (§ 265 II S. 1 ZPO) und der A im Folgenden gegen C vollstrecken will, muss er sich eine vollstreckbare Ausfertigung gegen C verschaffen. Das ist nach § 727 I Alt. 2 ZPO aber nur dann möglich, wenn das Urteil nach § 325 ZPO auch gegen C wirksam ist.

hemmer-Methode: Wie Sie bereits hier sehen, sind Erkenntnisverfahren und Vollstreckung untrennbar miteinander verknüpft. Das Problem der Rechtskrafterstreckung nach § 325 ZPO müsste Ihnen bereits bekannt sein. Falls nicht, wiederholen Sie den Fall zur gesetzlichen Prozessstandschaft nach § 265 ZPO (Rn. 225 ff.).

Ein Urteil wirkt nach § 325 ZPO nur dann nicht gegen den Rechtsnachfolger, wenn dieser "doppelt gutgläubig", d.h. gutgläubig in bezug auf die Eigentumslage (= gutgläubiger Erwerb) und gutgläubig in bezug auf die Rechtshängigkeit der veräußerten Sache ist. Da C hier weder von den Eigentumsverhältnissen noch von der Rechtshängigkeit wusste, wirkt das Urteil nicht gegen ihn.

Dies wird indes nicht vom Rechtspfleger geprüft, sondern muss vielmehr von C mittels einer Klauselgegenklage festgestellt werden, § 768 ZPO!

hemmer-Methode: Zur Verdeutlichung: Selbst wenn jemand eine streitbefangene Sache nach bürgerlichem Recht gutgläubig erwirbt, ist er vor einer Zwangsvollstreckung in den Gegenstand nicht geschützt, wenn ihm die Rechtshängigkeit bekannt war. Dabei sind die materiellen Anforderungen, die für die Gutgläubigkeit erforderlich sind, identisch. Praktisch werden in den meisten Fällen die beiden Gutgläubigkeitstatbestände aber parallel laufen, denn wenn jemand von der Rechtshängigkeit weiß, kann er auch nicht mehr gutgläubig hinsichtlich der Eigentumslage sein, sofern es sich nicht um einen Fall des Erwerbs vom Berechtigten handelt.

3. Zustellung

a) Allgemeines

§ 750 I S. 1 ZPO, spätestens bei Beginn der Zwangsvollstreckung

Die Zustellung soll den Schuldner ein letztes Mal vor der Durchführung der Zwangsvollstreckung warnen und ihm die Möglichkeit geben, sich auf die Konsequenzen der weiteren Nichtleistung einzustellen. Dieser Funktion entspricht es, dass die Zustellung spätestens bei Beginn der Zwangsvollstreckung erfolgen muss, § 750 I S. 1 ZPO. 300

ausnahmsweise Wartefrist

Ausnahmsweise ordnet das Gesetz allerdings eine Wartefrist zwischen Zustellung und Vollstreckung an, vgl. z.B. §§ 750 III, 720a ZPO.

Inhalt der Zustellung

Zugestellt werden muss nach § 750 I S. 1 ZPO grundsätzlich nur der Titel. Eine Zustellung der Klausel ist nur bei einer titelübertragenden oder titelergänzenden Klausel erforderlich, § 750 II ZPO.

b) Ablauf der Zustellung

von Amts wegen

In der Praxis erfolgt die Zustellung von Amts wegen, §§ 166 ff. ZPO, vgl. für das Urteil §§ 317 I S. 1, 270 I ZPO. 301

Unterscheide Adressat und Empfänger

wichtig wegen Ersatzzustellung

Zustellungsadressat ist der Schuldner. Davon zu unterscheiden ist der Zustellungsempfänger, also derjenige, dem das Schriftstück tatsächlich ausgehändigt wird. Eine Identität der beiden ist nicht zwingend erforderlich, vielmehr sieht das Gesetz auch die Möglichkeit einer Ersatzzustellung nach den §§ 178 ff. ZPO vor, um einer Zustellungsvereitelung durch den Adressaten vorzubeugen.

hemmer-Methode: In Klausuren erfolgt die Ersatzzustellung häufig an den Partner einer nichtehelichen Lebensgemeinschaft. Dieser ist als „erwachsener ständiger Mitbewohner" i.S.d. § 178 I Nr. 1 ZPO anzusehen.

B. Vollstreckung in körperliche Sachen

hemmer-Methode: Die Bedeutung der Vollstreckung in das bewegliche Vermögen ist weniger praxisrelevant als die Forderungspfändung. Die Pfändung des beweglichen Vermögens ist aufgrund des direkt spürbaren Eingriffs für den Schuldner sehr brisant. So kann beispielsweise eine Taschenpfändung in der Stammkneipe äußerst unangenehm sein. Häufig werden auch Sachen mit persönlichem Bezug gepfändet. Zudem darf der Gerichtsvollzieher die Wohnung durchsuchen und eventuell Gewalt anwenden, § 758 ZPO. Im Übrigen entspricht der Verwertungserlös häufig nicht dem tatsächlichen Wert der Sache. *302*

Die Forderungspfändung läuft hingegen lautlos und ohne Eingriff in den direkten Lebensbereich des Schuldners ab.

Aber auch auf der Gläubigerseite ist die Forderungspfändung angenehmer, denn aufgrund der vielfältigen Pfändungsverbote, §§ 811 ff. ZPO, ist eine Sachpfändung häufig wenig erfolgversprechend. Gleichwohl ist die Sachpfändung bei insolventen Schuldnern manchmal die einzige Chance, auch nur ansatzweise Befriedigung zu erlangen.

I. Gegenstand der Vollstreckung

Sachbegriff nach §§ 90 ff. BGB

Der Begriff des körperlichen Gegenstandes in § 808 ZPO entspricht dem Sachbegriff der §§ 90 ff. BGB. Zu nennen sind insbesondere Autos, Schmuck, Antiquitäten, aber auch Bargeld, § 808 II BGB. *303*

1. Abgrenzung zur Immobiliarvollstreckung

Problem: Abgrenzung zur Immobiliarvollstreckung

Probleme treten hier aber weniger beim Sachbegriff selbst, sondern bei der Frage auf, ob bestimmte bewegliche Sachen überhaupt der Mobiliarvollstreckung unterfallen. Hier können sich aufgrund der unterschiedlichen funktionalen Zuständigkeit der Vollstreckungsorgane Abgrenzungsschwierigkeiten zwischen Mobiliar- und Immobiliarvollstreckung ergeben. Zuständig für die Immoboliarvollstreckung sind das Vollstreckungsgericht, § 1 I ZVG, bzw. das Grundbuchamt nach § 867 I ZPO. *304*

§ 865 ZPO

Ausgangspunkt für diese Schwierigkeiten ist § 865 ZPO, wonach bestimmte bewegliche Sachen der Immobiliarvollstreckung unterworfen werden.

hemmer-Methode: Konsequenz dieser Vorschrift: der Gerichtsvollzieher verliert seine Zuständigkeit für diese beweglichen Sachen. Pfändet er diese Sachen gleichwohl, kann sich der Schuldner dagegen mit der Vollstreckungserinnerung (zum Rechtsschutz in der Zwangsvollstreckung später) nach § 766 ZPO wehren.

Gleichlauf mit § 1120 BGB

Sinn und Zweck der Vorschrift des § 865 ZPO ist es, einen Gleichlauf mit § 1120 BGB herzustellen und so die wirtschaftliche Einheit des Grundstücks zu wahren.

Der Immobiliarvollstreckung unterliegen daher gem. §§ 865 I ZPO, 1120 BGB: 305

- wesentliche Bestandteile, §§ 93, 94 BGB,
- sonstige Bestandteile, soweit sie nach der Trennung nicht in das Eigentum eines anderen übergegangen sind, §§ 954 ff. BGB,
- Zubehör gemäß § 97 BGB, soweit dieses zum Eigentum des Schuldners gehört.

Zubehör und wesentliche Bestandteile nicht von Pfändung erfasst

Welche dieser Gegenstände (auch) von der Mobiliarpfändung erfasst sein können, ergibt sich aus § 865 II ZPO. Zubehörstücke und wesentliche Bestandteile unterfallen nach § 865 II S. 1 ZPO nie der Vollstreckung in das bewegliche Vermögen. Dies gilt unabhängig davon, ob eine Hypothek tatsächlich besteht oder nicht. Also sichert § 865 II ZPO nicht nur den Anspruch aus § 1147 BGB, sondern jedwede Vollstreckung in das Grundstück. 306

sonstige Bestandteile nur vor Beschlagnahme

Im Übrigen, also bei den sonstigen Bestandteilen, hängt die Möglichkeit einer Pfändung davon ab, ob bereits eine Beschlagnahme des Grundstücks stattgefunden hat, § 865 II S. 2 ZPO.

2. Pfändungsbeschränkungen

keine Kahlpfändung

Auch wenn der Schuldner grundsätzlich mit seinem gesamten Vermögen haftet, soll eine "Kahlpfändung" vermieden werden, indem bestimmte Gegenstände, die zum notwendigsten Lebensbedarf des Schuldners (oder dessen Angehörigen) gehören, aus sozialen Gründen von der Pfändung ausgenommen werden. Diese Beschränkungen hat der Gerichtsvollzieher von Amts wegen zu beachten. 307

hemmer-Methode: Auch hier gibt ein Verstoß des Gerichtsvollziehers dem Schuldner die Möglichkeit, mit der Erinnerung nach § 766 ZPO gegen die Vollstreckung vorzugehen.

§§ 811 ff. ZPO

Die Pfändungsbeschränkungen sind im Einzelnen in §§ 811 ff. ZPO geregelt. Als Beispiel für einen Gegenstand i.S.d. § 811 I Nr. 1 ZPO lässt sich der Fernseher nennen.

Während früher noch ein Rundfunkgerät als ausreichend für die Versorgung mit Informationen von außen angesehen wurde, hat sich der Fernseher heute soweit etabliert, dass sein Verbleib beim Schuldner anerkannt ist.

hemmer-Methode: § 811 ZPO ist absichtlich nicht konkret gefasst, sondern lässt Raum für gesellschaftliche Entwicklungen. So erscheint es durchaus denkbar, dass in naher Zukunft auch der private (sonst Nr. 5) Computer dem Zugriff des Gläubigers entzogen wird.

aber Austauschpfändung nach § 811a ZPO möglich

Zu bedenken ist aber stets die Möglichkeit der sog. Austauschpfändung, wonach der Schuldner einen weniger wertvollen Gegenstand anstelle des zu pfändenden erhält, § 811a ZPO (z.B. Bett mit Matratze statt Schlafcouch). Die Ersatzsache muss nach Güte und Haltbarkeit der Pfandsache entsprechen. Die Überlassung muss durch Eigentumsübertragung erfolgen; eine nur leihweise Überlassung genügt nicht. 308

Zuständig ist Vollstreckungsgericht

Wichtig: Die Zuständigkeit für die Austauschpfändung liegt nicht beim Gerichtsvollzieher, sondern beim Vollstreckungsgericht, § 811a II S. 1 ZPO. Der Gerichtsvollzieher kann aber unter den Voraussetzungen des § 811b ZPO eine vorläufige Austauschpfändung vornehmen.

3. Schuldnerfremde Sachen

Wie bereits mehrfach erwähnt, ist das Vollstreckungsverfahren sehr formalisiert. Der Gerichtsvollzieher prüft nicht, ob der Gegenstand den er zu pfänden beabsichtigt, im Eigentum, sondern nur, ob er im Gewahrsam des Schuldners steht, § 808 I ZPO. Sofern das Dritteigentum nicht evident ist, kann der Gerichtsvollzieher die Sache daher pfänden. Der Eigentümer hat allerdings die Möglichkeit, sich mit der sog. Drittwiderspruchsklage dagegen zu wehren (dazu später). 309

Eine wichtige Fallgruppe ist hier die Pfändung gläubigereigener Sachen.

Bsp.: *Vorbehaltsverkäufer V klagt auf Zahlung der ausstehenden Kaufpreisraten gegen K und gewinnt den Prozess. Da bei K nichts zu holen ist, pfändet er den unter Eigentumsvorbehalt gelieferten Fernseher.* 310

Die Pfändung eigener Sachen durch den Gläubiger ist nach h.M. möglich.

Früher war an dieser Stelle fraglich, ob der Pfändungsschutz nach § 811 ZPO eingreift. Diese Vorschrift gilt grundsätzlich nur bei Pfändungen wegen Geldforderungen, also auch im vorliegenden Fall.

Gleichwohl wurde die Anwendung der Vorschrift teilweise mit der Begründung abgelehnt, dass der Vorbehaltsverkäufer auch die Möglichkeit hätte, seinen Gegenstand nach §§ 346, 323 I, 449 II bzw. 985 BGB herauszuverlangen und nach erstrittenem Urteil gem. § 883 ZPO zu vollstrecken, in dessen Rahmen der § 811 ZPO aber nicht (auch nicht analog) anwendbar ist.

Dem wurde entgegengehalten, dass der Gerichtsvollzieher doch die Eigentumsverhältnisse prüfen müsste, wenn der Fernseher pfändbar wäre. Im Übrigen sei es dem Gläubiger auch durchaus zumutbar, seinen Herausgabeanspruch durchzusetzen und zu vollstrecken.

Mit der Einführung des § 811 II ZPO ist dieser Streit jedoch hinfällig geworden. Danach kann V den unter Eigentumsvorbehalt gelieferten Fernseher pfänden.

hemmer-Methode: Beachten Sie jedoch, dass § 811 II ZPO nur bestimmte Nummern des Absatzes 1 betrifft. Der BGH hatte sich mit der Frage zu befassen, ob ein unter Eigentumsvorbehalt gelieferter Grabstein wegen § 811 I Nr. 13 ZPO nicht gepfändet werden darf. Nach Ansicht des BGH handelt es sich nicht um einen Gegenstand, der unmittelbar für die Bestattung bestimmt ist. Der Pfändung stand daher nichts im Wege, ohne dass es auf § 811 II ZPO (analog) ankommen würde, vgl. BGH, Life&Law 04/2006, 251 ff.

II. Ablauf der Vollstreckung

1. Antrag

Tätigwerden nur auf Antrag

Der Gerichtsvollzieher wird nur auf Antrag des Gläubigers tätig, § 753 I ZPO. Dabei überlässt der Gläubiger dem Gerichtsvollzieher grundsätzlich die vollstreckbare Ausfertigung des Titels, § 754 I ZPO. Handelt es sich bei dem Titel um einen Vollstreckungsbescheid, der gem. § 796 I ZPO keiner Vollstreckungsklausel bedarf, muss unter den Voraussetzungen des § 754a I ZPO überhaupt keine Ausfertigung übermittelt werden. Gleiches gilt im Rahmen der Forderungspfändung gem. § 829a ZPO. 311

hemmer-Methode: Der Begriff "Auftrag" in § 753 I ZPO rührt aus der veralteten Auffassung her, der Gläubiger sei Träger der Vollstreckungsgewalt. Es kommt aber keinesfalls ein privat-rechtlicher Auftrag i.S.d. §§ 662 ff. BGB zustande, da der Gerichtsvollzieher als Amtsperson hoheitlich tätig wird.

Der "Auftrag" ist ein Generalauftrag, wobei jedoch konkrete Weisungen ebenfalls zu beachten sind, soweit sie nicht dem Gesetz (z.B. § 811 ZPO) oder den Interessen des Schuldners widersprechen.

Bsp.: *Der Gläubiger möchte die Münzsammlung des Schuldners nur pfänden lassen, weil er weiß, dass dieser besonders daran hängt.*

2. Zeitpunkt und Ort

Zeitpunkt

Der Gerichtsvollzieher darf die Vollstreckung grundsätzlich nur zur Tageszeit vornehmen, zur Nachtzeit und an Sonn- und Feiertagen nur unter den Voraussetzungen des § 758a ZPO. 312

Örtlich ist der Gerichtsvollzieher nur durch seine Zuständigkeit beschränkt. Im Übrigen kann er überall dort vollstrecken, wo der Schuldner Vermögensmasse hat. Für die Vollstreckung in Wohnungen ist § 758a ZPO zu beachten.

3. Gewahrsam

Gewahrsam des Schuldners entscheidend

Der Pfändung unterliegen nur solche Sachen, die sich im Gewahrsam des Schuldners befinden, § 808 I ZPO. Damit ist der äußerlich erkennbare Herrschaftsbereich gemeint. Der Gerichtsvollzieher prüft also nicht, ob der Schuldner auch Eigentümer des Gegenstandes ist. Abzugrenzen ist der Gewahrsam vom Besitz. Da es auf die tatsächliche Gewalt ankommt, hat etwa der mittelbare Besitzer keinen Gewahrsam! 313

hemmer-Methode: Sofern Sachen Dritter gepfändet werden, können diese sich mit der sog. Drittwiderspruchsklage gegen die Durchführung der Zwangsvollstreckung wehren, § 771 ZPO, dazu später. Es sei bereits hier darauf hingewiesen, dass an dieser Stelle dann stets die materielle Rechtslage im Hinblick auf das tatsächliche Eigentum zu prüfen ist. § 771 ZPO ist daher idealer Verknüpfungspunkt zwischen prozessualer und materieller Rechtslage, wobei sich insbesondere auch Fragen der Zulässigkeit einer Klage problemlos in die Klausur einbauen lassen.

bei Gewahrsam eines Dritten ⇨ § 809 ZPO

Soweit der Gerichtsvollzieher Sachen pfänden möchte, die sich im Gewahrsam eines Dritten befinden, kann er dies nur, wenn der Dritte zur Herausgabe bereit ist, § 809 ZPO. 314

Problem: Mitgewahrsam

Haben der Schuldner und ein Dritter gemeinsam Gewahrsam, so beeinträchtigt die Pfändung den Mitgewahrsam des Dritten. Daher ist auch hier Herausgabebereitschaft des Dritten erforderlich.

Handelt es sich bei den Mitgewahrsamsinhabern um Eheleute, gilt jedoch etwas anderes, wenn die Eigentumsvermutung des § 1362 BGB greift. Dann gilt im Rahmen der Zwangsvollstreckung unwiderlegbar nur der Schuldner als Gewahrsamsinhaber, § 739 ZPO (vgl. zur Anwendung auf die nichteheliche Lebensgemeinschaft BGH, Life&Law 04/2007, 237 ff.). Diese Vorschrift verlängert also die Eigentumsvermutung des § 1362 BGB in die Zwangsvollstreckung hinein. Die Pfändung richtet sich dann ausschließlich nach § 808 I ZPO, nicht jedoch nach § 809 ZPO.

hemmer-Methode: Auch hier besteht für den Dritten bei Verstoß eine Rechtsschutzmöglichkeit, nämlich die sog. Erinnerung nach § 766 I ZPO.

Nach dieser Vorschrift werden alle Verstöße gegen Verfahrensvorschriften gerügt, von Dritten jedoch nur, soweit die Verfahrensvorschriften - wie § 809 ZPO - "drittschützend" sind, sog. Dritterinnerung, dazu später. Als Gedankenstütze kann hier die Drittanfechtung von Verwaltungsakten dienen.

kein Gewahrsam bei Angestellten

Angestellte sind keine Dritten i.S.d. § 809 ZPO. Sie haben keinen Gewahrsam, sondern sind bloße Besitzdiener, § 855 BGB. Juristische Personen üben ihren Gewahrsam durch ihre Organe aus.

4. Durchführung der Pfändung

Geld, Kostbarkeiten, Wertpapiere: § 808 I ZPO

Soweit es sich um Geld Kostbarkeiten und Wertpapiere handelt, 315
bringt der Gerichtsvollzieher diese gem. § 808 I ZPO an sich, vgl. § 808 II ZPO.

im Übrigen Anbringung eines Kuckucks, § 808 II ZPO

Im Übrigen werden die Sachen im Gewahrsam des Schuldners 316
belassen, § 808 II ZPO. Allerdings bedarf eine wirksame Pfändung dann der Anbringung eines Pfandsiegels, das landläufig als "Kuckuck" bezeichnet wird.

Pfandsiegel muss Pfändung ersichtlich machen

Das Pfandsiegel muss fest mit dem gepfändeten Gegenstand 317
verbunden sein, denn es soll die Pfändung "ersichtlich machen". Sofern beispielsweise alle Gegenstände eines Raumes gepfändet werden sollen und der Gerichtsvollzieher das Pfandsiegel lediglich an der Tür befestigt, ohne dem Schuldner den Zugriff auf die in dem Raum befindlichen Sachen zu entziehen, reicht dies nicht aus. Eine solche Pfändung ist nichtig.

III. Wirkung des Pfändungsvorgangs

hemmer-Methode: Der folgende Abschnitt ist der komplizierteste im gesamten Zwangsvollstreckungsrecht. Er erfordert 318
eine sorgfältige, notfalls auch mehrmalige Bearbeitung. Verzagen Sie also nicht, wenn Sie die Ausführungen nicht auf Anhieb verstehen.

Die Pfändung durch den Gerichtsvollzieher hat zwei Wirkungen: das Eintreten der sog. Verstrickung und das Entstehen eines Pfändungspfandrechts.

1. Verstrickung

Verstrickung = Beschlagnahme i.S.d. §§ 135, 136 BGB

Mit Verstrickung bezeichnet man die Beschlagnahme der ge- 319
pfändeten Sache durch den Staat. Die Verstrickung führt dazu, dass der Schuldner die Verfügungsbefugnis über die Sache verliert, es entsteht ein relatives Verfügungsverbot nach den §§ 135, 136 BGB. Die Verstrickung wird zudem auch strafrechtlich geschützt, vgl. § 136 StGB.

a) Entstehung der Verstrickung

Nichtigkeit nur bei schwerwiegendem Verstoß

Die Verstrickung tritt grundsätzlich auch dann ein, wenn bei der Pfändung gegen Verfahrensvorschriften verstoßen wurde. Nur wenn ein schwerwiegender Verstoß vorliegt, wenn also beispielsweise gar kein Titel vorliegt oder ein funktional unzuständiges Organ gehandelt hat, ist die Verstrickung nichtig, und das Verfügungsverbot entsteht nicht. 320

hemmer-Methode: Auch hier können Sie Ihre Kenntnisse aus dem Verwaltungsrecht als Eselsbrücke gebrauchen. Auch dort ist die Nichtigkeit eines Verwaltungsaktes die Ausnahme, auch dort ist ein rechtswidriger Verwaltungsakt wirksam, wenn er nicht rechtzeitig angegriffen wird. Eine Angriffsmöglichkeit gegen Verfahrensverstöße bei der Pfändung bieten die Rechtsbehelfe der ZPO, dazu später.

Merken Sie sich vor allem, dass eine Verstrickung auch bei der Pfändung schuldnerfremder Sachen eintritt, denn entscheidend ist wegen § 808 ZPO nur der Gewahrsam des Schuldners.

b) Erlöschen der Verstrickung

Die Wirkung der Verstrickung entfällt bei deren Erlöschen. Erlöschensgründe sind die Aufhebung der Verstrickung durch den Gerichtsvollzieher, die Beendigung der Zwangsvollstreckung durch Verwertung und der gutgläubige Erwerb der gepfändeten Sache nach den Vorschriften der §§ 136, 135 II, 932 ff. BGB. 321

Merke: Das bloße Ablösen des Pfandsiegels führt nicht zum Erlöschen der Verstrickung!

2. Pfändungspfandrecht

§ 804 ZPO

Strikt von der Verstrickung zu trennen ist der Erwerb eines Pfändungspfandrechts durch den Gläubiger gem. § 804 I ZPO. Dieses hat dieselbe Wirkung wie ein Faustpfandrecht, § 804 II ZPO. Es gilt der allgemeine Prioritätsgrundsatz des § 1209 BGB. 322

Welche Voraussetzungen erfüllt sein müssen, damit ein Pfändungspfandrecht entsteht, ist umstritten. 323

öffentlich-rechtliche Theorie

aa) Nach der öffentlich-rechtlichen Theorie sind Entstehung von Verstrickung und Pfändungspfandrecht untrennbar verbunden. 324

Da die Vollstreckung ein öffentlicher Akt sei, lasse die Verstrickung auch gleichzeitig ein Pfändungspfandrecht entstehen. Nach dieser Theorie kann ein Pfändungspfandrecht auch an schuldnerfremden Sachen entstehen. 325

h.M.: gemischte Theorie

bb) Nach der herrschenden gemischten Theorie setzt die Entstehung neben der Verstrickung die rechtmäßige Durchführung der Pfändung voraus, wobei allerdings Verstöße gegen reine Ordnungsvorschriften außer Betracht bleiben (z.B. Verstoß gegen § 762 ZPO). Ein Pfändungspfandrecht an schuldnerfremden Sachen entsteht nach dieser Ansicht nicht. *326*

Daraus ergibt sich im Zusammenspiel mit der Verstrickung ein abgestuftes System:

- grober Verstoß gegen Verfahrensvorschriften:
  Verstrickung unwirksam und damit auch kein Pfändungspfandrecht
- Verstoß gegen materielle oder Verfahrensvorschriften:
  Verstrickung wirksam, Pfändungspfandrecht entsteht nicht (z.B. bei Pfändung schuldnerfremder Sachen)
- Verstoß gegen Ordnungsvorschriften:
  Verstrickung wirksam, Pfändungspfandrecht entstanden

hemmer-Methode: Die abstrakte Darstellung der Theorien führt kaum weiter. Auch wäre es verfehlt, immer alle Theorien in einer Klausur darzustellen, denn der Streit ist alt und ausgelutscht. Im Folgenden werden exemplarisch einige Konstellationen aufgeführt, in denen die Theorien sich in Begründung oder Ergebnis unterscheiden, wobei die Darstellung keine Vollständigkeit für sich beansprucht, sondern dem Konzept des Skriptes entsprechend "nur" Verständnis schaffen will.

G hat gegen S einen Anspruch auf Kaufpreiszahlung und erstreitet einen Titel. Der Gerichtsvollzieher pfändet daraufhin eine im Gewahrsam des S befindliche antike Uhr. Nach Verwertung und Auskehrung des Verwertungserlöses stellt sich heraus, dass die Uhr bereits zuvor zur Sicherheit an die D übereignet worden war. Hat die D einen Anspruch gegen G aus § 812 I S. 1 Alt. 2 BGB? *327*

hemmer-Methode: Ein Anspruch gegenüber dem Ersteigerer scheidet von vorneherein aus, da dieser durch staatlichen Hoheitsakt originär und kondiktionsfest Eigentum erworben hat. Zur Prüfung weiterer Ansprüche des Dritten gegen den Gläubiger vgl. Hemmer/Wüst, ZPO II, Rn. 281 f.

G hat in sonstiger Weise Eigentum und Besitz am Verwertungserlös erhalten (zu den Einzelheiten später).

Dies erfolgte auf Kosten der D, da eigentlich ihr der Erlös als Surrogat für das Eigentum analog § 1247 S. 2 BGB (lesen!) zugestanden hätte.

hemmer-Methode: Der Begriff der dinglichen Surrogation muss Ihnen geläufig sein. Dabei tritt kraft Gesetzes anstelle eines Gegenstandes bei Eingriff in ihn durch Delikt, Hoheitsakt oder rechtsgeschäftliche Verfügung sein Surrogat.

Allerdings bestand für die Bereicherung möglicherweise ein Rechtsgrund in Gestalt eines Pfändungspfandrechts. Nach der herrschenden gemischten Theorie ist ein Pfändungspfandrecht allerdings nicht entstanden, da die Uhr eine schuldnerfremde Sache ist. Ein gutgläubiger Erwerb eines Pfändungspfandrechts ist nicht möglich, da die Entstehung des Pfändungspfandrechts kraft Hoheitsakts und nicht aufgrund eines Vertrages geschieht.

Nach der öffentlich-rechtlichen Theorie ist hingegen ein Pfändungspfandrecht entstanden, da nach ihr die wirksame Verstrickung ausreichende Entstehungsvoraussetzung ist. Gleichwohl kommt auch die öffentlich-rechtliche Theorie zu dem Ergebnis, dass dem G der Erlös nicht verbleiben darf, da ihm das Pfändungspfandrecht nur ein formelles Recht zur Verwertung, nicht aber ein materielles zur Befriedigung einräume.

D hat damit gegen G einen Anspruch auf Erlösherausgabe.

hemmer-Methode: Hier tritt die Widersprüchlichkeit der öffentlich-rechtlichen Theorie zutage. Einerseits gewährt sie dem Gläubiger ein Pfändungspfandrecht, andererseits darf dieser den Erlös, welcher durch die auf dem Pfändungspfandrecht beruhende Verwertung erzielt wurde, nicht behalten. Mittlerweile kann man die Öffentlich-rechtliche auch als absolute Mindermeinung bezeichnen. Mit Thomas/Putzo hat sich in der 32. Auflage 2011 der wohl namhafteste Vertreter dieser Ansicht dem herrschenden Ansatz angeschlossen, vgl. dort § 804, Rn. 2.

X nimmt eine Sache des S weg, die G bei S ohne ordnungsgemäße Zustellung hat pfänden lassen. 328

Die Verstrickung ist wirksam. Mangels Zustellung ist nach h.M. ein Pfändungspfandrecht nicht entstanden. Um an die Sache zu gelangen, muss G den Herausgabeanspruch des S gegen X nach §§ 846 ff. ZPO pfänden lassen. Nach der objektiven Theorie kann G hingegen Herausgabe der Sache von X nach §§ 804 II ZPO, 1227, 985 BGB verlangen.

hemmer-Methode: Gedanklich müssen Sie einen solchen Fall so lösen, dass Sie sich zunächst fragen, welche Anspruchsgrundlage sich ergeben könnte, wenn G ein Pfändungspfandrecht besäße. Hier ist die Verweisungskette der §§ 804 II ZPO, 1227, 985 BGB sehr examenstypisch.

Dann müssen Sie die Voraussetzungen der Entstehung nach den verschiedenen Theorien überprüfen und den Sachverhalt nach Hinderungsgründen durchsuchen. Dabei sollten Sie sich an der gemischten Theorie orientieren.

Zum Zusammenspiel von Verstrickung und Pfändungspfandrecht nun noch ein abschließender Beispielsfall:

G lässt eine Sache des S vom Gerichtsvollzieher pfänden. S entfernt das von GV angebrachte Pfandsiegel und veräußert die Sache an D, der von den vorherigen Vorgängen nichts wusste. G verlangt von D die Sache zur Verwertung heraus. Zu Recht? 329

Ein Anspruch könnte sich aus §§ 804 II ZPO, 1227, 985 BGB ergeben.

Ein solcher Anspruch setzt zunächst voraus, dass G ein Pfändungspfandrecht hat. Ein solches hat er durch die Anbringung des Pfandsiegels erlangt. Das Pfändungspfandrecht ist auch nicht durch das Ablösen des Pfandsiegels erloschen, da der Bestand eines einmal entstandenen Pfandrechts nicht von seiner weiteren Erkennbarkeit abhängt.

Allerdings könnte das Pfändungspfandrecht durch einen gutgläubig lastenfreien Erwerb des D erloschen sein.

D müsste also zunächst Eigentum an der Sache erworben haben. Die nach § 929 S. 1 BGB erforderlichen Voraussetzungen der Einigung und der Übergabe liegen vor, allerdings fehlte es dem S aufgrund der wirksamen Verstrickung und dem daraus resultierenden relativen Verfügungsverbot (§§ 135, 136 BGB) an der Verfügungsbefugnis.

Da D aber von der Pfändung nichts wusste, hat er das Eigentum gutgläubig gem. §§ 136, 135 II, 929 S. 1, 932 BGB erworben.

Da D auch gutgläubig hinsichtlich der Lastenfreiheit war, ist das Pfändungspfandrecht gem. § 936 I, II BGB erloschen.

Daher hat G gegen D keinen Anspruch auf Herausgabe der Sache.

hemmer-Methode: Hier galt es zu erkennen, dass hinsichtlich des gutgläubigen Erwerbs zwischen Verstrickung und Pfändungspfandrecht unterschieden werden muss. Die Frage des „ob“ (erwirbt man das Eigentum relativ oder absolut) richtet sich nach den §§ 136, 135 II, 932 ff. BGB, die Frage des "wie" (belastet oder unbelastet) nach § 936 BGB!

IV. Die Verwertung

Befriedigung des Gläubigers

Mit der Pfändung allein ist dem Gläubiger nicht gedient. Er hat 330
damit zwar einen schuldnereigenen Gegenwert für seine Forderung "gesichert", die eigentliche Befriedigung steht aber noch aus. Die Befriedigung des Gläubigers ist schließlich auch das Ziel der Verwertung.

Grundlage für die Verwertung ist die Verstrickung.

1. Verwertung von Geld

§ 815 ZPO

Sehr einfach stellt sich die Situation dar, wenn der Gerichtsvoll- 331
zieher beim Schuldner Geld pfänden kann. Die Verwertung geschieht dann durch die Ablieferung beim Gläubiger, § 815 I ZPO.

Der Gläubiger erwirbt kraft staatlichen Hoheitsakts Eigentum an dem Geld, unabhängig davon, in wessen Eigentum das Geld zuvor tatsächlich stand. Denn Grundlage für die Verwertung ist eben nur die Verstrickung, die auch an schuldnerfremdem Geld wirksam wird.

hemmer-Methode: Eine andere Frage ist, ob der Gläubiger das Geld behalten darf. War Eigentümer zuvor ein Dritter, kann dieser das Geld vom Gläubiger nach § 812 I S. 1 Alt. 2 BGB zurückverlangen, je nachdem welcher Ansicht man zur Entstehung eines Pfändungspfandrechtes folgt, mit unterschiedlicher Begründung, vgl. dazu später.

§ 815 III ZPO

Wichtig ist noch die Regelung des § 815 III ZPO. Sie ist eine Gefahrtragungsregel im Hinblick auf den Verlust des Geldes zwischen Pfändung beim Schuldner und Ablieferung beim Gläubiger. Verliert der GV das Geld oder unterschlägt er es, so wird der Schuldner frei, er muss also nicht noch mal zahlen. Dieses Risiko trägt der Gläubiger, der sich in einem solchen Fall dann an den Staat halten muss (ggfs. gem. § 839 BGB i.V.m. Art. 34 GG).

Nach Ansicht des BGH gilt diese Regelung auch dann, wenn der Schuldner freiwillig an den Gerichtsvollzieher zahlt. Zwar steht er dann besser, als hinsichtlich der materiell-rechtlichen Regelung (Geldschuld als qualifizierte Schickschuld, § 270 I BGB), wo der Schuldner das Verlustrisiko tragen würde. Es macht aber letztlich keinen Unterschied, ob der Gerichtsvollzieher dem Schuldner das Geld wegnimmt, oder dieser es vor dem Eindruck der drohenden Vollstreckung „freiwillig" an den Gerichtsvollzieher herausgibt.

2. Verwertung anderer Sachen

§§ 816 ff. ZPO

Hier bedarf es zur Verwertung der Versteigerung der gepfändeten 332
Sache.

Um hier nicht den Überblick zu verlieren, empfiehlt es sich, den Versteigerungsvorgang in mehrere Phasen zu unterteilen:

- die Versteigerung als solche
- der Zuschlag an den Erwerber
- die Aushändigung an den Erwerber
- die Zahlung durch den Erwerber
- die Auszahlung des Erlöses an den Gläubiger

Ein besonderes Verwertungsverfahren ist nicht vorgeschrieben. Der Gläubiger kann sogar nach § 825 ZPO eine andere Verwertungsart als die Versteigerung vorschlagen, wenn z.B. die Aussicht besteht, auf diese Weise einen höheren Erlös zu erzielen. In diesem Zusammenhang ist zu berücksichtigen, dass der Gesetzgeber selbst nun die Möglichkeit einer Versteigerung im Internet vorsieht, vgl. § 817 I S.2 ZPO.

a) Das Verfahren bis zur Versteigerung ergibt sich aus den §§ 814, 816 ZPO. Auch Gläubiger und Eigentümer (= Schuldner) dürfen mitbieten, §§ 816 IV ZPO, 1239 S. 1 BGB. 333

Zuschlag, § 817 I ZPO

b) Auch wenn der Zuschlag ein öffentlicher Akt ist, kommt durch den Zuschlag ein kaufähnlicher Vertrag zustande, denn der Meistbietende erwirbt einen Anspruch gegen den Staat auf Übereignung, §§ 817 I S.3, 156 BGB. Da die Sachen des Schuldners aber nicht "verscherbelt" werden dürfen, bestimmt § 817a I ZPO, dass der Zuschlag nur dann erfolgen darf, wenn er auf ein Gebot erfolgt, das mindestens dem halben gewöhnlichen Verkaufswert entspricht. Sofern ein Angebot in dieser Höhe nicht erfolgt, kann der Gläubiger einen erneuten Termin oder eine andere Verwertungsart nach § 825 ZPO beantragen. 334

hemmer-Methode: Der Meistbietende erhält durch den Zuschlag nicht nur einen Anspruch auf Übereignung. Es entsteht für ihn auch eine Obliegenheit, die Sache noch vor Ende der Versteigerung gegen Zahlung des "Kaufpreises" herauszuverlangen. Kommt er dieser Obliegenheit nicht nach, wird die Sache erneut versteigert. Für einen etwaigen Ausfall muss der Meistbietende haften, § 817 III ZPO.

da hoheitlicher Akt, §§ 929 ff. BGB nicht anwendbar

c) Da das Eigentum öffentlich-rechtlich übertragen wird, kommen die §§ 929 ff. BGB nicht zur Anwendung. Der Gerichtsvollzieher überträgt das Eigentum per Staatsakt, so dass auch eine etwaige Kenntnis vom fehlenden Eigentum des Schuldners nicht schadet. 335

Das liegt daran, dass Grundlage der Versteigerung eben nur die wirksame Verstrickung ist, die aber auch an schuldnerfremden Sachen entsteht.

Befreiung von der Barzahlungspflicht bei Zuschlag an den Gläubiger

d) Die Aushändigung der Sache erfolgt Zug um Zug gegen Zahlung des Geldes. Ersteigert der Gläubiger die Sache, ist dieser von der Barzahlungspflicht befreit, § 817 IV ZPO. Besonderheiten treten aber auf, wenn der Erlös nicht ausreicht, um neben der Forderung auch die Versteigerungskosten zu tilgen. 336

Bsp.: *G hat gegen S eine Forderung i.H.v. 10.000 €. Versteigert wird die Münzsammlung des S, den Zuschlag erhält G für 10.000 €. Die Kosten der Versteigerung belaufen sich auf 200 €.* 337

Hier wird G nach § 817 IV ZPO nur insoweit frei, als der Erlös "nach Abzug der Kosten" zu seiner Befriedigung zu verwenden ist, also nur i.H.v 9.800 €. G muss demnach 200 € an den Gerichtsvollzieher zahlen.

Dieses Ergebnis überzeugt auch wertungsmäßig, denn hätte ein Dritter den Zuschlag für 10.000 € erhalten, hätte G von diesen 10.000 € auch nur 9.800 € bekommen.

Auch wenn es auf den ersten Blick dadurch so aussieht, als habe der Gläubiger die Versteigerungskosten zu tragen, ist Letztverpflichteter diesbezüglich der Schuldner, § 788 I ZPO.

Zwar hat die Versteigerung einen dem Wert der geschuldeten Forderung entsprechenden Betrag eingespielt, davon getilgt werden zunächst aber die Versteigerungskosten, die der Schuldner zu tragen hat, § 788 I ZPO. Daher bleibt die Forderung des G in Höhe der Versteigerungskosten von 200 € gegen S bestehen.

dingliche Surrogation bzgl. Versteigerungserlös

Ersteigert ein Dritter die Sache, tritt der von ihm gezahlte Betrag an die Stelle der versteigerten Sache. Im Wege dinglicher Surrogation (§ 1247 S. 2 BGB) setzt sich das Eigentum an der Sache an dem Geld fort. Der Schuldner wird Eigentümer des Geldes, der Gläubiger erwirbt ein Pfändungspfandrecht an dem Geld. 338

hemmer-Methode: Wurde eine schuldnerfremde Sache versteigert, ist Eigentümer des Geldes der frühere Eigentümer der Sache. Ein Pfändungspfandrecht am Geld besteht nach der herrschenden gemischten Theorie nicht, vgl. oben.

Ab diesem Moment ist die Rechtslage identisch mit der bei der Verwertung von Geld. Entsprechend § 815 III ZPO bestimmt § 819 ZPO, dass die Inempfangnahme durch den Gerichtsvollzieher als Zahlung des Schuldners gilt, also die Gefahr der Weiterleitung an den Gläubiger auf diesen übergeht.

durch Auszahlung Eigentumsübergang kraft Hoheitsakt

e) Zahlt der Gerichtsvollzieher den Erlös an den Gläubiger aus, wird dieser Eigentümer des Geldes kraft Hoheitsaktes. Ob eine schuldnerfremde Sache versteigert bzw. schuldnerfremdes Geld ausgekehrt wurde, spielt wie bei der Eigentumsübertragung bzgl. der Sache an den Ersteigerer keine Rolle. 339

Übersteigt der Erlös die zu befriedigende Forderung, geht der Rest des Geldes an den Schuldner, § 1247 S. 2 BGB analog.

hemmer-Methode: Wiederum ist zu klären, wie sich die Rechtslage darstellt, wenn schuldnerfremdes Geld ausgekehrt wird. Dass der Dritte das Eigentum an dem Geld verliert, wurde bereits geklärt. Fraglich ist allerdings, ob er mit Hilfe des Bereicherungsrechts gegen den Gläubiger vorgehen kann. Das hängt entscheidend davon ab, ob auf Seiten des Gläubigers ein rechtlicher Grund für den Eigentumserwerb bestand.
An dieser Stelle tauchen dann wieder die verschiedenen Theorien zur Entstehung eines Pfändungspfandrechts auf, vgl. bereits oben. Die Einzelheiten werden im Rahmen der Drittwiderspruchsklage erläutert, dem Rechtsbehelf, der Dritten gegen die Zwangsvollstreckung zusteht, wenn sie materiellrechtliche Einwendungen gegen die Zwangsvollstreckung haben (vgl. Rn. 386 ff.).
Hier nur so viel: Ziel dieser Klage ist es, die Zwangsvollstreckung durch das Gericht für unzulässig erklären zu lassen. Da die Vollstreckung aber mit der Auskehrung des Erlöses an den Gläubiger bereits beendet ist, kann dieses Ziel nicht mehr erreicht werden. Der Dritte muss die Klage dann auf eine Leistungsklage umstellen, mit dem Antrag, den Gläubiger auf Zahlung des Erlöses zu verurteilen. Man spricht dann von einer sog. fortgesetzten oder verlängerten Drittwiderspruchsklage.

C. Forderungspfändung

angenehmer für Schuldner und Gläubiger

In der Praxis wird der Gläubiger es i.d.R vorziehen, wegen seiner ausstehenden Forderungen in Forderungen zu vollstrecken, die dem Schuldner gegen einen Dritten zustehen (z.B. Arbeitslohn). Diese Art der Vollstreckung ist "sauberer", denn der direkte Kontakt mit der Privatsphäre des Schuldners wird vermieden. 340

Vollstreckungsgericht zuständig

Vollstreckungsorgan ist in diesem Bereich das Vollstreckungsgericht, §§ 828 I, 802 ZPO, nach § 764 I ZPO das Amtsgericht, das durch den Rechtspfleger nach § 20 I Nr. 17 RPflG entscheidet.

hemmer-Methode: Die nachfolgenden Ausführungen beschäftigen sich ausschließlich mit der Vollstreckung in Geldforderungen, da es uns hier um die Vermittlung des Grundverständnisses geht. Sofern Sie Ihre Kenntnisse in der Vollstreckung in andere Vermögensrechte vertiefen wollen, sei auf die Ausführungen in Hemmer/Wüst, ZPO II verwiesen.

I. Gegenstand

Die Forderungen, in die vollstreckt werden soll, müssen bestimmten Anforderungen genügen. 341

1. Bestimmbarkeit

Forderungen sind körperlich nicht fassbar. Daher kann sich das Vollstreckungsorgan - anders als bei der Sachpfändung - keinen schnellen Überblick über den Forderungsbestand des Schuldners machen. Infolgedessen muss der Gläubiger hier einen bestimmten Vollstreckungsantrag stellen, in dem er die Forderung, die es zu pfänden gilt, genau bezeichnet, wobei es ausreicht, dass für das Vollstreckungsgericht ersichtlich ist, um welche Forderung es sich handelt. 342

hemmer-Methode: Dieser Antrag ist auch für den Drittschuldner wichtig. Auch er muss wissen, welche Forderungen gegen ihn der Pfändung unterliegen, damit der betreffende Betrag nicht an den Schuldner ausgekehrt wird.

Soweit Gegenstand der Pfändung zukünftige Forderungen sind, müssen diese nach Rechtsgrund und Drittschuldner bestimmt sein (z.B. zukünftiges Arbeitseinkommen).

2. Unpfändbare Forderungen

§ 851 ZPO, § 400 BGB

Entsprechend § 400 BGB normiert § 851 I ZPO, dass Forderungen, die laut Gesetz unübertragbar sind, nicht gepfändet werden dürfen, vgl. z.B. § 717 S. 1 BGB (z.B. Unterhaltsansprüche). 343

§ 851 II ZPO

§ 851 II ZPO will verhindern, dass Schuldner und Drittschuldner die Unabtretbarkeit vereinbaren und so die Wirkung des § 851 I ZPO herbeiführen. Das würde eine Forderungspfändung unmöglich machen. Daher schränkt die Vorschrift die Wirkung des § 399 BGB ein. Nach § 399 BGB nicht abtretbare Forderungen können daher gepfändet werden, soweit nicht ein Pfändungsschutz eingreift, §§ 850 ff. ZPO (dazu sogleich).

3. Pfändungsbeschränkungen

§§ 850 ff. ZPO

Wie im Rahmen der Sachpfändung (§§ 811 ff. ZPO) gibt es auch bei der Forderungspfändung Beschränkungen. Die §§ 850 ff. ZPO wollen das Arbeitseinkommen des Schuldners vor einem ungehinderten Zugriff des Gläubigers schützen und somit eine Kahlpfändung vermeiden. Der Schuldner soll also nicht der Sozialhilfe anheimfallen. § 850 ZPO definiert das Arbeitseinkommen, die §§ 850a ff. ZPO konkretisieren die Pfändungsbeschränkungen. 344

hemmer-Methode: Die Erläuterung aller Einzelheiten der §§ 850 ff. ZPO würde hier zu weit führen, ist aber auch nicht erforderlich, da sich die wichtigsten Punkte aus dem Gesetzestext entnehmen lassen. Lesen Sie die Vorschriften einmal durch, um mit den verschiedenen Regelungen vertraut zu werden. Relevant ist häufig nur § 850c ZPO, wonach sich bestimmte Pfändungsgrenzen der Höhe nach ergeben.

II. Ablauf der Vollstreckung

Wie bereits erwähnt, stellt der Gläubiger einen bestimmten Antrag beim Vollstreckungsgericht. Der Rechtspfleger beim Amtsgericht prüft dann, ob die Vollstreckungsvoraussetzungen, also Titel, Klausel und Zustellung, gegeben sind und ob der Gläubiger das Bestehen einer Forderung des Schuldners gegen einen Dritten schlüssig dargelegt hat. 345

Liegen diese Voraussetzungen vor, erlässt der Rechtspfleger einen sog. Pfändungs- und Überweisungsbeschluss. Durch den Pfändungsbeschluss werden Verstrickung und Pfändung bewirkt. Der Überweisungsbeschluss dient der Befriedigung des Gläubigers.

hemmer-Methode: Achtung! Zwar werden Pfändungs- und Überweisungsbeschluss in der Praxis zusammen erlassen. Gleichwohl ist auch bei der Forderungspfändung streng zwischen Pfändung und Verwertung zu unterscheiden.

Pfändung wird durch Zustellung an DS bewirkt, § 829 III ZPO

Der Pfändungsbeschluss ist dem Drittschuldner von dem Gläubiger zustellen zu lassen, § 829 II S. 1 ZPO. Durch die Zustellung gilt die Pfändung der Forderung als bewirkt, § 829 III ZPO.

Ebenso ist der Pfändungsbeschluss dem Schuldner zuzustellen. Diese Zustellung ist allerdings keine Wirksamkeitsvoraussetzung für die Pfändung.

Um zu vermeiden, dass der Schuldner vor der Pfändung noch schnell über die Forderung verfügt, erfolgt zuvor keine Anhörung, § 834 ZPO.

III. Wirkungen der Pfändung

Verstrickung u. PfändungspfandR

Durch die Pfändung wird die Verstrickung bewirkt, und es entsteht ein Pfändungspfandrecht an der Forderung. 346

1. Umfang

Bsp.: *A hat gegen B einen Titel über 1.000 €. A lässt eine Werklohnforderung des B gegen C i.H.v. 2.000 € pfänden.* 347

Eine solche Pfändung wird als zulässig erachtet. Wird die Pfändung seitens des Gläubigers nicht auf einen Teilbetrag beschränkt (Teilpfändung), umfasst die Pfändung die Forderung mitsamt Zinsen und Nebenrechten gem. § 401 BGB.

Die Zulässigkeit eines solchen Vorgehens ergibt sich daraus, dass vorher nie absehbar ist, wie wertvoll die Forderung tatsächlich ist.

Lediglich hinsichtlich der Befriedigung ist der Gläubiger gem. § 1282 I S. 2 BGB an die Höhe seiner Forderung gebunden.

Dem Schuldner bleibt nur die Möglichkeit, sich gegen eine Überpfändung mit der Erinnerung nach § 766 ZPO zu wehren.

2. Wirkungen im Einzelnen

Der Pfändungsbeschluss trifft mehrere Anordnungen, die von den Rechtsfolgen zu unterscheiden sind. 348

349

Der Pfändungsbeschluss:

Anordnungen:

- Arrestatorium, § 829 I S. 1 ZPO
- Inhibitorium, § 829 I S. 2 ZPO

Rechtsfolgen:

- Verstrickung, §§ 135, 136 BGB
- Pfändungspfandrecht, § 804 ZPO

§ 829 I ZPO

Der Drittschuldner darf nicht mehr an den Schuldner zahlen, § 829 I S. 1 ZPO (Arrestatorium), der Schuldner darf nicht mehr über die Forderung verfügen, § 829 I S. 2 ZPO (Inhibitorium).

Sollte der Schuldner gleichwohl eine Verfügung treffen, wäre diese aufgrund der Wirkungen der §§ 135, 136 BGB gegenüber dem Gläubiger relativ unwirksam. Relativ unwirksam i.d.S. wäre auch eine Zahlung seitens des Drittschuldners.

3. Pfändung einer schuldnerfremden Forderung

Sofern es bei der Pfändung zu Verfahrensfehlern kommt, gilt das zur Sachpfändung Gesagte entsprechend. Die Vollstreckungsmaßnahme ist wirksam, aber gem. § 766 ZPO angreifbar. 350

Unterschiede bestehen aber, wenn der Vollstreckungsgegenstand hier nicht dem Schuldner zusteht.

hemmer-Methode: Zur Erinnerung: Bei der Pfändung schuldnerfremder Sachen tritt nach allen Ansichten zumindest die Verstrickung ein, die ja Grundlage der Verwertung ist und dem Ersteigerer die Möglichkeit verschafft, originär Eigentum an der Sache zu erwerben. Nach h.M. entsteht jedoch kein Pfändungspfandrecht an der Sache, das für den Gläubiger Grundlage für das Behaltendürfen des Erlöses ist.

Die Pfändung einer schuldnerfremden Forderung geht (ebenso wie die rechtsgeschäftliche Abtretung einer fremden Forderung) völlig ins Leere. Die Unterschiede zur Sachpfändung lassen sich an folgendem Beispiel erläutern:

Bsp.: *A pfändet am 12.05. eine Forderung des C bei D. Am 14.05. pfändet B dieselbe Forderung. C hatte die Forderung bereits am 10.05. an E zur Sicherheit abgetreten und von diesem am 13.05. zurückerhalten. Hat A ein (vorrangiges) Pfändungspfandrecht an der Forderung?* 351

Die Pfändung am 12.05. ging ins Leere, da die Forderung zu dieser Zeit schuldnerfremd war und ein Pfändungspfandrecht dann nach einhelliger Ansicht nicht entsteht.

Ein Pfändungspfandrecht könnte aber mit der Rückabtretung der Forderung an C am 13.05. entstanden sein. Dann müsste im vorliegenden Fall § 185 II S. 1 Alt. 2 BGB Anwendung finden.

Unmittelbar ist die Vorschrift nicht anwendbar, da Verfügungen im Wege der Zwangsvollstreckung keine rechtsgeschäftlichen Verfügungen sind.

Allerdings kommt eine analoge Anwendung im Bereich der Zwangsvollstreckung grundsätzlich in Betracht. Zu dieser Möglichkeit ist ein Vergleich mit der Pfändung schuldnerfremder Sachen hilfreich.

Sofern eine schuldnerfremde Sache gepfändet wird, die der Schuldner später zu Eigentum erwirbt, setzt sich die Pfändung am Eigentum fort. Der Schuldner erwirbt Eigentum, der Gläubiger gleichzeitig ein Pfändungspfandrecht. Dies resultiert daraus, dass bei Pfändung einer schuldnerfremden Sache mit der Verstrickung immerhin ein wirksamer Hoheitsakt vorliegt.

Daran fehlt es jedoch der Pfändung einer schuldnerfremden Forderung, die nach h.M. gänzlich ins Leere geht. Erwirbt der Schuldner die Forderung daher - wie vorliegend - nach der Pfändung, so findet § 185 II BGB keine Anwendung.

Dies ist auch interessengerecht, da der Drittschuldner (hier D) sonst künftige Rechtsänderungen berücksichtigen müsste. Pfändungsbeschlüsse, die im Zeitpunkt der Zustellung gegenstandslos sind, müssten im Hinblick auf einen etwaigen Rechtserwerb des Schuldners beachtet werden.

hemmer-Methode: Erkennen Sie die Parallele zum materiellen Recht: Ein gutgläubiger Forderungserwerb ist nicht möglich, da Forderungen keinen Rechtsscheinträger haben. So kann auch in der Zwangsvollstreckung an einer schuldnerfremden Forderung keine Verstrickung eintreten, die Grundlage für das spätere Entstehen eines Pfändungspfandrechts sein könnte, wenn der Schuldner die Forderung erwirbt.

Demnach hat A an der Forderung kein Pfändungspfandrecht erworben. Eine nochmalige Pfändung brächte A nur ein nachrangiges Recht hinter B.

IV. Die Verwertung

§ 835 I ZPO

352 Hier spielt der schon oben erwähnte Überweisungsbeschluss die wichtigste Rolle, § 835 I ZPO. Dem Gläubiger wird die Forderung *wahlweise* zur Einziehung (§§ 835 I Alt. 1, 836 ZPO) oder an *Zahlungs statt* (§ 835 I Alt. 2, II ZPO) überwiesen.

353 Die Überweisung an Zahlungs Statt hat die Wirkung einer Abtretung. Durch den Übergang gilt der Gläubiger als befriedigt, § 835 II ZPO.

hemmer-Methode: Wegen dieser Wirkung trägt der Gläubiger das Liquiditätsrisiko des Drittschuldners. Ist die Forderung uneinbringlich, kann er nicht mehr auf seinen Schuldner zurückgreifen. Deshalb kommt diese Verwertungsform in der Praxis eher selten vor, ist aber gleichwohl klausurrelevant.

i.d.R. Überweisung zur Einziehung

354 Der Regelfall ist die Überweisung zur Einziehung. Hier wird der Gläubiger lediglich ermächtigt, die dem Schuldner verbleibende Forderung gegen den Drittschuldner geltend zu machen. Es handelt sich dabei um einen Fall der gesetzlichen Prozessstandschaft, vgl. § 836 I ZPO.

hemmer-Methode: Klagt der Vollstreckungsgläubiger die Forderung dann gegen den Drittschuldner ein, müssen Sie § 836 I ZPO also auch in der Zulässigkeit der Klage prüfen, denn es wird ein fremdes Recht im eigenen Namen geltend gemacht.

bei Uneinbringlichkeit weiteres Vorgehen gegen Schuldner möglich

Ist die Forderung gegen den Drittschuldner hier uneinbringlich, verbleibt dem Gläubiger immer noch seine Forderung gegen den Schuldner. Es ist ihm also nicht verwehrt, weitere Vollstreckungsmaßnahmen gegen den Schuldner einzuleiten.

hemmer-Methode: Als Eselsbrücke können Sie hier die Vorschrift des § 364 BGB heranziehen. Die Überweisung an Zahlungs statt wirkt wie die Annahme an Erfüllung statt, die Überweisung zur Einziehung wie die Annahme erfüllungshalber.

bei Leistungsklage gegen DS wird Schuldner der Streit verkündet

Zahlt der Drittschuldner nicht freiwillig an den Gläubiger, muss dieser den Drittschuldner auf Leistung verklagen. In diesem Prozess hat der Gläubiger dem Schuldner den Streit zu verkünden, § 841 ZPO. Diese Streitverkündung liegt im Interesse des Schuldners, was sich aus folgender Überlegung ergibt:

Streitverkündung im Interesse des Schuldners

Ein Urteil zwischen Gläubiger und Drittschuldner wirkt auch gegenüber dem Schuldner, der ja Inhaber der Forderung ist. Wird der Gläubiger nun mit seiner Klage abgewiesen, weil der Drittschuldner Einwendungen geltend macht, die der Gläubiger nicht entkräften kann, ist er nicht gehindert, erneut gegen den Schuldner vorzugehen, s.o.

Der Schuldner könnte also einerseits wegen der Rechtskrafterstreckung auf ihn nicht mehr gegen den Drittschuldner vorgehen und müsste andererseits befürchten, dass eine weitere seiner Forderungen (gegen wen auch immer) gepfändet wird. Daher ist es sinnvoll, dass der Schuldner im Prozess gegen den Drittschuldner auf Seiten des Gläubigers streitet, um so eine Verurteilung des Drittschuldners zu erreichen. Verstößt der Gläubiger gegen diese Pflicht, ist er dem Schuldner zum Ersatz des daraus entstehenden Schadens verpflichtet.

bei verzögerter Beitreibung SE-anspruch gegen Gläubiger, § 842 ZPO

Eng damit verbunden ist der Schadensersatzanspruch des Schuldners nach § 842 ZPO im Falle der Verzögerung der Beitreibung. § 842 ZPO greift nur im Falle der Überweisung zur Einziehung. Bei der Überweisung an Zahlungs Statt ist der Gläubiger ja im Moment der Überweisung befriedigt, vgl. § 835 II ZPO, weshalb eine Verzögerung der Beitreibung allein zu Lasten des Gläubigers selbst gehen kann.

V. Rechtsverhältnis zwischen Gläubiger und Drittschuldner

Nicht immer zahlt der Drittschuldner bereitwillig an den Gläubiger. 355
Häufig hat der Drittschuldner Einwendungen gegen die Forderung des Schuldners, die er nun gegen den Gläubiger geltend machen will.

1. Einwendungen

Bsp. (1): *D kauft bei S einen Fernseher. G pfändet den Kauf-* 356
preisanspruch des S gegen D. D wendet ein, er habe den Kaufvertrag wirksam angefochten, ein Anspruch gegen ihn bestehe mithin gar nicht.

Die Pfändung geht hier ins Leere, da überhaupt keine Forderung bestand. Will D die Einwendung der Anfechtung im Prozess geltend machen, kann er sich dazu auf §§ 412, 404 BGB berufen (die im Falle der Überweisung zur Einziehung nur analog gelten, da die Forderung in dieser Variante ja nicht auf den Gläubiger übergeht). Der Drittschuldner soll gegenüber dem Gläubiger nicht schlechter stehen als gegenüber dem Schuldner.

Gleichzeitig kann D die vollstreckungsrechtliche Einwendung geltend machen, dass die Pfändung ins Leere gegangen und der Gläubiger daher nicht Berechtigter einer Forderung gegenüber dem Drittschuldner geworden ist, weil eine Forderung überhaupt nicht bestand.

hemmer-Methode: Letztlich bedingen sich vollstreckungsrechtliche und materiellrechtliche Einwendung hier. Mit der vollstreckungsrechtlichen Einwendung wird die Unwirksamkeit der Pfändung geltend gemacht. Mit der materiellrechtlichen Einwendung soll der Rechtsschein des Übergangs der Forderung auf G beseitigt werden. Unterschiede ergeben sich eigentlich nur dann, wenn der Drittschuldner eine echte Einrede geltend macht (z.B. Verjährung). Dann ist die Pfändung zwar wirksam, aber der Drittschuldner kann die Zahlung aus materiellrechtlichen Gründen verweigern.
Eine Konstellation, in der nur der vollstreckungsrechtliche Einwand der Nichtigkeit der Pfändung durchgreift, wäre der, dass ein funktional unzuständiges Vollstreckungsorgan gehandelt hat. Dann wäre die Klage abzuweisen, ohne dass dem Drittschuldner eine materiellrechtliche Einwendung zusteht.
Ist die Pfändung nicht nichtig (wie oben), sondern nur fehlerhaft (z.B. wegen Verletzung einfacher Verfahrensvorschriften), kann der Drittschuldner dies nicht im Prozess gegen den Gläubiger geltend machen. Dieser Fehler muss nach h.M. gesondert mit der Erinnerung nach § 766 ZPO angegriffen werden.

Bsp. (2): *G hat D den Pfändungs- und Überweisungsbeschluss mittels Ersatzzustellung an die Ehefrau zukommen lassen. In Unkenntnis dieses Vorgangs leistet D an S.* 357

Hätte D vorliegend Kenntnis von der Zustellung gehabt, wäre die Zahlung an S dem G gegenüber relativ unwirksam, §§ 135, 136 BGB. D hätte dann Kenntnis gehabt, wenn ihm die Kenntnis seiner Ehefrau zuzurechnen wäre.

Dies ist jedoch nicht der Fall.

Zwar ist die Ersatzzustellung nach § 178 ZPO wirksam, eine Zurechnung der Kenntnis über § 166 I BGB hat dies jedoch nicht zur Folge, da die Ehefrau nicht als Vertreterin, sondern lediglich als Empfangsbotin anzusehen ist.

Da D also in Unkenntnis von der Ersatzzustellung gezahlt hat, muss G sich dies entsprechend § 407 I BGB entgegenhalten lassen. G kann jedoch nach § 816 II BGB gegen S vorgehen.

hemmer-Methode: Der Fall ist praktisch nur mit der Ersatzzustellung denkbar, denn gem. § 829 III ZPO ist die Zustellung an den Drittschuldner Wirksamkeitsvoraussetzung für die Pfändung. In diesem Zeitpunkt hat der Drittschuldner dann aber auch regelmäßig Kenntnis von der Pfändung, so dass § 407 I BGB nicht mehr eingreifen kann.

2. Schutz des Drittschuldners bei unwirksamer Pfändung

Schutz über § 836 II ZPO

Infolge von Pfändung und Überweisung darf der Drittschuldner nicht mehr an den Schuldner zahlen, § 829 I S. 1 ZPO. Dabei wird der Drittschuldner in seinem Vertrauen auf die Rechtsbeständigkeit des Überweisungsbeschlusses geschützt, § 836 II ZPO. Zahlungen an den Gläubiger, die der Drittschuldner in Unkenntnis von der Aufhebung der Pfändung erbringt, sind nach dieser Vorschrift wirksam. 358

Die Pfändung wurde aufgehoben. In Unkenntnis davon zahlt D an G. Diese Zahlung ist wirksam, d.h. D muss nicht etwa noch einmal an S zahlen. Der S kann aber gem. § 816 II BGB gegen G vorgehen. 359

nur, wenn Forderung tatsächl. dem Schuldner zusteht

Zu beachten ist eine weitere Voraussetzung des § 836 II ZPO, die sich aus dem Wortlaut der Vorschrift nicht ergibt: Der Schutz des Drittschuldners tritt nicht ein, wenn die Forderung nicht dem Schuldner, sondern einem Dritten zugestanden hat.

Denn er hat zu prüfen, wem die Forderung tatsächlich zusteht.

Fall wie oben, allerdings stand die Forderung tatsächlich nicht dem S, sondern dem E zu. Hier wird D durch die Zahlung an G nicht frei. E kann D daher in Anspruch nehmen. D bleibt nur ein Bereicherungsanspruch gegen G aus § 812 I S. 1 Alt. 1 BGB. Genehmigt E allerdings die Zahlung des D an G, kann er sich über § 816 II BGB direkt an G halten. 360

hemmer-Methode: Dass § 836 II ZPO nur eingreift, wenn die Forderung tatsächlich auch dem Schuldner zusteht, ergibt sich von selbst. Stellen Sie sich vor, jemand hat gegen Sie eine Forderung und Sie zahlen an einen anderen. Dann ist die Forderung damit nicht erloschen, Sie müssen weiterhin an Ihren Gläubiger zahlen, können aber von dem anderen das Gezahlte aus § 812 I S. 1 Alt. 1 BGB zurückverlangen. Ein Schuldner muss sich also im Klaren darüber sein, wer sein Gläubiger ist. § 836 II ZPO will also nur bei unwirksamer Pfändung schützen!

3. Bedeutung der Drittschuldnererklärung

Gem. § 840 I ZPO hat der Drittschuldner sich über die Forderung zu erklären, wenn der Gläubiger ihn dazu auffordert. 361

Durch diese Erklärung soll es dem Gläubiger ermöglicht werden, sich über die Einbringlichkeit der Forderung zu informieren.

bloße Wissenserklärung

Dementsprechend handelt es sich um eine bloße *Wissens*- nicht aber um eine Willenserklärung seitens des Drittschuldners. Auch liegt in der Erklärung weder ein konstitutives noch ein deklaratorisches Schuldanerkenntnis.

dennoch mat.-rechtliche Wirkungen:

Gleichwohl kommt der Erklärung materiell-rechtliche Bedeutung 362
zu:

Beweislastumkehr hinsichtl. d. Bestandes der Forderung

(1) Die Erklärung führt zu einer Beweislastumkehr hinsichtlich des Bestandes der Forderung. Der Drittschuldner kann also im Prozess nicht mehr einfach behaupten, eine Forderung des Schuldners gegen ihn bestehe gar nicht.

(2) § 840 II S. 2 ZPO normiert eine Schadensersatzpflicht für Schäden, die daraus resultieren, dass der Drittschuldner die Erklärung nicht ordnungsgemäß abgibt.

D erklärt nach Aufforderung durch G das Bestehen der Forde- 363
rung. G verklagt D auf Zahlung, wogegen sich dieser erfolgreich mit einer Einwendung verteidigt. S hat mittlerweile Konkurs angemeldet.

Hier haftet D dem G für den Schaden, der dadurch entstanden ist, dass D sich nicht rechtzeitig über die Einwendung erklärt hat und G den S dadurch nicht mehr rechtzeitig anderweitig in Anspruch nehmen konnte.

hemmer-Methode: Neben § 840 II S. 2 ZPO sollte Ihnen der bereits im ersten Kapitel erwähnte Anspruch aus § 717 II ZPO bekannt sein. Dies sind die wichtigsten zivilprozessualen Schadensersatzansprüche.

§ 7 REAKTIONSMÖGLICHKEITEN DES SCHULDNERS

Bisher wurde quasi aus der Sicht des Gläubigers dargestellt, wie eine Vollstreckung abläuft bzw. welche Wirkungen sie hat. Auch wenn der Gläubiger einen Titel erstritten hat und mit der Zwangsvollstreckung beginnt, steht der Schuldner jedoch auch in dieser Phase des Zwangsvollstreckungsverfahrens nicht schutzlos da. Mit den Möglichkeiten, die dem Schuldner zu seinem Schutz in der Zwangsvollstreckung gegeben sind, beschäftigen sich die folgenden Ausführungen. 364

Vorweg kann bereits festgehalten werden, dass dieser Schutz nur ein gerichtlicher sein kann. Denn das Zwangsvollstreckungsverfahren, das auf Antrag des Gläubigers betrieben wird, unterliegt nur (wenn auch strengen) formellen Voraussetzungen, s.o. Liegen diese Voraussetzungen vor, wird die Vollstreckung durchgeführt. Der Schuldner kann also z.B. nicht zum Gerichtsvollzieher gehen und unter Hinweis auf die Unrechtmäßigkeit der Vollstreckung deren Einstellung verlangen. Insofern hat der Gerichtsvollzieher weder die Möglichkeit noch die Kompetenz, dem Verlangen des Schuldners nachzukommen. Was bleibt ist gerichtliche Hilfe.

Im Grundsatz kommen hier zwei Arten von Rechtsbehelfen in Betracht: Solche, mit denen der Schuldner materiellrechtliche Einwendungen geltend macht, und solche, mit denen er Verfahrensfehler rügt. Wie bei allen gerichtlichen Rechtsbehelfen untergliedern sich die Erfolgsaussichten in Zulässigkeit und Begründetheit.

A. Die Vollstreckungserinnerung

Mit der Vollstreckungserinnerung, § 766 ZPO, werden Mängel im Vollstreckungsverfahren geltend gemacht. 365

hemmer-Methode: Von der Erinnerung zu unterscheiden ist die sofortige Beschwerde nach § 793 ZPO. Anders als bei der Erinnerung ist Streitgegenstand eine Entscheidung, nicht eine Zwangsvollstreckungsmaßnahme. Eine Entscheidung liegt vor, wenn ein Beschluss des Vollstreckungs- oder Prozessgerichts nach Anhörung der Parteien ergangen ist bzw. ein Vollstreckungsantrag abgelehnt wurde. Die Vollstreckungserinnerung richtet sich gegen die Art und Weise von Zwangsvollstreckungsmaßnahmen.

I. Zulässigkeit

1. Statthaftigkeit

Einwände gegen Vollstreckung

Statthaft ist die Erinnerung bei Einwänden gegen die Art und Weise der Vollstreckung, § 766 ZPO. 366

2. Zuständigkeit

ausschließliche Zuständigkeit

Ausschließlich sachlich und örtlich zuständig ist das Amtsgericht, in dessen Bezirk die Zwangsvollstreckung stattfindet, §§ 766 I, 764 I, 802 ZPO.

3. Form/Frist

schriftlich oder zu Protokoll, keine Frist

Eine Frist ist nicht zu beachten, die Erinnerung ist schriftlich oder zu Protokoll der Geschäftsstelle einzulegen. Dabei hat der Beschwerdeführer keinen bestimmten Antrag zu stellen, denn die Erinnerung ist auch ohne Begründung zulässig.

4. Beschwer

Beschwer

Der Beschwerdeführer muss sich auf die Verletzung einer Verfahrensvorschrift berufen, die seinem Schutz dient. Dies ist unproblematisch, wenn der Vollstreckungsschuldner selbst die Erinnerung erhebt. Anders in den Fällen der sog. Dritterinnerung (dazu später).

II. Begründetheit

Die Erinnerung ist begründet, wenn das Gericht eine Verletzung 367
der als verletzt gerügten Verfahrensvorschrift feststellt. Als Fehler i.d.S. kommen z.B. in Betracht:

- Fehler des Gerichtsvollziehers bei der Ausführung (z.B. Pfändung einer unter § 811 ZPO fallenden Sache)
- Ausreichende Sicherung des Gläubigers, § 777 ZPO
- Nichtbeachtung der Pfändungsgrenzen des § 850c ZPO

hemmer-Methode: Auch der Gläubiger selbst kann sich des Rechtsbehelfs nach § 766 ZPO bedienen. Standardbeispiel dafür ist die Untätigkeit des Gerichtsvollziehers, § 766 II ZPO.

III. Beschlussformel

Zurückw., wenn unzulässig/unbegründet

Ist die Erinnerung unzulässig oder unbegründet, wird sie zurück- 368
gewiesen.

Hält das Gericht die Erinnerung hingegen für zulässig und begründet, hat es mehrere Möglichkeiten:

Unzulässigerklärung

1. Es kann die Zwangsvollstreckung in genau bestimmtem Umfang für unzulässig erklären (z.B. die Pfändung über die Grenze des § 850c ZPO hinaus). Die genaue Bestimmung erfolgt wegen § 775 Nr. 1 ZPO.

Aufhebung einzelner Maßnahmen

2. Das Gericht kann eine bestimmte Vollstreckungshandlung aufheben (z.B. einen Pfändungsbeschluss), sofern es selbst Vollstreckungsorgan ist.

Anordnung bestimmter Maßnahmen

3. Es kann ferner die Vornahme einer bestimmten Maßnahme anordnen (z.B. Anordnung an den Gerichtsvollzieher, eine Pfändung aufzuheben).

§§ 766 I S. 2, 732 II ZPO

4. Im Übrigen kann das Gericht nach §§ 766 I S. 2, 732 II ZPO vorgehen.

hemmer-Methode: Wie Sie sehen, haben Zulässigkeit und Begründetheit der Erinnerung i.d.R. nicht zur Folge, dass nun die gesamte Vollstreckung für unzulässig erklärt wird. Ziel der Erinnerung ist es vielmehr, die Verfahrensrechte des Schuldners zu wahren und bei Verletzung eines solchen Rechts auch nur den konkreten Verstoß zu sanktionieren. Vor der Durchführung der Vollstreckung insgesamt kann die Erinnerung also nicht schützen, denn die allgemeinen Vollstreckungsvoraussetzungen sind nach wie vor gegeben.

B. Vollstreckungsgegenklage

Mit der Vollstreckungsgegenklage, § 767 ZPO, will der Schuldner materiellrechtliche Einwendungen gegen den in dem Vollstreckungstitel verbrieften Anspruch geltend machen und somit - anders als bei der Erinnerung - die Unzulässigerklärung im Ganzen erreichen. 369

prozessuale Gestaltungsklage

Bei begründeter Vollstreckungsgegenklage erklärt das Gericht im Tenor die Zwangsvollstreckung aus einem bestimmten Titel für unzulässig. Der Titel selbst wird also nicht beseitigt. Die Vollstreckungsgegenklage ist eine prozessuale Gestaltungsklage.

Bsp.: *A erwirkt gegen B ein Urteil, in dem ihm ein Anspruch auf Kaufpreiszahlung zugesprochen wird. Das Urteil wird rechtskräftig. A leitet die Vollstreckung ein. B möchte geltend machen,* 370

a) dass seine Frau bei Vertragsschluss keine Vertretungsmacht hatte,

b) dass sein Onkel den Kaufpreis gezahlt hat.

Als Ausgangspunkt muss man sich Folgendes vor Augen führen: Ein erstinstanzlicher Titel ist nur mit Berufung bzw. Revision angreifbar.

Wird er rechtskräftig, ist auch das nicht mehr möglich. Die Vollstreckungsgegenklage kann daher den Titel nicht mehr beseitigen, sondern nur die Vollstreckung daraus für unzulässig erklären.

I. Zulässigkeit der Klage

1. Rechtsweg

ordentliche Gerichtsbarkeit

Auch wenn es sich bei den Zwangsvollstreckungsmaßnahmen um hoheitliche Akte handelt, stellt die ZPO dafür ein abschließendes Klagesystem zur Verfügung, das den Rechtsweg zu den ordentlichen Gerichten eröffnet, § 13 GVG. 371

2. Statthaftigkeit

Darlegung materiell-rechtlicher Einw.

Die Klage ist statthaft, wenn ein Titel mit vollstreckungsfähigem Inhalt vorliegt und der Schuldner dagegen materiell-rechtliche Einwendungen vorträgt.

In obigem Beispiel trägt der B mit der fehlenden Vertretungsmacht bzw. der erfolgten Zahlung durch den Onkel solche materiellrechtlichen Umstände vor.

3. Sachliche und örtliche Zuständigkeit

ausschließliche Zuständigkeit, § 802 ZPO

§ 767 I ZPO ordnet die Zuständigkeit des Prozessgerichts erster Instanz an. Das ist örtlich und sachlich ausschließlich, § 802 ZPO, das Gericht, bei dem der vollstreckbare Titel erstritten wurde. Für Urteile ergibt sich dies örtlich aus §§ 12 ff. ZPO und sachlich aus §§ 23, 71 GVG.

hemmer-Methode: Machen Sie sich aber klar, dass selbst dann, wenn die Zuständigkeit des Prozessgerichts nicht gegeben war, dieses gleichwohl für die Vollstreckungsgegenklage zuständig ist. Es kommt also nur darauf an, welches Gericht *tatsächlich* mit der Sache befasst war.

4. Form

allgem. Vorschriften

Hier gelten die allgemeinen Vorschriften, insbesondere § 253 ZPO. Der Klageantrag muss dahingehend gestellt werden, dass die Zwangsvollstreckung aus dem Titel für unzulässig erklärt wird.

5. Rechtsschutzbedürfnis

Das Rechtsschutzbedürfnis ist zu bejahen, sobald ein Titel vorliegt, und besteht fort, bis die Vollstreckung beendet ist (= vollständige Befriedigung des Gläubigers).

II. Begründetheit

Die Klage ist begründet, wenn eine materiell-rechtliche Einwendung gegen den titulierten Anspruch besteht, die nicht nach § 767 II ZPO ausgeschlossen ist. 372

Präklusion nach § 767 II ZPO

Sofern die vorgetragenen Einwendungen auf Gründen beruhen, die bereits vor der letzten Tatsachenverhandlung entstanden sind und deshalb auch dort hätten vorgebracht werden können, dürfen diese nicht im Zwangsvollstreckungsverfahren geltend gemacht werden. Solche Einwendungen sind gem. § 767 II ZPO präkludiert.

hemmer-Methode: Hier spiegelt sich zum einen der Beschleunigungsgrundsatz wider, den Sie bereits aus dem Erkenntnisverfahren kennen sollten. Zum anderen und vor allem geht es aber darum, die Rechtskraft nicht ohne zwingenden Grund zu durchbrechen.

Von großer Wichtigkeit ist daher die Frage, wann eine Einwendung als bereits entstanden gilt. Entscheidend ist nicht der Zeitpunkt der Geltendmachung, sondern der Zeitpunkt des Entstehens der Einwendung.

Im Ausgangsbeispiel würde B demnach mit dem Einwand, seiner Frau habe es an der erforderlichen Vertretungsmacht gefehlt, nicht mehr gehört. Diesen Einwand hätte B bereits in der letzten mündlichen Verhandlung vorbringen können. 373

Der Tatbestand der Erfüllung durch den Onkel ist hingegen nicht präkludiert. Es kommt auf den Erfüllungszeitpunkt an. Insofern wird die Klage erfolgreich sein.

hemmer-Methode: Eine Besonderheit gilt für vollstreckbare Urkunden. Diese sind nicht der Rechtskraft fähig. Da insofern noch kein Erkenntnisverfahren stattgefunden hat, kann der Schuldner in der Vollstreckungsabwehrklage alle materiell-rechtlichen Einwendungen geltend machen, vgl. § 797 IV ZPO.

Problem: Gestaltungsrechte

Problematisch ist die Beurteilung des Entstehens der Einwendungen bei Gestaltungsrechten wie Anfechtung, Aufrechnung etc. Es kommen grundsätzlich drei Zeitpunkte in Betracht: 374

e.A.. Ausübung entscheidend

1) Die Ausübung des Gestaltungsrechts, denn erst dadurch wird der Anspruch vernichtet. 375

Bsp.: *Erklärung der Anfechtung*

a.A.: Kenntnis von Entstehung entscheidend

2) Die Entstehung des Gestaltungsrechts mit Kenntnis davon, wann dieses erstmals ausgeübt werden kann. 376

Bsp.: Die Entdeckung des Irrtums, der zur Anfechtung berechtigt.

Rspr.: nur Entstehung maßgeblich

3) Das Entstehen des Gestaltungsrechts ohne Rücksicht auf die Kenntnis. 377

Bsp.: Die Abgabe der irrtumsbedingten Willenserklärung.

Streng dogmatisch erscheint die erste Alternative, die in der Literatur vertreten wird, die richtige zu sein, denn der Einwand, der Anspruch sei erloschen, kann erst nach Ausübung des Gestaltungsrechts erhoben werden. Gleichwohl ist dieser Ansatz nicht mit dem Grundsatz der Verfahrensbeschleunigung in Einklang zu bringen, da der Schuldner hier genauso gut bereits im Erkenntnisverfahren von seinem Recht hätte Gebrauch machen können. 378

Die Rspr. verfolgt den dritten Ansatz. Danach wäre der Schuldner, der einen Vertrag z.B. nach § 123 BGB anfechten kann, mit der Anfechtung präkludiert, wenn er erst nach der letzten mündlichen Verhandlung von dieser Möglichkeit erfährt. Diese Ansicht kann zu einer Verkürzung von materiellen Ausschluss- und Verjährungsvorschriften führen, weshalb sie in der Literatur starke Kritik erfährt. 379

hemmer-Methode: Für welchen Ansatz Sie sich entscheiden, ist letztlich unerheblich. Interessengerecht scheint hier - wie so oft - die goldene Mitte zu sein, und auf die Kenntnis von der Entstehung des Gestaltungsrechts abzustellen.

Sonderproblem: Kann der Vollstreckungsschuldner, nachdem er mit dem Aufrechnungstatbestand gem. § 767 II ZPO als präkludiert zurückgewiesen wurde, Klage auf Feststellung erheben, dass die titulierte Forderung durch dieselbe Aufrechnung erloschen ist?

Vollkommen unproblematisch könnte der Vollstreckungsschuldner seinen Gegenanspruch mit gesonderter Leistungsklage geltend machen. Ist er aber der Ansicht, der titulierte Gegenanspruch sei durch die Aufrechnung trotz Zurückweisung erloschen, bleibt ihm nur die Feststellungsklage.

Wird die Aufrechnung als verspätet erklärt zurückgewiesen, wirkt sie auch nicht materiell-rechtlich, kann also den titulierten Anspruch auch materiell-rechtlich nicht vernichten. Da die Möglichkeit einer Leistungsklage besteht, kann eine Feststellungsklage nicht zulässig sein (Life&Law 06/2009, 379 ff.).

§ 8 REAKTIONSMÖGLICHKEITEN DRITTER

nötig aufgrund streng formalisierten Verfahrens

Bislang haben sich die Ausführungen mit Vollstreckungsgläubiger 382
und -schuldner beschäftigt. Es ist aber durchaus möglich, dass auch Dritte, obwohl sie mit der Zwangsvollstreckung eigentlich nichts zu tun haben, von dieser betroffen werden. Das liegt daran, dass die Vollstreckungsorgane im Hinblick auf den Vollstreckungsgegenstand die materielle Rechtslage nicht prüfen, sondern nur auf das Vorliegen bestimmter formeller Voraussetzungen zu achten haben, die für die Zulässigkeit der Vollstreckung erforderlich sind.

Woran soll der Gerichtsvollzieher z.B. erkennen, dass die beim Schuldner gepfändete Uhr auch tatsächlich diesem gehört? Wer sagt dem Rechtspfleger beim Vollstreckungsgericht, dass Inhaber der im Pfändungs- und Überweisungsbeschluss benannten Forderung noch immer der Schuldner ist?

Hält man sich dies vor Augen, bedarf es keiner großen Phantasie, sich Eingriffe in Rechte Dritter bei der Vollstreckung vorzustellen.

Wie beim Vollstreckungsschuldner auch, ist nach der Art des Fehlers zu unterscheiden zwischen materiellen und formellen Fehlern, also solchen im Vollstreckungsverfahren.

A. Die Dritterinnerung

§ 766 ZPO

Auch die sog. Dritterinnerung richtet sich nach § 766 ZPO. Die 383
Voraussetzungen decken sich mit denen der Erinnerung des Vollstreckungsschuldners.

Besonderheiten bei der Beschwer

Spezielle Probleme tauchen hier nur im Rahmen der Beschwer auf. Dritte sind nur dann erinnerungsbefugt, wenn sie die Verletzung einer Verfahrensvorschrift rügen können, die gerade ihrem Schutz dienen soll.

hemmer-Methode: Als Gedächtnisstütze bieten sich hier Ihre Kenntnisse aus dem Verwaltungsrecht zu § 42 II VwGO an. Ein Dritter ist dort nur klagebefugt, wenn er die Verletzung einer drittschützenden Norm geltend machen kann.

Bsp.: *A lässt bei B einen Farbfernseher pfänden. Die Frau des* 384
B, F, fühlt sich dadurch in ihren Rechten verletzt, da sie auch in Zukunft nicht auf Günther Jauchs "Wer wird Millionär?" verzichten zu müssen glaubt. Wie würden Sie über die Zulässigkeit einer von F beim zuständigen Gericht form- und fristgerecht eingelegten Vollstreckungserinnerung entscheiden?

1. Statthaftigkeit

Statthaft ist die Erinnerung bei Einwänden gegen die Art und Weise der Zwangsvollstreckung. F macht Einwände gegen die Pfändung des Farbfernsehers geltend und rügt damit einen Verstoß gegen § 811 I Nr. 1 ZPO. Da § 811 ZPO die Art und Weise der Zwangsvollstreckung betrifft, ist die Erinnerung statthaft.

2. Beschwer

Die F müsste aber auch geltend machen können, durch eine möglicherweise gegebene Verletzung des § 811 I Nr. 1 ZPO beschwert zu sein.

Dann müsste es sich bei § 811 I Nr. 1 ZPO um eine Vorschrift handeln, die nicht nur dem Schutz des Schuldners, sondern darüber hinaus auch dem Schutz seiner Familienangehörigen dient. Sinn und Zweck des § 811 I Nr. 1 ZPO ist es, dem Schuldner die dem Haushalt dienenden Sachen zu erhalten. Darunter fällt grundsätzlich auch der Fernseher. Durch dessen Verbleib beim Schuldner soll diesem die Möglichkeit gegeben bleiben, sich über das allgemeine Tagesgeschehen informieren zu können. Dies muss dann in gleichem Umfang aber auch für die Angehörigen des Schuldners gelten, denn auch diese haben ein Recht darauf, sich aus öffentlich zugänglichen Quellen zu informieren. Dieses Recht würde durch die Verwertung verletzt.

Die Erinnerung ist damit zulässig.

hemmer-Methode: Hier sei nochmals darauf hingewiesen, dass der Tatbestand des § 811 Nr. 1 ZPO bewusst offen formuliert ist. "Dem Haushalt dienende Sachen" können je nach gesellschaftlichem und technischem Fortschritt differieren. Während früher z.B. das Radio als ausreichende Informationsquelle angesehen wurde, steht heute außer Streit, dass auch der Farbfernseher unter § 811 Nr. 1 ZPO fällt, in Zukunft dann wohl auch der Computer mit Internetzugang. 385
Nebenbei bemerkt könnte A die Verwertung des Farbfernsehers hier dadurch erreichen, dass er eine Austauschpfändung nach § 811a ZPO vornimmt und dem A und dessen Familie beispielsweise einen alten, weniger wertvollen Fernseher zur Verfügung stellt, vgl. bereits oben.

Weitere wichtige Verfahrensvorschrift mit (hier sogar ausschließlichem) Drittschutz ist § 809 ZPO. Wird die bei einem Dritten befindliche Sache gepfändet, obwohl dieser nicht zur Herausgabe bereit ist, ist § 766 ZPO einschlägig. Achten Sie aber auf die besonderen Vorschriften für Ehegatten, §§ 1362 BGB, 739 ZPO.

hemmer-Methode: Will der Vollstreckungsgläubiger ein solches Vorgehen gegen den Dritten und dessen Reaktion darauf vermeiden, muss er den Herausgabeanspruch des Vollstreckungsschuldners gegen den Dritten pfänden. Die Pfändung von Herausgabeansprüchen richtet sich nach den §§ 846, 847 ZPO.

Ist die Dritterinnerung begründet, wird die Zwangsvollstreckung insoweit für unzulässig erklärt, als die Rechte des Dritten betroffen sind.

B. Drittwiderspruchsklage

§ 771 ZPO bei Eingriffen in materielle Rechtspositionen

Wie bereits erwähnt, kann es vorkommen, dass bei der Zwangsvollstreckung in *materielle* Rechtspositionen Dritter eingegriffen wird, da der Gerichtsvollzieher die Eigentumslage nicht prüft. Dann ist die Drittwiderspruchsklage nach § 771 ZPO der richtige Rechtsbehelf für den Dritten, sich gegen diesen Eingriff zu wehren. 386

Beseitigung der Vollstreckbarkeit des Titels

Ziel der Klage ist es, die Vollstreckbarkeit eines Titels zu beseitigen. Ist die Klage begründet, hat das betreffende Vollstreckungsorgan die Zwangsvollstreckung einzustellen, § 775 Nr. 1 ZPO, und bereits getroffene Maßnahmen aufzuheben, § 776 S. 1 ZPO.

gegen Gläubiger gerichtete Gestaltungsklage

Die Klage ist also eine gegen den die Vollstreckung betreibenden Gläubiger gerichtete Gestaltungsklage. Der Dritte hat nach § 771 II ZPO die Möglichkeit, die Klage auch gegen den Schuldner zu richten und von diesem Herausgabe der Sache nach § 985 BGB zu verlangen.

I. Zulässigkeit

1. Rechtsweg

§ 13 GVG

Der Rechtsweg zu den ordentlichen Gerichten ist über § 13 GVG eröffnet. 387

2. Statthaftigkeit

"Veräußerung hinderndes Recht"

Der Dritte muss behaupten, dass ihm "ein die Veräußerung hinderndes Recht" zusteht.

Eingriff in den Zuweisungsgehalt eines Dritten

Diese Formulierung führt nicht weiter, denn selbst das Eigentum als die stärkste dingliche Rechtsposition hindert wegen der Vorschriften über den gutgläubigen Erwerb die Veräußerung nicht. Geprüft werden muss vielmehr, ob die Vollstreckungshandlung in den Zuweisungsgehalt eines Drittrechts eingreift.

Das ist der Fall, wenn die Veräußerung des Vollstreckungsgegenstandes durch den Schuldner selbst oder den Gläubiger zivilrechtswidrig wäre, weil sie in den Rechtskreis eines Dritten eingreifen würde.

3. Örtliche Zuständigkeit

ausschließlicher Gerichtsstand

Örtlich zuständig ist das Gericht, in dessen Bezirk die Zwangsvollstreckung erfolgt, § 771 ZPO. Dabei handelt es sich um einen ausschließlichen Gerichtsstand gem. § 802 ZPO.

4. Sachliche Zuständigkeit

Da § 771 ZPO - anders als § 766 ZPO - nichts über die sachliche Zuständigkeit sagt, gilt § 802 ZPO hier nicht. Hier greifen also die allgemeinen Vorschriften der §§ 23, 71 GVG. Entscheidend ist demnach der Wert des Streitgegenstandes, § 6 S. 1 ZPO. Maßgeblich ist der Wert der Forderung, *wegen der* vollstreckt wird bzw. der geringere Wert des Pfandgegenstandes.

> ***Bsp.:*** *Vollstreckt A gegen B wegen einer Forderung von 5.500 € und pfändet das bei B befindliche Auto des C, das einen Wert von 6.500 € hat, so hat C Drittwiderspruchsklage beim Landgericht zu erheben. Hätte das Auto hingegen einen Wert von nur 4.500 €, wäre dieser gem. § 6 S. 2 ZPO maßgeblich und die Klage wäre beim Amtsgericht zu erheben.*

5. Antrag

§ 253 II S. 2 ZPO

Der Antrag des Dritten muss dahin lauten, dass eine bestimmte Vollstreckungsmaßnahme (i.d.R. Pfändung) aus einem (genau bezeichneten) Titel in den (genau bezeichneten) Gegenstand für unzulässig erklärt wird.

6. Rechtsschutzbedürfnis

Anders als bei der Vollstreckungsgegenklage ist das Rechtsschutzbedürfnis erst gegeben, wenn die Zwangsvollstreckung begonnen hat (= erste Vollstreckungshandlung) und noch nicht beendet ist.

hemmer-Methode: Das ist einleuchtend, da nach Erlangung des Titels überhaupt noch nicht feststeht, in welchen Gegenstand vollstreckt wird. Ein Dritter kann daher erst dann in seinen Rechten verletzt sein, wenn mit der Vollstreckung begonnen wird. Anders hingegen der Schuldner: sobald der Titel in der Welt ist, muss er mit einer Vollstreckung rechnen.

Ein Spezialproblem ergibt sich jedoch bei der Pfändung einer schuldnerfremden Forderung. Da hier nicht einmal die Verstrickung wirksam ist, stellt sich die Frage, ob es einer Drittwiderspruchsklage überhaupt bedarf. Allerdings wird dem wahren Forderungsinhaber das Recht zugestanden, den bestehenden Schein der hoheitlichen Vollstreckung zu beseitigen.

II. Begründetheit

Die Klage ist begründet, wenn der Gläubiger mit der Vollstreckung widerrechtlich in den Rechtskreis des Dritten eingreift. Im Folgenden sollen einige typische Rechtspositionen aufgezeigt werden, die unter § 771 ZPO fallen. 388

1. Eigentum

auch bei Vorbehaltseigentum

Das Standardbeispiel ist die Pfändung schuldnerfremder Sachen. Der Dritte kann sich hier mit § 771 ZPO selbst dann wehren, wenn er nur Vorbehaltseigentum an der Sache hat. 389

hemmer-Methode: Streit besteht demgegenüber bzgl. der Behandlung von Sicherungseigentum. Hier wird wegen der Pfandrechtsähnlichkeit ("besitzloses Pfand") vertreten, allein die Klage nach § 805 ZPO sei einschlägig. Siehe im Einzelnen näher dort (Rn. 400).

2. Anwartschaftsrecht

Bsp.: *Wegen einer Forderung pfändet A eine Sache, die sein Schuldner B unter Eigentumsvorbehalt an C verkauft hat.* 390

Hier hat C ein Anwartschaftsrecht an der Sache erworben.

Sofern sich die Sache bereits bei C befindet, ist dieser hinreichend über § 809 ZPO geschützt. Sollte gleichwohl eine Pfändung erfolgen, könnte sich C neben § 771 ZPO auch mit der Dritterinnerung gegen diese wehren. Materiell wird in sein Anwartschaftsrecht eingegriffen, formell wird gegen die drittschützende Vorschrift des § 809 ZPO verstoßen.

hemmer-Methode: Die im obigen Beispiel beschriebene Konstellation ist streng von dem Fall zu trennen, dass der Vorbehaltskäufer der Vollstreckungsschuldner ist. In diesem Fall ist Dritter der Vorbehaltsverkäufer, welcher sich - wie bereits erwähnt - aufgrund eines Eingriffs in sein Eigentum mit der Drittwiderspruchsklage zur Wehr setzen kann.

Pr.: Sache beim VVK

Umstritten ist die Konstellation aber dann, wenn C die Sache (beispielsweise zur Reparatur) an den B zurückgibt, und sie bei diesem gepfändet wird. 391

Die Drittwiderspruchsklage könnte man dem C hier mit dem Argument verweigern, er sei selbst bei einem Eigentumserwerb des Erstehers wegen § 161 I BGB nicht schutzwürdig.

Dem ist mit dem BGH allerdings entgegenzuhalten, dass § 161 I S. 2 BGB nur rechtsgeschäftliche Verfügungen im Wege der Zwangsvollstreckung meint. Der Ersteher erwirbt aber Eigentum kraft hoheitlichen Aktes, so dass eine Verfügung i.S.d. § 161 I S. 2 BGB gar nicht vorliegt. Der Ersteher erwirbt daher endgültiges Eigentum.

Daher ist es hier angezeigt, dem Anwartschaftsberechtigten C mit der Drittwiderspruchsklage zu helfen, damit er sich gegen den drohenden endgültigen Rechtsverlust wehren kann.

3. Besitz

Besitz kein Recht i.S.d. § 771 ZPO

Der Besitz ist kein Recht i.S.d. § 771 ZPO, weil aus dem Besitz 392
als bloß tatsächlichem Verhältnis nicht folgt, dass die Sache nicht zum Vermögen des Schuldners gehört. Dies ist für unbewegliche Sachen unstreitig.

Bei beweglichen Sachen ist dies umstritten, in der Regel jedoch nicht relevant, da der unmittelbare Besitzer ohnehin ein Widerspruchsrecht nach § 809 ZPO hat, bei dessen Verletzung die Dritterinnerung nach § 766 ZPO eingreift. Der mittelbare Besitzer ist hingegen über § 771 ZPO geschützt, da er ein obligatorisches Recht zum Besitz hat.

4. Obligatorische Ansprüche

Wird ein Gegenstand gepfändet, auf den der Dritte einen An- 393
spruch hat, ist zu unterscheiden:

Herausgabeansprüche (+)

Sofern es sich um Herausgabeansprüche handelt, wie z.B. § 667 BGB, greift § 771 ZPO ein.

Bsp.: *A hat durch Auftrag etwas erlangt, was er nach § 667* 394
BGB an B herausgeben muss. C lässt die Sache bei seinem Schuldner A pfänden. B kann mit Hinweis auf § 667 BGB nach § 771 ZPO widersprechen.

Anders hingegen bei sog. Verschaffungsansprüchen. Hier gehört der Gegenstand noch zum Vermögen des Schuldners.

Bsp.: *B hat gegen A einen Anspruch auf Übereignung einer Sache aus § 433 I S. 1 BGB. Lässt C diese Sache bei A pfänden, kann B sich nicht mit § 771 ZPO gegen diese Pfändung wehren, denn solange zwischen A und B das dingliche Rechtsgeschäft noch nicht stattgefunden hat, gehört die Sache zum Vermögen des Vollstreckungsschuldners, also des A.*

5. Pfändung schuldnerfremder Forderung

Pfändung schuldnerfremder Forderungen

Es kann vorkommen, dass der Gläubiger eine nur vermeintliche Forderung des Schuldners pfändet. Die Pfändung geht dann ins Leere, d.h. es tritt weder Verstrickung ein, noch erlangt der Gläubiger ein Pfändungspfandrecht an der Forderung. Doch gleichwohl muss der Dritte zumindest den Rechtsschein einer wirksamen Pfändung beseitigen können. 395

III. Materielle Einwendungen des Vollstreckungsgläubigers

Denkbar ist die Konstellation, dass dem Vollstreckungsgläubiger Einwendungen gegen den Dritten zustehen, die ihn doch zur Pfändung berechtigen. 396

> **Bsp.:** *Die A&B-OHG schuldet die Herausgabe einer Werkzeugmaschine. Diese steht im Eigentum des Gesellschafters A.*
>
> Wird die Maschine beim Vollstreckungsschuldner gepfändet, könnte A als Dritter die Klage gem. § 771 ZPO erheben, gestützt auf sein Eigentum an der Maschine. Nach h.M. haftet A aber gem. § 128 HGB persönlich auf Herausgabe der Maschine. Fraglich ist, wie der Vollstreckungsgläubiger diesen Einwand geltend machen muss.

e.A.: Widerklage gegen Dritten

Früher wurde die Ansicht vertreten, der Vollstreckungsgläubiger müsse Widerklage erheben und so einen Duldungstitel gegen den Dritten erstreiten. 397

h.M.: Geltendmachung i.R.d. Drittwiderspruchsklage

Dieser Weg erscheint jedoch allzu formal; vielmehr kann der Vollstreckungsgläubiger all seine Einwendungen direkt in der gegen ihn gerichteten Drittwiderspruchsklage geltend machen. 398

> In obigem Beispiel könnte der Gläubiger den Einwand der persönlichen Haftung also direkt im Rahmen der nach § 771 ZPO erhobenen Drittwiderspruchsklage erheben.
>
> Ein Sonderproblem ergibt sich allerdings daraus, dass aus einem Titel gegen die Gesellschaft grundsätzlich nicht gegen die einzelnen Gesellschafter vorgegangen werden kann, § 129 IV HGB.
>
> Da der Gesellschafter nach § 128 HGB aber sowieso haftet, verliert § 129 IV HGB im Rahmen der Zwangsvollstreckung quasi seine Bedeutung. Nach h.M. greift der materielle Einwand der Duldungspflicht immer durch, sog. dolo-agit-Einrede aus § 242 BGB.

hemmer-Methode: Letztlich sind es nur prozessökonomische Erwägungen, die den § 129 IV HGB in der Zwangsvollstreckung zurückdrängen.

C. Klage auf vorzugsweise Befriedigung

keine Blockierung der Zwangsvollstreckung

Sofern neben dem Pfändungspfandrecht des Vollstreckungsgläubigers besitzlose Pfand- und Vorzugsrechte (vgl. zu letzteren §§ 50 f. InsO) an der Sache bestehen, sollen deren Inhaber den Ablauf der Zwangsvollstreckung nicht blockieren können. Sie haben allein ein Interesse daran, ihren Geldanspruch zu sichern. Daher steht ihnen § 771 ZPO nicht zur Verfügung. *399*

hemmer-Methode: Der besitzende Pfandgläubiger kann sich grds. mit § 771 ZPO wehren. Allerdings wird diese Klage selten begründet sein, da nicht die Pfändung ihn in seinen Rechten verletzt, sondern erst die Verwertung. Auch dem besitzenden Pfandgläubiger ist daher stets zu einer Klage nach § 805 ZPO zu raten.

Hier greift § 805 ZPO ein, eine Klage auf vorzugsweise Befriedigung. Sie soll lediglich sicherstellen, dass der Kläger seinem (vorrangigen) Recht entsprechend am Erlös beteiligt wird.

Die Zwangsvollstreckung wird also nicht beendet. Vielmehr wird der Erlös vorzugsweise an den Kläger ausgekehrt.

Statthaftigkeit

Statthaft ist die Klage nach § 805 ZPO nur bei der Vollstreckung in eine körperliche Sache wegen einer Geldforderung.

ausschließliche Zuständigkeit

Örtliche und sachliche Zuständigkeit nach § 805 II ZPO sind ausschließliche Gerichtsstände.

Macht der Kläger das Bestehen eines vorrangigen Pfandrechts glaubhaft, bewilligt das Gericht automatisch einstweiligen Rechtsschutz, § 805 IV S. 1 ZPO, indem es die Hinterlegung des Geldes anordnet.

Begründet ist die Klage, wenn dem Kläger tatsächlich ein vorrangiges Pfandrecht an der Sache zusteht, z.B. das Vermieterpfandrecht aus § 562 BGB. Für das Rangverhältnis der Pfandrechte gilt über § 804 II ZPO i.V.m. § 1209 BGB der allgemeine Prioritätsgrundsatz.

Zur Abgrenzung zur Drittwiderspruchsklage folgender Fall:

A übereignet als Sicherheit für eine Darlehensforderung seinen PKW an B, bleibt aber im Besitz der Sache. C, Gläubiger des A, pfändet nun den PKW. Wie kann sich B dagegen wehren? *400*

In Betracht käme eine Klage nach § 771 ZPO, mit der B die Unzulässigerklärung der Zwangsvollstreckung erreichen könnte.

I. Zulässigkeit

Sicherungseigentum als Recht i.S.d. § 771 ZPO?

Problematisch ist hier allein die Statthaftigkeit der Drittwiderspruchsklage. B müsste ein die Veräußerung hinderndes Recht i.S.d. § 771 ZPO zustehen. B ist Eigentümer des PKW. Allerdings wurde ihm dieses Eigentum nur zur Sicherheit übertragen.

e.A.: nur § 805 ZPO

Nach e.A. ist der Sicherungsnehmer nur formeller Eigentümer. Bei wirtschaftlicher Betrachtungsweise stehe dieses Eigentum einem besitzlosen Pfandrecht gleich, weshalb § 805 ZPO der richtige Rechtsbehelf sei. Denn der Weg der Sicherungsübereignung werde nur deshalb gewählt, weil das Pfandrecht wegen der erforderlichen Übergabe der Sache zu unpraktisch ist. Der Sicherungsnehmer könne also nur bevorzugte Befriedigung verlangen, denn die Befugnisse des Sicherungseigentümers sollen die des Pfandrechtsinhabers nicht übersteigen.

h.M.: § 771 ZPO

Dem tritt die h.M. allerdings zu recht entgegen. Das Verwertungsrecht des Sicherungsnehmers bliebe ansonsten schutzlos, da nun der Vollstreckungsgläubiger den Zeitpunkt der Verwertung bestimmen könnte. Im Übrigen ist die in den meisten Sicherungsabreden vereinbarte Verwertungsart des freihändigen Verkaufs erheblich günstiger als die Versteigerung.

Die Versteigerung der Sache zu einem geringen Wert hat zudem Einfluss auf die Liquidität des Schuldners, der nun möglicherweise nicht mehr in der Lage ist, die der Sicherungsübereignung zugrunde liegende Forderung zu befriedigen.

Daher ist statthafte Klageart die Drittwiderspruchsklage nach § 771 ZPO.

II. Begründetheit

Da dem B mangels entgegenstehender Anhaltspunkte das Sicherungseigentum wirksam übertragen wurde, steht ihm ein Recht i.S.d. § 771 ZPO tatsächlich zu. Die Klage ist auch begründet.

hemmer-Methode: Ein zusätzliches Problem kann auftauchen, wenn sich die Sache beim Sicherungsnehmer befindet und dessen Gläubiger auf die Sache zugreifen. Dann stellt sich die Frage, ob sich auch der Sicherungsgeber, obwohl er kein Eigentum an der Sache hat, mit der Drittwiderspruchsklage wehren kann. Dies wird von der h.M. bejaht. Das Sicherungseigentum soll nur eine bestimmte Forderung sichern, aber nicht den Gläubigern des Sicherungsnehmers als zusätzliche Befriedigungsmöglichkeit dienen. Das Sicherungseigentum ist treuhänderisch gebunden. Der Sicherungsabrede kommt auf diese Weise quasi-dingliche Wirkung zu.

Für den Vollstreckungsgläubiger ist dies natürlich insofern misslich, als ihm ein einbringlicher Vollstreckungsgegenstand entzogen wird. Ihm bleibt nur die Möglichkeit, die gegen den Sicherungsgeber bestehende Forderung zu pfänden, deren Wert jedoch unsicher ist.
Von obigem Grundsatz macht die h.M. jedoch eine Ausnahme, wenn bereits die Verwertungsreife eingetreten ist. Dann ist der Sicherungsgeber nicht mehr schutzwürdig, da die Sache auch nach der Sicherungsabrede zur Verwertung freisteht.

§ 9 DIE RECHTSLAGE NACH BEFRIEDIGUNG DES GLÄUBIGERS

A. Allgemeines

Zugriff auf Erlös?

Nicht nur vor der Verwertung, sondern auch danach stellt sich die Frage, ob Vollstreckungsschuldner oder Dritte irgendwelche Rechte geltend machen können. Während sie vor der Verwertung u.U. die Zwangsvollstreckung stoppen konnten, scheidet dies nach der Verwertung aus, da die Zwangsvollstreckung mit der Befriedigung des Gläubigers beendet ist. Es kann also nur noch um die Frage gehen, ob zumindest ein Zugriff auf den Erlös möglich ist, wenn materielle Einwendungen gegen die Versteigerung bestanden haben. 401

hemmer-Methode: Es geht hier also lediglich um eine zeitlich spätere Betrachtung derselben Probleme. Steht dem Schuldner oder dem Dritten eine Einwendung gegen die Vollstreckung zu, bestimmt sich die Vorgehensweise nur danach, wie weit die Vollstreckung schon fortgeschritten ist. Aus der Zulässigkeit der Klagen nach §§ 767, 771 ZPO wissen Sie, dass ein Rechtsschutzbedürfnis für diese nur bis zur Beendigung der Zwangsvollstreckung gegeben ist. Danach kommt dann nur noch eine normale Leistungsklage in Betracht.

Sofern der Schuldner gegen den Gläubiger auf Erlösherausgabe klagt, kommt es also darauf an, ob eine nachträgliche Einwendung vorliegt. Eine Klage des Dritten wird vor allem erfolgreich sein, wenn dieser Eigentum an der versteigerten Sache hatte. 402

hemmer-Methode: Bei der Pfändung schuldnerfremder Forderungen kann dieses Problem nicht auftauchen, da die Pfändung ins Leere geht und der Drittschuldner durch Zahlung an den Vollstreckungsgläubiger nicht von seiner Zahlungspflicht gegenüber dem wahren Gläubiger frei wird. § 836 II ZPO greift nicht ein, s.o. Der Forderungsinhaber kann also weiterhin gegen seinen Schuldner vorgehen bzw. nach Genehmigung der Zahlung nach § 816 II BGB gegen den Vollstreckungsgläubiger, s.o.

Keine Voraussetzung für eine Leistungsklage gegen den Gläubiger ist, dass zuvor eine Klage nach § 767 bzw. § 771 ZPO erhoben worden ist. 403

Sollte die jeweilige Klage dennoch erhoben worden sein, kann sie auch nach der Verwertung aufrecht erhalten werden, weil sich die Rechte im Wege der dinglichen Surrogation an dem für den versteigerten Gegenstand bezahlten Geld fortsetzen. Erst nachdem der Erlös an den Gläubiger ausgezahlt wurde, muss die Klage im Wege der Klageänderung auf Leistung umgestellt werden (sog. verlängerte Drittwiderspruchs- bzw. Vollstreckungsgegenklage).

B. Die einzelnen Anspruchsgrundlagen

I. Anspruch aus § 816 I S. 1 BGB

§ 816 I S. 1 BGB (-), mangels Verfügung

Ein Anspruch aus § 816 I S. 1 BGB scheidet aus. Eine Verfügung 404
im Sinne dieser Vorschrift liegt nicht vor. Verfügungen im Wege der Zwangsvollstreckung werden rechtsgeschäftlichen Verfügungen nicht gleichgestellt.

II. Anspruch aus § 812 I S. 1 Alt. 2 BGB

Im Verhältnis Eigentümer (Dritter)/Gläubiger ist § 812 I S. 1 Alt. 2 405
BGB einschlägig.

1. Der Gläubiger erlangt durch die Auszahlung des Erlöses Eigentum an diesem kraft staatlichen Hoheitsakts. Dieser Bereicherung steht auch eine unmittelbare Entreicherung des Dritten gegenüber: sein Gegenstand wurde ihm durch die Zwangsvollstreckung rechtswirksam entzogen, der Ersteigerer hat daran rechtsbeständiges Eigentum erworben. Zwar setzte sich das Eigentum des Dritten zunächst analog § 1247 S. 2 BGB am Erlös fort, doch hat er auch dieses durch die Auskehrung an den Gläubiger verloren, dem der Erlös ausgezahlt wurde.

Eine besondere Situation kann sich ergeben, wenn der Gläubiger die Sache selbst ersteigert: Das Eigentum an der ersteigerten Sache ist rechtsbeständig, weil der mit dem Zuschlag nach §§ 817 I S.3 ZPO, 156 BGB zustande gekommene kaufähnliche öffentlich-rechtliche Vertrag einen Rechtsgrund i.S.d. § 812 BGB darstellt. Ein Erlös wird in diesem Fall an den Gläubiger nicht ausgezahlt, vgl. § 817 IV ZPO (Befreiung von der Barzahlungspflicht des § 817 II ZPO). Die h.M. arbeitet deshalb mit der Konstruktion, dass der Gläubiger die Befreiung von der Barzahlungspflicht als "vermögenswertes Etwas" erlangt hat.

hemmer-Methode: An diesem Fall lässt sich klar erkennen, dass Ansprüche gegen den Ersteigerer wegen des aufgrund der wirksamen Verstrickung erlangten Eigentums nicht durchgreifen, weil §§ 817 I S.3 ZPO, 156 BGB einen Rechtsgrund darstellen. In Betracht kommen nur Bereicherungsansprüche gegen den Gläubiger hinsichtlich des Erlöses bzw. der Befreiung von der Barzahlungspflicht. Ihre Aufgabe ist es, in der Klausur genau darzustellen, dass der Gläubiger, der die Sache selbst ersteigert, sich in einer Doppelrolle befindet, die in rechtlicher Hinsicht absolut unterschiedlich beurteilt werden muss (vgl. auch den nachfolgenden Fall)

2. Die Bereicherung auf Kosten des Dritten erfolgt auch ohne Rechtsgrund. Zwar erwirbt der Gläubiger am Erlös dinglich wirksames Eigentum; für diese Güterverschiebung fehlt allerdings eine materiell-rechtliche Grundlage.

Nach der h.M. gibt es kein Pfandrecht, weil die Sache schuldnerfremd ist, nach der öffentlich-rechtlichen Theorie entsteht zwar ein Pfandrecht, dieses kann aber die Güterverschiebung nicht endgültig rechtfertigen, d.h. es gibt kein materielles Befriedigungsrecht.

hemmer-Methode: Theoretisch kommen auch Ansprüche aus §§ 280 I, 823 I BGB in Betracht. Nach Ansicht des BGH entsteht infolge der Pfändung ein gesetzliches Schuldverhältnis zwischen dem Gläubiger und dem Eigentümer der gepfändeten Sache. Die Verwertung würde die Pflichtverletzung darstellen. Allerdings wird sich der Gläubiger in aller Regel exkulpieren können, weil er wohl kaum davon wissen wird, dass es sich bei der gepfändeten Sache um eine solche des Dritten handelt. Ebenso liegt zwar eine Eigentumsverletzung i.S.d. § 823 I BGB vor. Es fehlt aber am Verschulden. Sollte der Sachverhalt aber einmal erwähnen, dass der Gläubiger vom Dritteigentum wusste bzw. fahrlässig nicht wusste, wären diese Anspruchsgrundlagen gegeben. Der „Clou" besteht dann darin, dass diese Ansprüche auf Ersatz des objektiven Wertes gerichtet sind. Der Erlös, für welchen gem. § 812 BGB Wertersatz verlangt werden kann, dürfte bei Versteigerungen kaum dem objektiven Wert entsprechen, so dass dieser Betrag stets geringer ist.

C. Abschließender Beispielsfall

A möchte sich einen neuen PKW kaufen und nimmt zu diesem Zweck bei der F-Bank einen Kredit auf. Zur Sicherung der Darlehensforderung wird der PKW an die F übereignet. Die A bleibt im Besitz des PKW. In der Folgezeit betreibt der K die Zwangsvollstreckung wegen einer ausstehenden Forderung gegen A. K lässt den PKW pfänden und ersteigert ihn bei der anschließenden Versteigerung selbst. F erfährt von den Vorgängen erst nach der Ersteigerung und möchte gegen K vorgehen. Hat F gegen K Ansprüche hinsichtlich des PKW oder dessen Wert? **406**

I. F könnte gegen K möglicherweise ein Anspruch aus § 816 I S. 1 BGB zustehen, weil der Gerichtsvollzieher auf Veranlassung des K die Versteigerung durchgeführt hat.

1. § 816 I S. 1 BGB regelt einen Sonderfall der Eingriffskondiktion und ist damit vor der allgemeinen Bestimmung des § 812 I S. 1 Alt. 2 BGB zu prüfen.

2. Der Anspruch wäre gegeben, wenn K als Nichtberechtigter eine der F als Berechtigte gegenüber wirksame Verfügung über den PKW getroffen hätte, § 816 I BGB. Zweifelhaft erscheint allerdings schon, ob überhaupt eine Verfügung des K i.d.S. vorliegt.

a) Dies kann nicht schon deshalb verneint werden, weil nicht K selbst, sondern der Gerichtsvollzieher den Pkw versteigert hat. Die Handlungen des Gerichtsvollziehers sind dem K insoweit zuzurechnen.

b) Verfügungen sind aber nur solche Rechtsgeschäfte, die die Rechtslage bzgl. eines Gegenstandes *unmittelbar* betreffen, sei es durch Übertragung eines Rechts, dessen inhaltliche Änderung, Belastung oder Aufhebung.

Fraglich ist, ob darunter auch Verfügungen im Wege der Zwangsvollstreckung fallen:

Dagegen spricht schon, dass das BGB bei § 816 BGB nicht wie sonst (z.B. §§ 135 I S. 2, 161 I S. 2, 184 II BGB) die Verfügungen auf dem Gebiet der Zwangsvollstreckung den rechtsgeschäftlichen Verfügungen gleichstellt, also grundsätzlich davon auszugehen ist, dass es sich nicht um solche handelt.

Dennoch hat die früher h.M. § 816 BGB in diesen Fällen entsprechend angenommen.

Nach heute h.M. wird die entsprechende Anwendung des § 816 BGB auf Verfügungen im Wege der Zwangsvollstreckung abgelehnt.

Weder Gerichtsvollzieher noch Pfandgläubiger treffen bei der Pfandverwertung eine rechtsgeschäftliche Verfügung. Vielmehr wird beim Pfandverkauf das Eigentum durch einen rechtmäßigen staatlichen Hoheitsakt übertragen, der Gerichtsvollzieher verfügt auch nicht als Vertreter des vollstreckenden Gläubigers. Diese hoheitliche Eigentumszuweisung lässt sich aber nicht mit der Verfügung eines Nichtberechtigten gleichsetzen.

Ein Anspruch aus § 816 I S. 1 BGB scheidet damit aus. Ob der Gerichtsvollzieher auch als Nichtberechtigter verfügt hat, kann hier offenbleiben.

II. Die F könnte jedoch möglicherweise gegen K einen Anspruch auf Herausgabe des PKW bzw. auf Wertersatz gem. §§ 812 I S. 1 Alt. 2, 818 II BGB haben.

1. Dazu müsste § 812 I S. 1 BGB überhaupt anwendbar sein.

a) Nach einer Mindermeinung scheiden Bereicherungsansprüche gegen den Pfandgläubiger generell aus, da ja auch der Ersteher das Eigentum durch den Gerichtsvollzieher endgültig zugewiesen erhalte. Ein Bereicherungsanspruch bestehe nicht gegenüber dem Gläubiger, der den Erlös empfängt, sondern gegenüber dem Schuldner der Forderung, die der Pfändung zugrunde lag.

b) Demgegenüber bejaht die ganz h.M. die Anwendbarkeit der §§ 812 ff. BGB auch im Verhältnis Pfandgläubiger zum früheren Eigentümer der versteigerten Sache.

Der Zwangsvollstreckung komme nicht die Aufgabe einer endgültigen Güterverteilung zu. Zwar verliere der Eigentümer bei der Versteigerung sein Eigentum an der Sache und mit der Aushändigung des Erlöses durch den Gerichtsvollzieher an den Pfandgläubiger auch dasjenige am Geld, das ihm entsprechend § 1247 S. 2 BGB möglicherweise zustand. Dies bedeute jedoch nicht zwingend, dass Bereicherungsansprüche ausgeschlossen sind.

2. Fraglich ist weiter, ob K in sonstiger Weise auf Kosten der F bereichert ist, § 812 I S. 1 Alt. 2 BGB (sog. Nichtleistungs- oder Eingriffskondiktion).

a) K müsste überhaupt etwas erlangt haben. Darunter fällt jeder vermögenswerte Vorteil.

aa) Bereicherungsgegenstand könnte das im Rahmen der Ersteigerung erlangte Eigentum an dem PKW sein.

(1) Während der Zuschlag gem. §§ 817 I ZPO, 156 BGB den obligatorischen Teil des Versteigerungsvorgangs darstellt und in seiner Wirkung einem Kaufvertrag entspricht, stellt die sogenannte Ablieferung die dingliche Seite dar (§ 817 II ZPO).

Ablieferung bedeutet Übereignung an den Ersteigerer durch den Staat kraft hoheitlicher Gewalt. Die Übereignung erfolgt nicht gem. §§ 929 ff. BGB (auch nicht entsprechend!), sondern durch privatrechtsgestaltenden Hoheitsakt.

(2) Voraussetzung für die Wirksamkeit des Eigentumserwerbs bei der Zwangsversteigerung ist jedoch nach h.M., dass der Versteigerungsgegenstand wirksam verstrickt war und der Gerichtsvollzieher bei der Zwangsversteigerung die wesentlichen Verfahrensvoraussetzungen eingehalten hat.

Hier hat der Gerichtsvollzieher den im Gewahrsam des Gläubigers K befindlichen Pkw ordnungsgemäß gepfändet, dadurch ist nach allen Ansichten zumindest Verstrickung eingetreten. Ob auch ein Pfändungspfandrecht entstanden ist, kann hier noch offen bleiben. Dieses ist nicht Wirksamkeitsvoraussetzung der Eigentumszuweisung.

Bei der Zwangsversteigerung könnten jedoch wesentliche Verfahrensvoraussetzungen missachtet worden sein.

Ein Verfahrensfehler liegt aber nicht deshalb vor, weil der Versteigerungserlös mit der titulierten Forderung des Gläubigers verrechnet wurde:

Grundsätzlich darf der Gerichtsvollzieher die zugeschlagene Sache nur gegen bare Zahlung an den Ersteher abliefern (§ 817 II ZPO). Dieses Barzahlungsgebot stellt eine zwingende Verfahrensregel dar, ein Verstoß dagegen macht die Eigentumszuweisung nichtig.

Eine Ausnahme gilt jedoch gem. § 817 IV ZPO bei der Ersteigerung durch den Gläubiger selbst.

Danach besteht eine Ausnahme vom Barzahlungsgebot des § 817 II ZPO dann, wenn der Erlös zur Befriedigung des Vollstreckungsgläubigers zu verwenden ist.

Dabei hat § 817 IV ZPO nach h.M. keine materiellrechtliche, sondern nur vollstreckungsrechtliche (verfahrensrechtliche) Bedeutung.

Damit hat K Eigentum am Pkw erworben, also etwas erlangt.

bb) Daneben hat K die in § 817 IV S. 1 ZPO angeordnete Befreiung von der Barzahlungspflicht erlangt.

Ohne die Regelung des § 817 IV S. 1 ZPO wäre K gem. § 817 II ZPO zur Barzahlung verpflichtet gewesen.

Von dieser Verpflichtung zur Zahlung wurde er wegen § 817 IV ZPO befreit. Diese Befreiung stellt aber ebenfalls einen Vermögensvorteil dar.

K war damit in zweifacher Hinsicht bereichert.

b) Die Bereicherung erfolgte auch unmittelbar auf Kosten der F.

Durch die Versteigerung hat die F ihr Sicherungseigentum am Pkw verloren. Gleichzeitig verlor die F durch die Verrechnung ihren Anspruch auf Auszahlung des Versteigerungserlöses, der ihr ohne die Verrechnung im Wege dinglicher Surrogation analog § 1247 S. 2 BGB zugefallen wäre.

hemmer-Methode: Hier ist der Streit unerheblich, ob das Sicherungseigentum zur Klage nach § 771 oder § 805 ZPO berechtigt. Nach der Verwertung geht es sowieso nur noch um Erlösansprüche, die gleichermaßen von Klägern nach § 771 und § 805 ZPO geltend gemacht werden können. Entweder (wie hier) geht es um den Verlust des Eigentums oder um den Verlust eines Pfandrechts.

c) Fraglich ist aber, ob die Bereicherung ohne Rechtsgrund erfolgte.

aa) Hinsichtlich des Eigentumserwerbs des K am Pkw ist dies zu verneinen:

Rechtsgrund für die Eigentumszuweisung ist die (kaufähnliche) öffentlich-rechtliche Beziehung, die durch Gebot und Zuschlag zustande kommt, §§ 817 I S.3 ZPO, 156 BGB.

Damit scheidet ein Anspruch aus § 812 I S. 1 Alt. 2 BGB hinsichtlich des erlangten Eigentums aus.

bb) Möglicherweise erfolgte aber die Befreiung von der Barzahlungspflicht ohne Rechtsgrund.

Dies wäre dann der Fall, wenn der K materiellrechtlich keinen Anspruch auf Befriedigung aus dem schuldnerfremden Vermögen gehabt hätte und damit auch nicht auf die Verrechnung des Erlöses mit seiner Forderung gegen die A.

Es geht also um die Frage der materiellen Zuweisung des Erlöses aus der Versteigerung. Diese wäre für K nur dann gegeben, wenn er ein Pfändungspfandrecht an der schuldnerfremden Sache erlangt hätte.

Dies ist nach der herrschenden gemischten Theorie nicht der Fall. Aber auch nach der öffentlichen Theorie, nach der ein Pfändungspfandrecht entsteht, ist der Gläubiger nicht berechtigt, den Erlös für sich zu behalten.

Daher besteht für K gegenüber der Eigentümerin F kein Rechtsgrund für die Güterzuweisung, so dass ein Anspruch nach § 812 I S. 1 Alt. 2 BGB begründet ist.

hemmer-Methode: Keine Angst, wenn Sie diesen Fall nicht auf Anhieb verstanden haben. Er soll lediglich Beispiel dafür sein, welches Niveau Sie im Examen erwarten kann. Dieser Fall war in den letzten Terminen wiederholt Gegenstand einer Examensklausur. Lassen Sie sich vom hohen Niveau unserer Unterlagen nicht verschrecken, sondern verstehen Sie es als Anreiz, sich sicher und kompetent auf Ihr Examen vorzubereiten.

Sie haben es geschafft!

Wenn Sie an den Beginn des Skripts zurückdenken, stand der Gläubiger mit der Frage vor Ihnen, wie er einen Anspruch gegen seinen Schuldner durchsetzen kann. Von der Titelerlangung bis zur Zwangsvollstreckung können Sie ihm diese Frage nun beantworten. Wir hoffen, Ihnen mit diesem Skript einen ersten, grundlegenden Einblick in das Zivilprozessrecht gegeben zu haben. Sollten Sie Spaß am Zivilprozessrecht, dessen Kenntnis in Examen und Praxis unerlässlich ist, gewonnen haben, können Sie das hier Erlernte mit Hilfe der Skripten „Hemmer/Wüst, Zivilprozessrecht I und II“ verfestigen und vertiefen. Wir würden uns freuen, Sie auch in unserem Hauptkurs begrüßen zu dürfen. Dort erarbeiten wir mit Ihnen die examenstypischen Strukturen einer Zivilprozessrechtsklausur. So sind Sie optimal auf Ihre Prüfung vorbereitet. hemmer-Methode bedeutet: von den ersten Semestern an ein Gesamtkonzept für Ihre Ausbildung.

WIEDERHOLUNGSFRAGEN: .... **Rn.**

1. Welche Klagearten stehen dem Gläubiger im Erkenntnisverfahren zur Verfügung? .... ***4 ff.***
2. Was ist das Ziel einer Leistungsklage? ***4***
3. Der Gegenstand der Feststellungsklage ist ein Rechtsverhältnis. Definieren Sie dieses! .... ***5 ff.***
4. Warum ist das Rechtsschutzziel bei der Feststellungsklage enger als bei der Leistungsklage? ***6***
5. Wie ist das Rangverhältnis zwischen Feststellungs- und Leistungsklage? ***7***
6. In welchen Fällen ist die Gestaltungsklage die einschlägige Klageart? ***9***
7. Nennen Sie die Vorteile und Gefahren eines Mahnverfahrens! ***10***
8. Wann ist das Mahnverfahren also eine echte Alternative zur Klage gegen den Schuldner? ***10***
9. Was ist die Folge des Fehlens echter Prozessvoraussetzungen? ***11***
10. Warum spricht man bei unechten Prozessvoraussetzungen auch von Sachurteilsvoraussetzungen? ***12***
11. Was für örtliche Gerichtsstände kennt die ZPO? Welches Verhältnis besteht unter ihnen? .... ***18 ff.***
12. Wie kann ein Kläger, die bei einem örtlich unzuständigen Gericht Klage erhoben hat, verhindern, dass diese als unzulässig abgewiesen wird? ***22***
13. Unter welchen Voraussetzungen ist eine Prorogation (Gerichtsstandsvereinbarung) möglich? ***23***
14. Welche Folge hat ein rügeloses Einlassen des Beklagten in der Hauptverhandlung? .... ***25 ff.***
15. Wann ist ein Beteiligter am Rechtsstreit partei-, wann prozessfähig? .... ***29 f.***
16. Definieren Sie die Begriffe "Prozessführungsbefugnis" und "Prozessstandschaft" .... ***31 ff.***
17. Was sind die Voraussetzungen für eine gewillkürte Prozessstandschaft? .... ***37 ff.***
18. Was passiert, wenn ein Prozessbeteiligter vor Gericht auftritt, ohne postulationsfähig zu sein? .... ***40 ff.***
19. Was ist eine besondere Zulässigkeitsvoraussetzung der Feststellungsklage, die bei der Leistungs- oder Gestaltungsklage nicht geprüft werden muss? ***45***
20. Was *muss* die Klageschrift des Klägers zwingend enthalten? Was *soll* sie enthalten? .... ***49 ff., 60 ff., 62***

21. In welchem Fall ist ausnahmsweise ein unbestimmter Klageantrag ausreichend? ***58***

22. Wann tritt die Verjährungsunterbrechung nach § 209 BGB grundsätzlich ein? In welchen Fällen wird dieser Zeitpunkt ausnahmsweise vorverlegt? .... ***64 f.***

23. Welche beiden Möglichkeiten hat der Richter zur Vorbereitung des Haupttermins? ***66***

24. Was besagt der Dispositionsgrundsatz? ***70***

25. Worin liegt die Bedeutung des Verhandlungsgrundsatzes? .... ***72 f.***

26. Welche Ausnahmen gibt es im Zivilprozess vom Anspruch jedermanns auf rechtliches Gehör? Warum ist dies zulässig? .... ***74 f.***

27. Welche weiteren Grundsätze gelten im Zivilprozess? .... ***76 ff.***

28. Welche Folge zieht die Verletzung eines Verfahrensgrundsatzes nach sich? .... ***79 ff.***

29. Wer trägt grundsätzlich die Darlegungs- und Beweislast im Verfahren? ***83, 86***

30. Welche Ausnahmen gibt es von diesem Grundsatz? ***87***

31. Welche Beweisarten sind zu unterscheiden? ***89***

32. Nennen Sie die fünf möglichen Beweismittel im Zivilprozess! ***90***

33. Was versteht man unter einem "echten", was unter einem "unechten" Versäumnisurteil? .... ***96 ff.***

34. Unter welchen Voraussetzungen ergeht ein echtes VU gegen den Beklagten? .... ***99 ff.***

35. Welche Auswirkungen hat es auf ein VU gegen den Beklagten, wenn der Kläger in seinem Antrag Bezug auf Einwendungen des Beklagten nimmt? .... ***107 ff.***

36. Welches Rechtsmittel steht dem Beklagten gegen ein VU zu? .... ***110 f.***

37. Was sind die Zulässigkeitsvoraussetzungen für dieses Rechtsmittel? ***112***

38. Was verstehen Sie unter der Rückwirkungsfiktion eines zulässigen Einspruchs des Beklagten? Wo ist sie normiert? ***113***

39. Definieren Sie den Begriff "zweites Versäumnisurteil"! Wie kann es zu einem solchen kommen und welche Rechtsmittel stehen dem Beklagten gegen dieses zu? ***115***

40. Unter welchen Voraussetzungen ergeht ein echtes VU gegen den Kläger? ***116***

41. Was sind Prozesshandlungen? In welche Kategorien untergliedern sie sich? .... ***117 ff.***

42. Wann kann eine Partei wirksam Prozesshandlungen vornehmen? .... ***121 ff.***

43. Welche Rechtsnatur hat ein Prozessvergleich? ***122***

65. Beschreiben Sie die Rechtsnatur einer im Zivilprozess erklärten Aufrechnung! ***175***

66. Wie wird die Prozessaufrechnung behandelt, um zu vermeiden, dass die materiell-rechtliche und die prozessrechtliche Lage auseinander fallen? ***176***

67. Welche Besonderheiten ergeben sich hinsichtlich der Rechtskrafterstreckung bei einer Prozessaufrechnung? .... ***176 ff.***

68. Definieren Sie den Verzögerungsbegriff in § 296 ZPO! ***179***

69. Was ist eine Widerklage? Wie unterscheidet sie sich von der Prozessaufrechnung? ***182, 195***

70. Nehmen Sie Stellung zur Rechtsnatur der von § 33 ZPO geforderten Konnexität i.R.d. Widerklage .... ***190 f.***

71. Welche Urteilsarten kennen Sie? .... ***199 ff.***

72. Stellen Sie zusammen, in welchen Bereichen sich ein Urteil überall auswirken kann ***207***

73. Was versteht man unter der materiellen Rechtskraft eines Urteils? ***212***

74. In welcher Hinsicht findet die materielle Rechtskraft ihre Grenzen? ***214***

75. Erklären Sie, was mit dem sog. "kontradiktorischen Gegenteil" gemeint ist. Wie kommt diesem im Zusammenhang mit der materiellen Rechtskraft eines Urteils Bedeutung zu? ***218***

76. Erstreckt sich die Rechtskraft eines Urteils auch für und gegen die Rechtsnachfolger der Urteilsadressaten? .... ***219 ff.***

77. Skizzieren Sie die Zulässigkeitsvoraussetzungen der Berufung! .... ***238 ff.***

78. Wann ist die Berufung begründet? ***240***

79. Wie unterscheidet sich die Revision von der Berufung im Prüfungsumfang? ***241, 242***

80. Wo ist die Zulässigkeit einer objektiven Klagenhäufung geregelt? Wo verorten Sie deren Prüfung in der Klausur? .... ***244 ff.***

81. Unter welchen Voraussetzungen *können* mehrere Kläger oder Beklagte als Streitgenossen auftreten? Was ist eine notwendige Streitgenossenschaft? ***249, 253***

82. Wie wirken sich Prozesshandlungen von einzelnen, Entscheidungen des Gerichts etc. auf die jeweiligen Streitgenossen aus? .... ***250 ff.***

83. Welche Fälle notwendiger Streitgenossenschaften werden unterschieden? .... ***253 ff.***

84. Was ist der Unterschied zwischen der Gesamtschuld und der Gesamthandsschuld? Bei welcher Alternative handelt es sich um eine materiell notwendige Streitgenossenschaft? .... ***258 ff.***

85. Welche Rechtsfolgen ergeben sich bei einer notwendigen Streitgenossenschaft? ***264***

110. An wen muss bei der Forderungspfändung der Pfändungsbeschluss zwingend zugestellt werden? ***345***

111. Was ist ein Arrestatorium, was ein Inhibitorium? .... ***348 f.***

112. Kann auch eine schuldnerfremde Forderung gepfändet werden? .... ***350 f.***

113. Auf welche Weise kann eine gepfändete Forderung verwertet werden? .... ***352 ff.***

114. Kann der Drittschuldner einer gepfändeten Forderung gegenüber dem Pfändungsgläubiger Einreden geltend machen, die ihm gegen den Schuldner zustehen? ***356***

115. Wie kann sich der Drittschuldner vor einer unwirksamen Pfändung schützen? .... ***358 ff.***

116. Wie ist die Drittschuldnererklärung i.R.v. § 840 I ZPO zu verstehen? .... ***361 ff.***

117. Wann kann der Pfändungsschuldner Vollstreckungserinnerung einlegen? .... ***365 ff.***

118. Was bezweckt die Vollstreckungsgegenklage? .... ***369 ff.***

119. Welche Probleme ergeben sich bei der Präklusion von Einwendungen nach § 767 II ZPO bei Gestaltungsrechten? .... ***374 ff.***

120. Was ist der wichtigste Rechtsschutz eines Dritten im Zwangsvollstreckungsverfahren? ***385***

121. Ist das Anwartschaftsrecht eines Dritten ein "absolutes Recht" i.S.v. § 771 ZPO? .... ***390 f.***

122. Wie kann der Vollstreckungsgläubiger ihm zustehende Einreden gegen die Drittwiderspruchsklage geltend machen? .... ***396 ff.***

123. Was bezweckt ein Dritter mit der Klage auf vorzugsweise Befriedigung nach § 805 ZPO? ***399***

124. Wann ist diese Klageart statthaft und zulässig? .... ***399 f.***

125. Welche Ansprüche könnte ein Dritter oder der Schuldner nach Vollstreckungsbeendigung noch gegen den Vollstreckungsgläubiger geltend machen? .... ***401 ff.***

Die Zahlen beziehen sich auf die Randnummern

A

B

D

E

F

G

H

I

K

L

M

N

O

P